社長の決算書の見方・読み方・磨き方

ＩＣＯコンサルティング 社長
古山 喜章 著
Yoshiaki Furuyama

日本経営合理化協会出版局

まえがき

私は税理士でもなく、会計士でもありません。もし資格をもっていたら、このような実戦的な内容は書けなかったでしょう。

そんな資格のない私が中小企業の経営者に財務の指導ができるようになったのは、私の師匠である井上和弘《かずひろ》先生が生み出した「貸借対照表（BS）面積グラフ」に出会ったからです。

これは私だけではありません。多くの社長から同じような声をお聞きします。

「面積グラフに巡り合えてよかった！　このグラフがなかったら、財務のことは相変わらずわからないままだった」「数字だけを見ていたときとは大違いだ！」……

そのような喜びの声を聞くたび、「貸借対照表（BS）面積グラフ」の偉大さを感じます。

数字は図にして見たほうがわかりやすい——それが、本書の基礎となる考えかたです。

もっといえば、図にしなければ、自社の経営課題が一目瞭然《いちもくりょうぜん》でわからない。なのに、「図にしなくてもわかる」という人がいれば、「図に乗るなよ」と言いたくなってしまいます。

それにしても、世の中には財務に関する本があふれるほどあります。

いつになっても、財務の攻略本は、次々と登場します。やはり、わかるようになりたいと多くの社長が思いつつも、簡単には攻略できないようです。

まず、会計用語に困惑します。

「貸借対照表」「貸方」「借方」という、財務の入り口の言葉が難しい。これだけで、財務の門をくぐりたくなくなります。

「よし！　財務を勉強しよう！」と意気込んでも、最初に手に取った本に、難しい経理用語や会計の仕訳ばかりが出てくると、常人にはついていけません。それだけで、「財務はやっぱり難しい」と、苦手意識をさらに高めてしまいます。

タイトルには、いずれも、「誰でもわかる！」「みるみるわかる！」「はじめてでもカンタン！」などとあります。私も仕事柄、手に取ったり買ったりしますが、本当にわかりやすいなと思える本には、なかなか出会えません。

とくに、どこそこの教授、会計士、税理士などという方が書かれた本は、とっつきにくいものが多いものです。資格者目線で難しい言い回しが多く、エリート意識の表れじゃないかと感じるほどです。

面白い事例や、あるあるネタを書いたら権威が落ちるとでも思っておられるのかもしれません。というより、そもそも、そのような方々は、経営の現場のことをご存知ない。現場で起こるさまざまな財務上の問題を自分で解決したことがほとんどないのです。

だから、やたら専門用語を使って財務を伝えようとします。しかしそれではわからない。なぜなら、それらは社長が日常的に使う言葉ではないからです。同じ日本語であるけれども、社長にとってはまるで別世界の言葉なのです。

そもそも、社長に必要なのは、資格に必要な知識ではありません。社長に必要な財務を説く場合には、経営実務の言葉に翻訳していく必要があります。

社長が使いなれた言葉、聞きなれた話、思い当たる実話、見なれた図などでの翻訳が必要なのです。いわば、経営者の生活言葉への翻訳です。それは、書き手が経営の現場を知らないとできないのです。

その点、私はありがたいことに、経営の現場が財務の力を高める道場でした。それも、中小企業ばかりです。

私には、税理士や会計士の資格はありません。しかし、経営者の生の声や実態は、資格者以上に吸収してきました。財務のことを経営者目線で翻訳するための実話や情報・経験においては、現場を知らない専門家より圧倒的に豊富だと自信をもって言えます。

この本は、資格がない私だからこそ書けた、社長のための財務の本なのです。

読後、「なんだ、財務ってそんなに難しくないんだ！」と多くの社長に思っていただければ、嬉しいです。

2017年11月吉日

㈱アイ・シー・オー・コンサルティング
社長　古山喜章

もくじ

序章　財務が苦手では済まされない

Ⅰ 基礎編 決算書の「見かた」

1章 社長としての決算書の押さえどころ

2章 自社の決算書は図やグラフにして見やすくしよう

3章 貸借対照表の面積図から自社の体型と特性をつかむ

Ⅱ 分析編 決算書の数字の「読みかた」
～決算数字の正しい経営分析と自社診断

4章 社長のための「損益計算書」の読みかた

5章 社長のための「貸借対照表」の読みかた

6章 社長が見ておく〈5つの経営指標〉

7章 自社の業種から見た数字の問題点を読む

Ⅲ 実践編 決算書の「磨きかた」

~決算対策で強い決算書に鍛えあげる

8章 銀行対策のための決算書の「磨きかた」

9章　税金対策のための決算書の「磨きかた」

組版　北島純子
装丁　森口あすか

序章　財務が苦手では済まされない

1．財務を知らずに経営はできない

財務に弱い社長が陥る危機

「古山先生、大変です！　とにかく資金繰りが厳しくて、どうすればよいでしょうか！」

と永田社長（仮名）から切羽《せっぱ》つまった電話がかかってきました。永田商店（仮称）の業種は食品卸売業です。

早速、私は永田商店に伺って過去5年分の決算書を見せていただきました。決算書のうちの貸借対照表に、目立って金額の大きいものが5つもありました。

「売掛金」と「在庫」と、「土地」「建物」「機械」です。

これだけで、会社の血液である現金を吹き出す大きな傷口が、5カ所もあるようなものです。なぜなら、永田商店は卸売業だからです。卸売業はできるだけ少ない資産で効率よく儲けなければいけない業種です。資金繰りが悪化するのは当然です。

しかも、過去5年の推移を見ると、3年前に建物と機械が大幅に増えていました。

「3年前くらいから、資金繰りがかなり厳しいんじゃないですか？」

「いやそうなんですよ。わかりますか？」

「だって建物と機械が、かなり増えていますからね」

「建物と機械が増えると、問題なんでしょうか？」

「お聞きしますが、その資金はどうされたんですか？」

「ほとんど全額、銀行から借りました」

「確かに、その時期から元金返済が増えていますね」

「そうなんですが、売上がもっと伸びると思っていたんです。それが全然伸びないんです」

どうやら永田社長は売上が伸びて、設備投資の借入は返せるはず、と考えていたようです。

しかし、借金を大きく増やして設備投資をしたものの、売上に貢献せず、資金繰りを圧迫するだけになったのです。

永田社長の頭には、設備投資をすれば売上は伸びるものであり、売上が増えればなんとかなる、と思い込んでいたようです。

「ところで、この建物とか機械は、どういうものですか？」

「先生もご存知のように、うちはお米も扱っていますから、精米の大型機械増設とその建物と本社建物も新築しました」

「なるほど、精米の能力が上がって、本社建物が新しくなったんですね」

「そうです」

「そうなったら、どうして売上が伸びるんですか？」

「いやぁ、設備と職場が新しくなったぶん、営業ががんばって仕事をたくさんとってくるだろうと…。営業マンにも目標をもたせて、ハッパをかけているんですが、効果が上がらないんです…」

「いやいや、それは社長の思い込みでしょう。営業マンはやっとましな設備と職場にしてくれたな、くらいにしか思っていないと思いますよ。それに精米の能力が上がったからといって、お客さんのメリットが高まったわけでもないから、売上には直接結びつかないでしょう」

私は失礼を顧《かえり》みず、思わず永田社長に言ってしまいました。

永田社長の「売上が伸びると思っていた」とか、「営業マンにハッパをかけた」とか、そこには精神論しかありません。財務の知識など無関係です。売上が伸びる根拠はないのです。

結局、永田商店は短期的には「在庫のもちすぎを減らす」「役員報酬を減らす」などで、資金繰りを改善することにしました。

長期的には、「売掛金の回収を早める」「不要な機械を売却する」などの手を打って、資金繰りの危機を逃れ、さらに社長個人にも資金をもち出していただきました。資金繰りがひっ迫している以上、どうなるかわからない業績向上策などに頼っている時間はなかったのです。

「社長、貸借対照表を見ないんですか？」とズバリ聞きました。

「いやまあ、見てはいるのですけど…。よくわからないんです」

永田社長に限らず、中小企業の社長とのあいだで、このようなやりとりがじつに多いです。

永田商店は食品卸売業で、しかもお米の精米事業も手掛けていました。卸売業は基本、利幅が小さい商売なので、3年前に機械や建物を増やす前から、永田商店の資金繰りは楽ではありませんでした。在庫も多いし、土地や建物を自前で抱えていたからです。

要するに、卸売業としては、あってはならない資産内容であり、以前から資金繰りはなんとか回っている、というレベルだったのです。

なのに安易な精神論で機械や建物を増やしてしまった。しかも業績向上とは関係のない、本社建物の新築も実行してしまった。それらがほぼ全額、銀行借入です。さらに返済に苦しむのは、財務がわかれば読めていたはずです。一方、資金を貸した銀行は、担保と個人保証をガッチリ確保し、自行が損失を受けないよう手を打っていました。

利幅が小さい商売なら、小さいなりに経営財務のやり方があります。利幅が小さいからダメというものではありません。財務、とくに貸借対照表がわからないがゆえに陥った経営危機だったのです。

同じ業種でも業績に差がつく

この永田商店と対照的な会社として、近畿物産(仮称)という会社があります。

近畿物産は永田商店と同様、お米を扱う卸売業ですが、近畿物産は大型設備や建物は、別会社で所有しています。さらに別会社は、その設備を農協などの外部組織に貸しています。なので、備蓄米サイロ設備の中にある在庫は、外部組織のものです。そして、出荷に必要なだけのお米を、外部組織に貸している設備から、配管を通じて受け入れます。受け入れた時点で仕入が計上される仕組みです。この仕組みだと、余分な在庫が発生しません。

近畿物産では、利幅が小さいという業種の特性を見すえたうえでの、数々の取り組みがなされているのです。その結果、利幅が小さくとも、悠々《ゆうゆう》と経常利益を出しています。

私が言いたいのは、業種特性や財務を理解して経営に取り組んでいるかどうか、その違いで同じ業種で同じ商品を扱っていても、経常利益と残るお金に大きな差が出るということなのです。

ところで、決算書をよく理解せずに経営しているのは、中小企業ばかりではありません。

「経営破綻を宣告されるまで、損益計算書も貸借対照表も見たことがなかった」と、自らの著書で語った大企業の元社長がいました。かつて岡山県の優良企業といわれたH社です。甘味料の開発により、国内にとどまらず、世界にその社名を知らしめていました。

その世界的優良企業と思われていたH社が、2011年倒産しました。私も驚きました。その時の借入負債総額は、1300億円、年商は約280億円でした。なんと年商の4倍以上の借入金です。

「借入金が100億の単位か、1000億の単位かも知らなかった」

「1961年に社長に就任して以来、取締役会も株主総会も、一度も開いたことがなかった」と、H社の社長は自著で語っていました。世間的に超優良企業といわれる会社でも、財務・

法務に弱い経営者だと、会社を潰《つぶ》してしまうのです。

2．社長はなぜ財務に弱いのか

なぜ多くの社長がそれほどまでに財務に弱いのでしょうか？

①数字アレルギー、苦手意識が強い

そもそも、数字が苦手という社長が多いです。

商品のことや技術のこと、あるいは営業のことや開発のことなら、何を聞かれてもスッと答えられる社長も、

「自己資本比率はいま何パーセントくらいですか？」などと聞くと、

「ええっと、それはですねぇ…」と、途端に意識にブレーキがかかって返事のペースが落ちます。

冒頭の永田社長もそうでした。

「直近で在庫がどれくらいの金額になっているか、ご存知ですか？」と聞くと、

「在庫が多いんです」

「多いのはわかっていますが、金額でいくらかご存知ですか？」

「金額となるとちょっと…。多いのはわかっているんですが…」

「じゃあ、今の借入残高は、いくらですか？」

「それもはっきりとは…」


などと、資金繰りが厳しいと言うわりに、大切な自社の数字をはっきりとつかんでいません。売上高や経常利益など、損益計算書の数字はある程度つかんでいても、貸借対照表の数字をつかんでいる社長があまりにも少ないのです。

しかしそれは、ある意味、当たり前で恥じるほどのことではありません。

とはいえ、経営トップである以上、数字の資料は手元にやってきます。苦手意識があっても、そこから逃れることはできません。しかも判断を求められます。そうすると数字アレルギーの症状がますます高まります。

財務に弱い社長は数字ばかりの財務資料を突然見せられても、いったいどこを見ればいい

のかさえわかりません。貸借対照表や試算表だとなおさらです。それで、

「もっとわかりやすく説明してくれ！」

「そんなことよりも、あの問題はどうなっているんだ！」

と苛立《いらだ》ってしまう人もいます。

それは、トップであるがゆえに言える言葉です。が、そのような対応でその場をしのいでも、数字に対する苦手意識は克服できないのです。

②わからないことを聞くのが恥ずかしい

数字に対して苦手意識があるものの、周囲の者には、そう感じとられたくないという意識もあります。

よくわかっていないのに、数字に対する説明を受けると、「なるほど、そういうことか」と、わかったようなふりをしてしまうことがあるのです。さらに不思議なことに、そう対応しているうちに、わかったような気になってしまう。しかしそれは表面的なことであり、実際にはまったくわかっていなかった、ということが多いのです。

要は、素直に聞かない、聞けない、質問しない、質問するのが恥ずかしい、ということが、

どこかにあるのです。

有名大学を出ている、海外に留学したことがある、有名企業で働いていたことがあるという経歴をもつ社長や後継者ほど、この傾向が強いようです。

自らの経歴が自らの壁となり、わからないことに対して、素直に行動できなくなってしまうのです。

③簿記の基本を知らない

社長にとって大切な財務諸表は、「損益計算書」と「貸借対照表」です。

なかでも、多くの社長が理解に苦しむのは、貸借対照表です。詳しくは後述しますが、貸借対照表の基礎にあるのは、簿記の知識です。しかも複式簿記です。

ところがまずもって、簿記を学習したという社長は少ない。当然です。商業高校や専門学校でなければ、そもそも学習する機会がないからです。

私もそうでした。簿記の勉強など一切したことがないまま社会人になり、配属された職場が経理で、最初、試算表や貸借対照表なるものを見ても、なんのことやら、さっぱりわかりませんでした。それで先輩から、「とりあえず、これを読んで勉強しろよ」と言われるがまま、会社においてあった簿記の本を見つつ、先輩にも聞きつつ、少しずつ理解を深めていきました。

私の場合、幸運だったのは、配属されたのが経理であり、新社会人でもあったので、素直に勉強に取り組むことができた点です。今から思えば、実戦的に簿記を学ぶのにとても良い環境だったと思います。確実に今の仕事に役立っているのです。

なので、後継者の方には簿記の基礎を学ばれることをおすすめします。それだけで、財務への理解力は全然違ってきます。

簿記といっても、計算の基本は、足し算、引き算、掛け算、割り算、です。なんら難しいことはないのです。

しかし現役社長に「簿記の勉強をしてください。そうしたらもっとわかりますよ」と申し上げても、素直に、「わかりました」と言ってくれる人はほとんどいません。みな、「いや、まあ、それはわかっているんですが、相変わらず、忙しくて…」と逃げ腰になります。

商売の勘は鋭くても、貸借対照表の数字をつかんで経営することの大切さを理解してくれません。確かに、社長に必要なのは細かな会計の知識ではありません。会計の基本的な仕組みがわかればいいのです。

それには、本書を何度も読み、自社の決算書をグラフにするのが一番の近道です。そして、決算書を深く理解して経営判断と実践を繰り返していけば、財務に対する社長の力は格段に高まっていきます。そうなれば、少々の危機ではビクともしない強い体質の会社になるのです。

④社内に財務を学ぶ機会を奪う人物がいる

あるとき、数字の苦手な後継者黒澤氏（仮名）に、「経営数字を学ぶために、経理業務を担当させてもらいなさい」とアドバイスしました。するとしばらくして、黒澤氏から、「経理業務を申し出たんですが、ダメでした。実は母親が経理をやっていて、この仕事は私に任せておけばよいと言われてしまいました」という連絡がありました。聞くと、黒澤氏の母親は長年、経理業務を完全に仕切っている、いわゆる会社の金庫番です。

母親は、さらに黒澤氏にこう言ったそうです。

「時期がきたら、いずれ教えるから」と。

私からすると、そんな時間的余裕はありません。すぐにでも教えてほしいのです。現社長にもしものことがあった場合、黒澤氏はすぐに経営を担う立場なのです。

そもそも、教える気が本当にあるのかどうかも疑問です。要は、自分の業務を抱え込み、離したくない。この傾向は、母親だけでなく、古参の経理担当者にもよくみられます。業務を抱え込むことで、次代の後継者や後任が学ぶ機会を奪ってしまっている。そのことに気づかないのです。

このような状況では、先代だけでなく後継者も財務に弱い社長になってしまいます。財務に関して、社長が判断すべき大事なことがたくさんあります。会社の盛衰を左右するような場合もあり、社長は財務の打つ手に熟知していなければなりません。経理の日常業務は誰かに任せても、そんな重要な仕事まで任せてはいけないのです。

⑤現社長が売上至上主義で、せっかく学んでも実践の場がない

製造業の山田工業(仮称)で、財務の勉強をした後継者山田氏(仮名)が、学んだことを実践しようとしました。

山田氏は、父親の会社で社歴２０年を超える大ベテランで、役職は専務取締役です。もうすぐ５０歳になる山田氏は、真剣に財務の勉強をしていました。

山田氏は、父親がバブル期に高値で買った、本業に関係ない土地が気になっていました。その土地を売却し、売却損を出して節税をはかると同時に、会社のキャッシュフローを改善しようと考えていたのです。山田氏はそれについて父親に説明しました。

ところが、いきなり、「そんなことをするより、売上をもっと上げることを考えろ！　売上さえ上がれば、利益はついてくるんだ！」と一喝《いっかつ》されたのです。それで結局、実行に至りませんでした。

現社長は、いわゆる「売上至上主義」の経営者です。高度成長期の数々の難局を売上を増やすことで乗り越えてきた人です。もちろん、売上は必要です。しかし売上ですべてが解決する時代はとうに過ぎ去っています。

そういう高度成長期やバブル期を経験してきた社長の多くは、貸借対照表をまったくといっていいくらい見ていません。財務も理解していません。そのため、不要な土地を処分するという、次代を担う後継者によるまっとうな提案に耳を傾けることができないのです。売上さえ増えれば、すべてが解決すると本気で思っているのです。

しかし、後継者は、会社には財務上の問題があり、解決すべきことがたくさんあると、痛いほどわかっている。あとは実行さえできれば、会社の財務が改善されると、うずうずしているのです。なのに、「自分が社長になるまで、待つしかありません」と、うなだれる後継者が実に多いのです。

以上、財務に弱い社長には、さまざまな理由があります。

社長が財務に弱くても、さほど問題がなかった時代もありました。体で汗をかきさえすれば、売上高がどんどん伸びた時代は確かにありました。財務に多少のキズやほころびがあっても、伸びる売上と利益でカバーできたのです。

しかし今は、財務を学び、脳で汗をかいて経営しなければ、倒産の危機に陥る時代です。数字が苦手であろうと何だろうと、社長や後継者は、財務を学ばねばならないのです。

3. 後をたたない横領事件

不正のパターンはだいたい同じ

鈴木商事（仮称）の社長から、緊急の連絡が入りました。

「お恥ずかしい話ですが、うちの経理担当が横領していたことが発覚しました」

「経理担当って、あの小林さん（仮名）ですか？」

「そうです。小林です」

「なんでまた…。それより、被害額は？」

「今も調査中ですが、数百万円にはなるかと思います」

「どうしてそんなことになったんですか？」

「すべて任せっぱなしになっていたのが、よくなかったんだと思います」

実は、このような指導先での横領事件は今までに何度も経験してきたことです。

被害額はまちまちですが、不正のパターンはだいたい同じです。これまで私が経験した、不正に手を染めてしまった経理担当の顔がいくつも浮かんできます。

新聞を見ていると、毎日のように経理担当の不正横領事件が起こっています。中小企業のみならず、上場会社においても起こっています。その原因はいずれも、社長や経営陣に、数字や財務に明るい人物がいなかった、ということに尽きます。

つまり、自分は数字のことはわからないからと、何のチェックもしておらず、経理担当に任せっぱなしにしているのです。

そのような環境のなか、「うちの社長は財務のことはわからないから、大丈夫だろう」と、経理担当者になめられ、横領が起きてしまったのです。

その経理担当にしても、考えてみれば不運です。社長が財務をわかり、チェックが厳しい人物であったなら、横領に手を染めることはなかったのです。初めから不正を企んでいた人物ではないのです。もちろん、経理担当が横領をしてしまった罪は、許せることではありません。しかし、数字を読めない社長が、そのような罪人を生み出してしまうことを、社長は自覚すべきです。

とくに中小企業の場合、売上管理、現金管理、仕入管理、支払い管理と、経理業務を一手に引き受けている経理担当が多いです。

それはまさに、その経理担当者のみで一切のお金の出し入れを管理しているという状況です。そこに、経理担当者を不正へと引きずり込む、魔の手が伸びてくるのです。

・架空の仕入先をつくり、毎月定額を振り込んでいた
・仮払いを繰り返し、交際費や消耗品費など、勘定科目を分散させて処理していた
・売上金の一部を抜き取り、計上していなかった
・仕入先と組んで請求額を水増しさせ、支払った後にキックバックを受けていた
・在庫の横流しをして、売却していた

不正のパターンはさまざまですが、発端はトップの無知・無関心のもと、「やってもわからないだろう」という気持ちにさせてしまうことです。

社長は、財務の実務の詳細まで把握していません。細かなことは、わからないことだらけのはずです。だから時々、経理担当に聞くことをすればいいのです。

「この支払い先は何？」

「今月はどうしてこんなに交際費が多いの？」

「在庫の金額がいつもに比べて多いのはなぜ？」

「銀行の残高証明と、通帳を見せてくれ」

それだけでも、経理担当にすれば、「見ているんだな」という抑止力が働きます。

数字がわかる社長は大きな不正を防げる

不正に手を染めるのは、経理担当だけではありません。現金商売で多店舗展開している事業の場合、店長が売上金を抜いてしまうということがよくあります。

ある飲食チェーン店で、店長の売上横領が発覚しました。

現金の売上金から、毎日５００円ずつ抜いては、自分のタバコ代にあてていたのです。１日５００円ぐらいならバレないだろうと思って、売上に計上せず、横領していたのです。１カ月で１５０００円くらいです。

発覚のきっかけは、社長による毎月の店別の粗利益率のチェックからです。社長は粗利益率が他店よりも少し低い店を毎月チェックしていたのです。すると、問題の店舗はどういうわけか、毎月若干ながら粗利益率が低いのです。

この時点で社長は「何かおかしい」と不正の匂いを嗅《か》ぎつけました。しかし、この時はまだ、その店長を追及しませんでした。

そこで、店長を他店と入れ替えました。

するると、問題の店舗は新たな店長が来て、粗利益率が改善しました。一方、どうも怪しいと目をつけていた店長が異動した先の店舗は逆に粗利益率が下がり、下がった状態が続いたのです。

「この店長は、何かしでかしている」

これが、店長の不正を確信した瞬間でした。

数字の根拠を揃え、その店長を追及したところで白状し、1日500円の不正が明白になっ

たのです。

読者の中には、月間15000円くらいの不正で、粗利益が変わるのか？　と疑問に思う

人がいるかもしれません。しかし、このお店は客単価が350円に満たないほどなのです。

低い客単価であるがゆえに、月間15000円の不正を続ければ、わずかな率とはいえ、明

らかに他店よりも低い粗利益率が続くのです。

これは、この社長が数字を理解して毎月チェックしていたから、不正が判明した事例です。

数字を通じて、現場を読んでいたのです。売上高と粗利益のバランスが、社長の頭の中にあったから、不正の匂いを嗅《か》ぎ分けることができたのです。

多くの場合、そのようなチェックも、抜き打ちでおこなう現場への現金監査も、おこなわれていません。となると、不正が長く続くことになります。気づいたころには、被害額が数百万円規模になってしまうのです。

しかも、不正をする店長は次第に、

「1日500円で大丈夫なら、1000円でも大丈夫なんじゃないか」

と考え始めます。横領額が増え始めるのです。

社長自らがチェックできなくても、経理担当に指示をして、抜き打ちで各店の現金監査をおこなうなど対策はできるはずです。それだけでも、現金を扱う店舗に対する、不正への抑止力になるのです。

人間は、「見られていない」と思うと、自分本位の行動をしてしまうものです。

人通りもなく自動車も走っていない交差点なら、信号が赤でも、「まあいいか」と渡ってしまう。でも多くの人が信号待ちをしていたら、「自分も待とう」という気持ちになります。

運送会社では、自動車にドライブレコーダーを設置する会社が増えました。映像だけでなく、急ブレーキや急発進の回数なども記録されます。もともとは、事故発生時の映像を確保するためだったものが、設置することにより、ドライバーに「見られている」という抑止力が働き、事故件数が軒並み減ったそうです。

それくらい人間は、「見られているか、いないか」で行動が変わります。人間を信用してもいいが、人間の行動は信用するな、という通りなのです。

大きな金額の不正が起こる会社は、決まって、お金の管理がずさんです。そして、その原点には、社長の財務に対する理解不足があるのです。

数字に対する社長の感度が弱い会社ほど、被害額の大きな不正が起こるのです。

決算書は磨いて作って使うもの

決算書は、「見かた」「読みかた」がわからなければ、資金繰りの状況がつかめず、冒頭のような経営危機に陥ります。

しかし、決算書は「見かた」「読みかた」がわかっただけでは、社長にとって不十分です。

経営の実践における、決算書の使いかたを知り、有効に使うために決算書をどう磨いてゆくのか、という「磨きかた」のほうが重要です。**決算書はできあがってくるものではなく、磨いて作るもの**なのです。そして、**磨いて作って使う**のです。磨きもせず、使いもしないから、見かたや読みかたがわかっても、またすぐに忘れてしまうのです。

決算書の基礎になるのは、財務の知識です。その財務を理解して使いこなすカギは、現場にあります。財務に関わるあらゆることは、現場実務につながっているからです。それも、現場実務のめんどうくさいところや、生々しいところにこそ、財務を理解するカギはあります。そして現場実務は、業種の垣根を越えて共通するものがあります。

大企業よりもむしろ、中小企業のほうが、現場実務に精通している社長は多いものです。それは、なんでも自分でやるしかなかった経験を皆さんおもちだからです。そのぶん、中小企業の社長のほうが、財務を深く理解し、使いこなす上での実務経験に長けているのです。

私自身、数々の会社の現場実務に接することで、財務のことをようやく理解できてきた、と実感しています。それらの事例とともに、より多くの社長が財務をより理解できるよう、お話を進めていきたいと思います。

1 基礎編 決算書の「見かた」

1章　社長としての決算書の押さえどころ

１．決算書の基本

決算書の目的と基本ルールを知る

「決算書って、何のためにあるんだろう？」

そう考えたことのある経営者は、少ないです。

「そりゃあ、学校でいえば、１年間の通信簿みたいなもんでしょ」

そのとおりです。決算書は、学校の通信簿に似ています。

しかし、その通信簿のごとき、会社の決算書は、何のためにありますか？　ということです。

「税金の計算ですか？」とか、「株主や対外的に業績報告するためですか？」などと言われたりします。それらもありますが、それは枝葉《えだは》にすぎないのです。

決算書は、〝**会社の体格が、今どうなっているか**〟を表しています。

そして、決算書の真の目的は、とくに中小企業の場合、〝**会社の体質をもっと強くする**〟にはどうするかを考えることに尽きるのです。

にもかかわらず、会社を強くするために決算書を活用している社長が少ないということに、驚きます。

決算書は税金のためにあるというのは、たんなる思い込みです。顧問税理士に作成をお願いし、

「今年の法人税は、これくらいですね」

「うわぁ、もうちょっとなんとかできませんか！」

などというやりとりを毎年しているから、そう洗脳されてしまうのです。決算書には、税金を算出する機能はあっても、それが目的ではないのです。

繰り返します。

決算書の目的は、会社の体質を強くすることであり、その地図である、ということです。

社長の願いは何でしょうか？

「もっと儲かる強い会社にしたい！」のはずです。つまり、その願いに沿った目的をもつ、最強の道具、それが、決算書なのです。

その最強ツールを使いこなすには、まず、決算書の見かたを知る必要があります。

「それがわからないから困っているんですよ」と言う社長が多いです。

多くの社長は、数字に弱いのではなく、決算書の見かたを知らない、わからない、だから

見ない、だけなのです。

決算書という、会社を強くするための地図の見かたを知るには、基本ルールを知る必要があります。自社の直近の決算書を手元に置きながら、３つの基本ルールを確認していきましょう。

基本ルール〈その1〉

決算書と呼ばれる財務諸表には、大きく３つの資料があります。

①損益計算書
②貸借対照表
③キャッシュフロー計算書

手元の決算書に、３つの資料がありますでしょうか？

それぞれ、見たこと、聞いたことくらいはあると思います。

基本ルール〈その2〉

3つの資料には、役割に応じた日付があります。

①損益計算書　⬇期首から期末までの1年間
②貸借対照表　⬇期末の日
③キャッシュフロー計算書⬇期首から期末までの1年間

損益計算書とキャッシュフロー計算書の日付を見てください。

○○○○年○月○日~○○○○年○月○日

となっているはずです。
つまり、ある事業年度の、1年の累計の数字を表しています。
一方、貸借対照表は、年度末のたった1日の、それぞれの残高を表しています。

○○○○年○月○日

となっています。

基本ルール〈その3〉

中小企業が会社を強くするために、その見かたを知るべき決算書は、損益計算書と貸借対照表で十分です。

なので、手元には、損益計算書と貸借対照表だけ残してください。

ちなみに、キャッシュフロー計算書は、過去1年間のお金の入りと出の過不足を示していますが、社長のための決算書の見かたということでいえば、そんなに気にすることはありません。

決算書の目的と、3つの基本ルールを踏まえたうえで、まずは損益計算書と貸借対照表の仕組みをつかみましょう。

2. 損益計算書の基本的な仕組みをつかむ

損益計算書は、1年間の売上高から、1年間のさまざまな経費を差し引き、その計算結果を示す財務諸表です。

入ってくるお金から、出ていく経費を引いていくのです。

そして、最終的にプラスだったのかマイナスだったのかを示す仕組みになっています。1年間という、一定期間における収入と支出をまとめたものです。

文字通り、損か益か、プラスかマイナスかを計算するものです。

英語でいえば、損は（Ｌｏｓｓ）、益は（Ｐｒｏｆｉｔ）です。その頭文字をとって、損益計算書のことを、略してＰ／Ｌと呼んでいます（以後「ＰＬ」と表記させていただきます）

では、自社の損益計算書を見てください。

次の１図のような仕組みになっているはずです。

〈1図〉損益計算書

期間：　　　　年　　月　　日～　　　　年　　月　　日

単位：円

別の呼び名	項目	金額	ワンポイント解説
	①売　上　高	(　　　　)	
「変動費」→	②売上原価	(　　　　)	
「粗利益」「あらり」→	③売上総利益	(　　　　)	←わが社の「商品力」を表す利益
「固定費」→	④販売費および一般管理費	(　　　　)	
	⑤営業利益	(　　　　)	←本業での利益 銀行が最も重視する利益
	⑥営業外収益	(　　　　)	
	⑦営業外費用	(　　　　)	
「けいつね」→	⑧経常利益	(　　　　)	会社の業績を表す際に、←最も使われる利益
	⑨特別利益	(　　　　)	
	⑩特別損失	(　　　　)	「決算書」に対する社長の←意図が最も表れる費用
「税前利益」→	⑪税引前利益	(　　　　)	←課税対象となる利益
	⑫法人税等税金	(　　　　)	
「当期利益」→	⑬当期純利益	(　　　　)	←「貸借対照表」の「純資産」に加算される利益

※この図の拡大版を巻末に収録しています。
　実際に数字を記入される場合は、巻末に添付している１図(拡大版)をコピーしてお使いください

「**売上高**」から始まり、一番下が「**当期純利益**」となっています。「当期純利益」の部分がマイナス（要は赤字です）だと、「**当期純損失**」と記載されている場合もあります。

では、1図のカッコの部分に、自社の損益計算書から、数字をそのまま書き写してみてください。数字を書き込んだ図をもう一度見てください。

①「**売上高**」は、年間の売上合計です。

②「**売上原価**」は、売上に比例して発生する、いわば原材料費です。売上に比例して、大きくなったり小さくなったりするので、「**変動費**」といいます。

③**売上総利益**は、「売上高」から、「売上原価」（＝「変動費」）を差し引いたものです。別の呼び名で、「**粗利益**《あらりえき》」ともいいます。

売上総利益は、まさに会社の「商品力」を表す利益です。損益計算書のなかでも、重要ポイントとなる利益科目です。

「毎年じわじわ粗利益率が下がってきている…。なんとかしなければ」

そんな経験はないでしょうか？　それは言い換えれば、自社の商品力が下がってきているということなのです。

④「**販売費および一般管理費**」は、売上高の増減に関わらず、発生する費用です。これを「**固定費**」といいます。

⑤**営業利益**は、「売上高」から「売上原価」（=「変動費」）と「販売費および一般管理費」（=「固定費」）を差し引いたものです。銀行交渉において、最も重視される利益科目です。ここまでが、いわゆる本業での利益ということです。

⑥「**営業外収益**」は、受取利息や、本業以外での不動産収入など、本業以外での収益です。なので、売上高に対してプラス要素です。

⑦「**営業外費用**」は、本業以外で発生した費用です。その代表選手が、銀行借入の支払金利です。

⑧「**経常利益**」は、「営業利益」に、プラス要素の「営業外収益」を足し、「営業外費用」を差し引いたものです。

（ちなみに、営業利益がマイナスの場合は「**営業損失**」、経常利益がマイナスの場合は「**経常損失**」と記載されていることがあります）

次に、「**特別利益**」と「**特別損失**」です。

何が特別かというと、この1年に限って発生したという意味での、特別です。

⑨「**特別利益**」は、生命保険を解約して得た利益や、有価証券（株式など）を売却して得た利益などがあたります。利益なのでプラス要素です。

⑩「**特別損失**」は、災害対策での発生費用、記念式典の費用、役員の退職金など、めったに発生しないような費用です。

この特別損失は、儲けたお金をどれだけ残せるか、という点において、社長が絶対に知っておかないといけない科目です。

⑪「**税引前利益**」は、「経常利益」に、プラス要素の⑨「特別利益」を足し、⑩「特別損失」を差し引いたものです。この「税引前利益」に、法人税・地方税が課せられます。

⑫「**法人税等税金**」が、⑪「税引前利益」にかかる税金です。

「今期の税金を、もっと少なくできないだろうか」と頭を悩ますのが、この金額です。

⑬「**当期純利益**」（あるいは「**当期純損失**」）は、⑪「税引前利益」から⑫「法人税等税金」を引いたものです。この⑬「当期純利益」が、毎年度、純資産の剰余金に加算されてい

〈2図〉損益計算書をグラフにしてみる

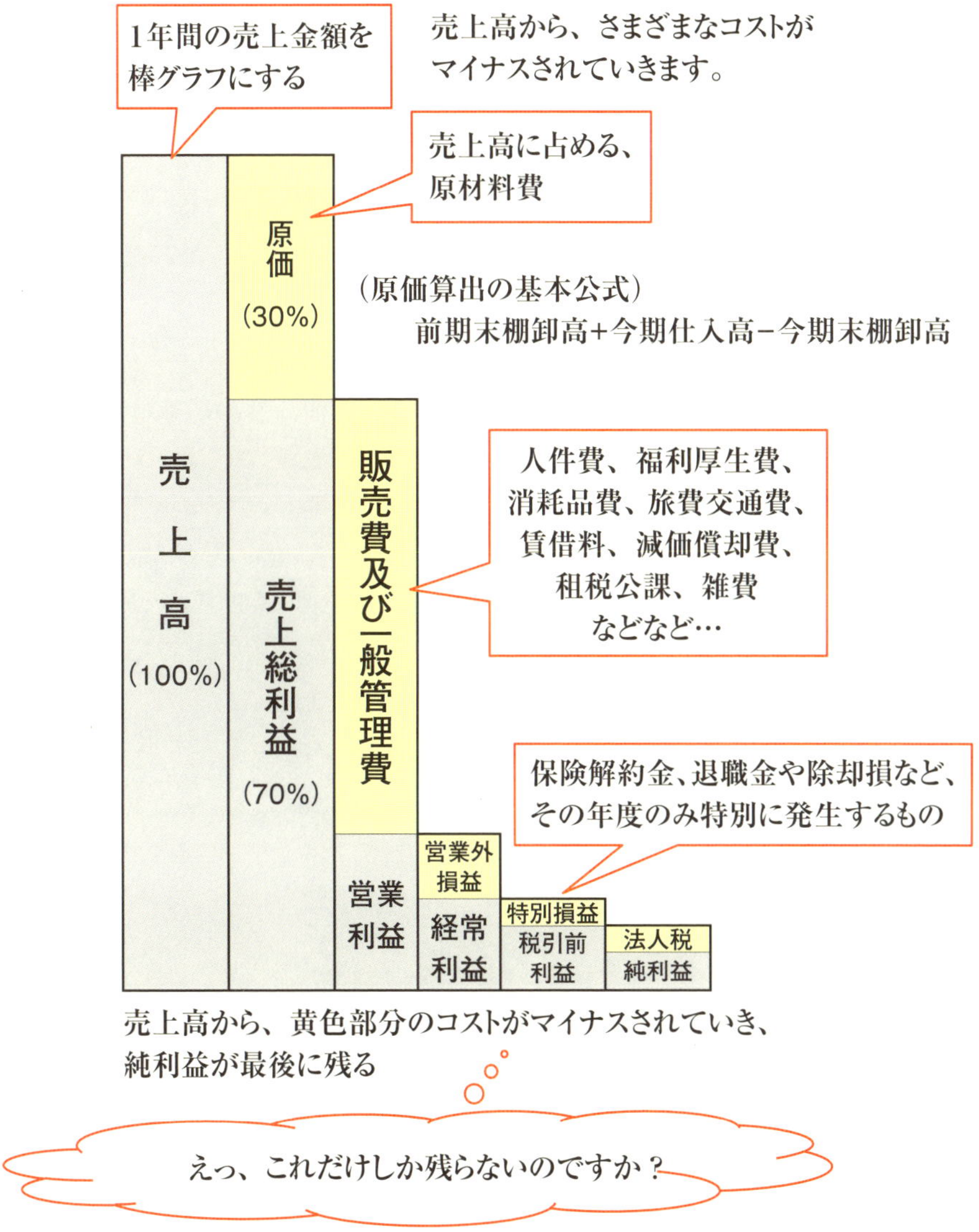

きます。

これら損益計算書の構造を図で示すと、2図のようになります。

それと、損益計算書には、別の表が1点もしくは2点あります。

1点は、「販売費および一般管理費」の細かい内訳を記した「**販売費および一般管理費内訳**」です。これは、どの会社の損益計算書にも添付されています。

もう1点は、売上原価のうち、製造原価がある場合に発生する「**製造原価報告書**」というものです。製造原価という名のごとく、メーカー、建築関係など、一部の業種に限られています。

この2点の添付資料については、4章「社長のための損益計算書の読みかた」のところで、活用のしかたを説明します。

「損益計算書の仕組みはわかります」と、おっしゃる社長は多いです。社長の2大関心事である、「売上」と「利益」が含まれているからです。

「今期もまた、売上が厳しい…」とか、「売上はなんとか横バイだけど、利益が昨年より減っている…」など、なんだかんだいって、社長が気にしているのは、「売上」であり、「利益」です。「利益」といってもいろいろありますが、おおむね、「経常利益」のことを言っておられます。損益計算書は、社長にとって、なじみのある資料なのです。しかも、予算に比べて達成したとかしなかったとか、毎月、結果が出ます。

だから、「売上高」と「利益」（経常利益）に関しては、社長は毎月、早く知りたいのです。

しかし、それはあくまで、「売上高」と「利益」（経常利益）です。損益計算書は、社長が「売上高」と「利益」（経常利益）だけを知るための資料ではないのです。

とくに、重要項目となる「特別損失」を意識している社長は、まだまだ少ないです。

ここではまず、損益計算書の仕組みを、おさえていただきたいと思います。

3. 貸借対照表の基本的な仕組みをつかむ

貸借対照表の基本

「貸借対照表がよくわからないんですよ…」

多くの社長が嘆きます。

「出てくる言葉がわからない」

「どこから見たらいいのか、さっぱりわからない」

「表の仕組みや構造が、わからない」

「何がよくて、どうなればいいのかが、わからない」

「毎月見ても、変化が見えない」

「売上みたいに、達成したとかしないとかの、面白みがない」

とまあ、とかく貸借対照表は、多くの社長にとってわからない、面倒くさいものです。

貸借対照表の基本は、左側と右側に分かれていて、その合計金額が同じです。

左右の金額がバランスしているので、バランスシートといい、バランスのBと、シートのSで、略してB／Sと呼んでいます（以後「BS」と表記させていただきます）

「BSの左側と右側で、何が違うんですか？」

と聞かれることがあります。

そうです、まずもって、左と右に分かれていることが、何を意味するのかがわからないのです。知っていればどうってことありませんが、習ったことがなければ、そういうものです。

①左側は「資産」、右側は「負債・純資産」

次ページの3図をごらんください。

大きくいえば、左側は、会社が保有する資産です。個人であれば「財産」といいますが、会社の場合は「**資産の部**」といいます。右側は、その資産を保有した際のお金をどう手配したのかを示す資金調達手段です。「**負債・純資産の部**」といいます。

自社の貸借対照表を見ながら、3図に、左と右の一番下に、それぞれの合計金額を書いてみてください。

〈3図〉BS は、左側と右側に分かれる

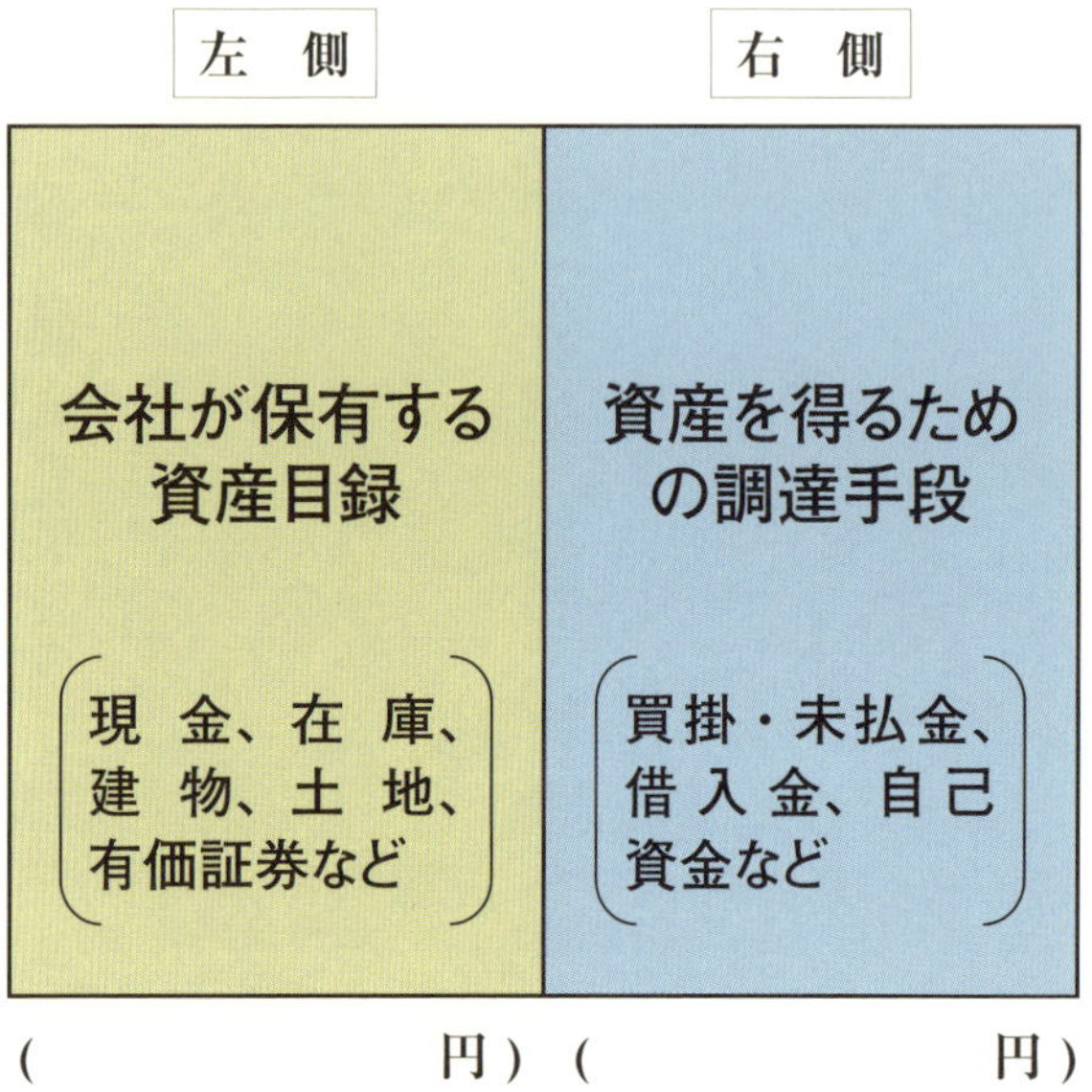

※巻末に3図の拡大版を添付しています。実際に数字を記入される際は巻末の3図（拡大版）をコピーしてお使いください。

会社には、さまざまな資産があります。現金、売掛金、在庫、建物、土地、有価証券などなど…。右側の手段で調達した現金が、事業を進めていくうえで、いろいろなものに変わるわけです。なので、まだ何にも変わっていないものが、現金として残っているのです。

会社経営は、これらの資産を手立てして商売をおこない、利益を生む仕事をしています。

左側が資産目録、右側が調達手段、というわけです。これが、左と右の、意味するところです。

〈４図〉BS は、左側と右側が上・下に分かれる

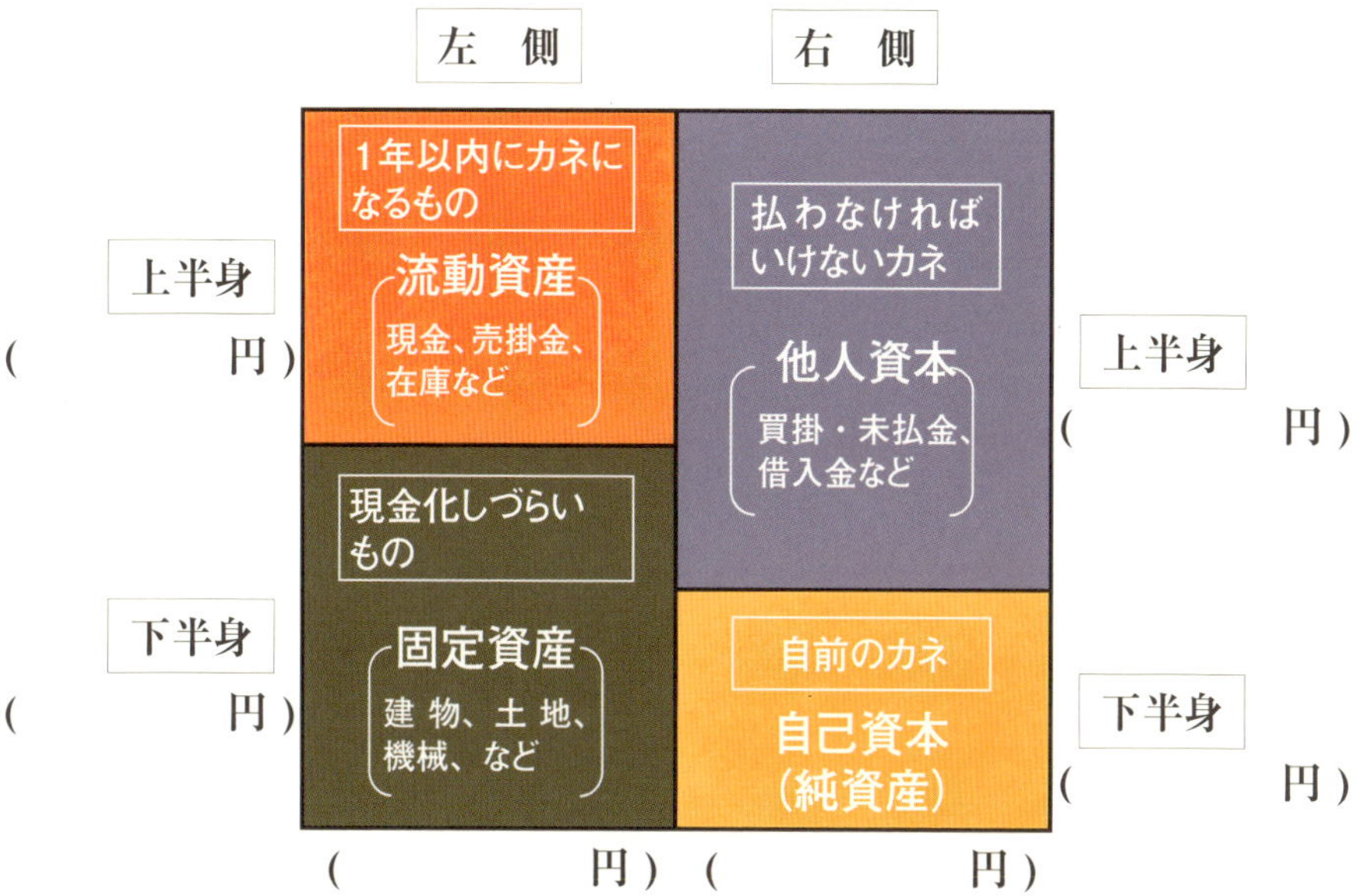

※巻末に４図の拡大版を添付しています。実際に数字を記入される際は巻末の４図（拡大版）をコピーしてお使いください。

②左右それぞれは、上半身と下半身に分かれます

次に、貸借対照表の左側と右側は、それぞれ上半身と下半身に分かれます。**（４図参照）**

左の資産は、
流動資産と
固定資産に、

右の資金調達は、
負債（他人資本）と
自己資本（純資産）に、

分かれます。

大きく4つの箱に、分かれます。

(以後、貸借対照表に基づく厳密な表記が必要な箇所は「純資産」、そうでない箇所は「自己資本」と表記することにします)

自社の貸借対照表を見ながら、4図に流動資産と固定資産の金額を書き、その下に、合計金額を計算して記載してください。

その金額は、貸借対照表の左側の一番下にある金額と一致するはずです。

(一致しない場合、固定資産の下に、「**繰延資産**」というものが、あるはずです。それも固定資産に加えてください。「繰延資産」は資産のなかの、はぐれものです。社長が決算書を見るにおいては、あまり気にしなくてもよい存在です)

資産の内、**流動資産**は、〝**1年以内に現金化されるもの**〟を意味します。

一方、**固定資産**は、すぐには現金化しづらいものであり、稼ぐために**長期にわたって活用する資産**を表します。

そして右側の調達です。

自社の貸借対照表を見ながら、４図に負債の部の合計と、自己資本となる純資産合計の金額を書き、その下に、合計金額を計算して記載してください。その金額は、貸借対照表の右側の一番下にある金額と一致するはずです。

上半身は、**負債(他人資本)**、つまり、他人からの調達手段であり、返さなければならないものを表します。銀行借入や、まだ払っていない費用などです。自前でない、ヒトのお金です。

一方、右側の下半身は、**自己資本**です。自ら調達したお金と、儲けが蓄積されたお金を表します。自前のお金です。

おさらいすると、

ＢＳ**(貸借対照表)**は、**左側と右側に分かれます。**左が資産、**右が調達を表します。**

そして、左右それぞれが、上半身と下半身に分かれます。

左側の資産の上下は、**流動資産**と**固定資産**に分かれます。**流動資産は、1年以内に現金化されて活用できるもの、固定資産は、稼ぐために長期にわたって活用するもの**です。

右側の調達の上下は、**負債(他人資本)**か、**自己資本**か、に分かれます。**他人からの借り**

物の資金か、**自前の資金**か、ということになります。

この4つの箱の基本構造がわからずにBSを見てしまうと、なんのことだかさっぱりわかりません。

理解できる勘定科目の数字だけが、たんにわかるだけです。まずは、左右や上下に分かれているところの、意味をご理解いただきたいのです。

③貸借対照表の勘定科目がわかりづらい！

貸借対照表は、初めて見る人には、謎だらけの暗号表です。

「勘定科目の名前がよくわからない」という声も、貸借対照表がわからない、という理由のひとつです。

例えば、損益計算書に出てくる「売上高」です。貸借対照表では、「売上高」という科目はありません。その売上高が、自社の資産として、他の名称に変わります。売上高そのものは、資産ではないからです。

〈5図〉　貸借対照表

○△年3月31日

流動資産		**流動負債**	
現金 売掛金 在庫 前払費用		買掛金 未払金 短期借入金 未払消費税	
固定資産		**固定負債**	
有形固定資産 建物 土地 無形固定資産 電話加入権 有価証券		長期借入金 社債	
		純資産	
		資本金 資本準備金 利益剰余金	
資産の部　合計	200,000,000	**負債・純資産の部 合計**	200,000,000

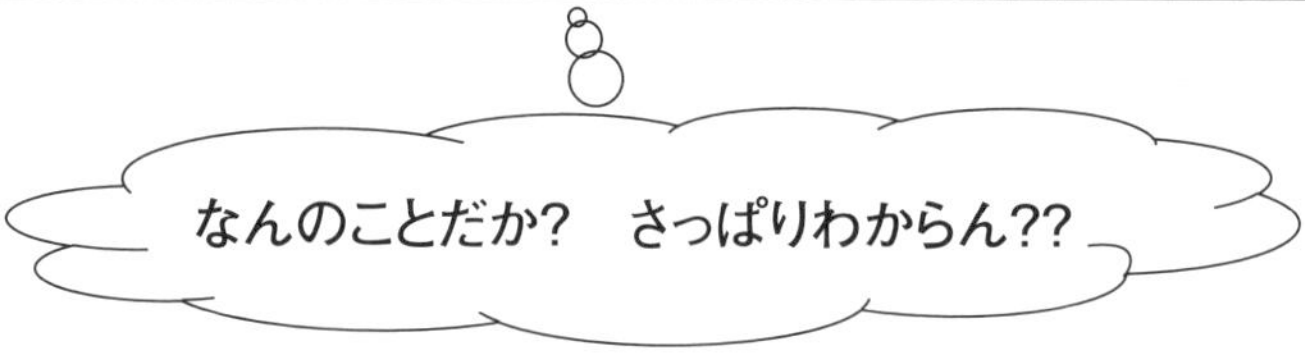

5図をご覧ください。

売上をすべて現金回収できる小売店なら、売上高は「**現金**」となります。手形で受け取れば、「**受取手形**」です。後日支払われる掛け売上があるなら、それは「**売掛金**」になります。しかし、同じ意味でも「売掛金」という名称にならない場合があります。

例えば病院です。健康保険負担分や、個人負担が遅れているものなどが、「**未収入金**」として計上されます。

負債の科目も同様です。

損益計算書の材料費、給料手当ならわかるのですが、それが、「**買掛金**」や「**未**

払費用」「**未払金**」「**前受金**」という負債名称に変わると、途端にわかりづらくなります。言葉になじみがないのです。

固定資産もそうですね。

損益計算書で、「**減価償却費**」として計上された金額が、建物や機械設備などのいずれかの償却資産から、マイナスされていきます。

資産としての価値がそれだけ減った、というわけです。そのぶんは損金計上できるので、「減価償却費」となるのです。

結局、損益計算書と貸借対照表は、まったくもって別物なのです。

なのに、損益計算書の発想、知識だけで理解しようとすると、当然のことながら、「貸借対照表はよくわからない」となります。そこでほったらかしにするから、わからないままなのです。

④貸借対照表こそが、自社の財務体質を示します

貸借対照表は、自社の資産の内容と、その資産がどのような資本で形成されているかを示

した表です。創業以来、長年の蓄積によってできあがった、自社の財務の体力・体質を表すものです。

損益計算書は、その体力・体質で、1カ月とか、1年とか、ある一定期間にどのような業績を上げ、最終利益である当期利益を残したのかを示します。いわば、当期利益に至るまでの、明細表のようなものです。

体力・体質なくして、業績維持はできません。勘定科目がわからないなら、誰かに聞けばよいのです。その程度の知識をもつ人は、社長の周囲にもおられるはずです。

それこそ、顧問の税理士にお尋ねすればよいのです。そして、わかるまで聞き、考えることです。

貸借対照表がわからないことは、何も恥ずかしいことではありません。

しかし、自社の体力・体質をわからないままに放置しておくことは、社長としては、あってはならないことなのです。

4. 決算書は作成者の判断で数字が変わる

決算書は誰が作成していますか？

「決算書は、誰が作成するかによって、その数字が変わります」と言うと、「それって、粉飾じゃないんですか？」、そう思う方がいるかもしれません。

そういう意味ではないのです。

そもそも決算書は、どなたが作成されていますか？

基礎データを入力するのは経理社員であり、最終的に決算書を作成するのは、中小企業の多くは、会計事務所だと思います。決算書を作成する過程には、さまざまな判断があります。

損益計算書に入る経費であっても、どの経費に入るかで、営業利益や経常利益の数字が変わってきます。

あるいは、資産として計上するのか、できるものなら経費で計上するのかによって、貸借対照表の数字も変わってきます。

そのための、経理処理の判断があるのです。その判断によって、決算書は「見せかた」が変わってくるのです。

人間でも、ファッションの着こなしや髪型、メイク次第で、いいように見えたり見えなかったりします。かといって、中身は変わりません。それと同じです。そしてその「見せかた」には、どう見せるかという、見せる人の「意図」があるはずです。

みな、より美しく見せたいのです。それが上手だと、相手はその見せかたに魅せられるのです。逆にメイクが下手だと、鼻につきます。

決算書も同じなのです。損益計算書と貸借対照表を、どう見せるかという見せかたの「意図」があるのです。その「意図」は、社長が示さなければならないのです。

見せかたの「意図」も指示もなければ、担当者は自分たちがやりやすく、他からいろいろ非難めいたことを受けないよう作成してしまいます。当たり前です。

そして、心の底でこう感じています。

「どうせ社長に聞いてもわからないだろうから、こっちで判断して処理しておこう」

こう思わせてはいけないのです。

「この処理はどうするか、社長に確認しておこう」と担当者が思うくらいに、常々、決算処理について、口出しできるようになってほしいのです。

これを繰り返すことにより、担当者も社長と同じ思考に近づきます。

同じ目線で「見せかた」を考えられるようになっていくのです。

決算書は誰が見るかで見かたが異なる

損益計算書と貸借対照表は、誰が見るものでしょうか？

会計事務所が作成し、完成したあと、誰が見るのか？　何のために見るのか？

このことを知ったうえで、社長は意図をもって、決算書の見せかたを考え、指示を出さなければならないのです。

誰が見るかによって、決算書を見る目的は異なります。目的が異なれば、それぞれの決算書を見るポイントも異なるのです。


例えば、税務署の税務調査です。

税務署は少しでも多く税金を徴収したいのです。それが彼らの目的です。税金を算出するもとは、損益計算書の税引前利益です。

税引前利益が大きいほど、徴収できる税金は増えます。なので、「どこかに税引前利益を大きくするための要因はないだろうか？」と、必死になって処理間違いやミス、見解の相違にあたるようなことなどを探し出そうとします。

ならば、きわどい見解の相違に当たらぬよう、証拠となる書類の準備をし、堂々と、社長の意図と判断で決めた決算処理を貫けばよいのです。

税務署以上に、決算書を見せる機会が多いのは、銀行です。借入融資を受けていたら、毎年度提出するし、これから融資を受けようとする銀行にも、決算書を提出します。いずれの場合も、損益計算書と貸借対照表を提出するはずです。

銀行が決算書を見る目的は、ひとつです。「この会社は返済できるかどうか」です。

すでに融資を引き受けている銀行なら、「返済能力が衰えていないか」を見ます。これから融資を引き受けようとする銀行なら、「それだけの金額を融資して、返済する能力があるのかどうか」を見ます。

つまり、決算書をもって、その会社の返済能力を判断しているのです。といっても、銀行の担当者みずからが決算書を見て判断するのではありません。決算書のデータを審査部で入力し、そのデータをもとに、会社をランク付け（格付け）していきます。そのランク付け（格付け）でもって、返済能力の有無が、判断されていくのです。

そのランク付け（格付け）の大きなポイントとなる決算書の数字は2つです。**営業利益**と**自己資本比率**（純資産総額÷総資産×１００）です。

あるいは、建築関係の会社なら、2年に1度、経営審査を受けるため、決算書を国土交通省の審査機関へ提出します。この目的は、公共工事を請け負う会社に対して、各会社の経営状況などをもとに格付けすることです。この審査では、見るポイントとなる利益は、**経常利益**です。

他にも、大口の仕入先や、受注を受けている納品先へ、決算報告をすることもあります。その場合も、営業利益や経常利益を、大きくしておきたいのです。

いかがでしょうか？

決算書は誰が見るかによって、見るポイントが変わります。

言い換えれば、誰が見るかによって、見るところは見るし、見ないところは見ない、ということなのです。

こういったことを知っていれば、決算書をどう見せるか、といったことを考えることができます。知らなければ、どう見せるか、という見せかたの意図は、ないに等しいのです。

決算書は、その数字をもとに、さまざまな方が何らかの判定を下《くだ》します。ならば、その判定基準を知り、有利な方向に導くことが、社長の仕事です。

そのためにはまず、決算書の基本的な仕組みを知り、決算書の見かたをご理解いただきたいのです。

2章　自社の決算書は図やグラフにして見やすくしよう

面積で違いがわかる

損益計算書も、貸借対照表も、とにかく見づらいです。漢字と数字ばかりです。それだけで、イヤになります。

しかし、わかりやすくする方法はあります。グラフにするのです。それも、数字の大きさに合わせて、面積でその違いがわかるグラフにするのです。

そもそも、社長が決算書の数字をつかむとき、1円単位まで把握する必要はありません。上4ケタを最大にして、4ケタか3ケタで数字をつかめば、それで十分です。決算書をグラフ化するにしても、上4ケタで問題ないのです。100万円、10万円などの単位で見ればよいのです。

決算書は、損益計算書も、貸借対照表も、1円単位まで記載されています。

私もそうですが、ケタ数が多いだけで、見るのが億劫《おっくう》になります。多いケタ数から解放されるだけでも、数字は見やすくなるはずなのです。

では、決算書の「見かた」の第一歩として、貸借対照表と損益計算書をグラフにして、見やすくしましょう。

1. 貸借対照表は金額を面積で表してバランスを見る

貸借対照表(BS)面積グラフ

わかりづらいBS(貸借対照表)を、どうすればわかりやすくできるか?

ということで、それぞれの数字の大きさを、面積で表したものが、

貸借対照表(BS)面積グラフ

です。

例えば、業績会議や営業会議の資料などでも、数字がビッシリだと、わかりづらく、ひと目で状況判断ができません。発表者が説明していても、聞いている余裕さえありません。数字を見ることだけで必死になってしまいます。

そんなとき、数字を棒グラフにしたり、折れ線グラフや円グラフにしたりすると、一目《いちもく》瞭然《りょうぜん》、参加者一同、簡単に理解でき共有もできます。

〈6図〉貸借対照表をグラフ化した例

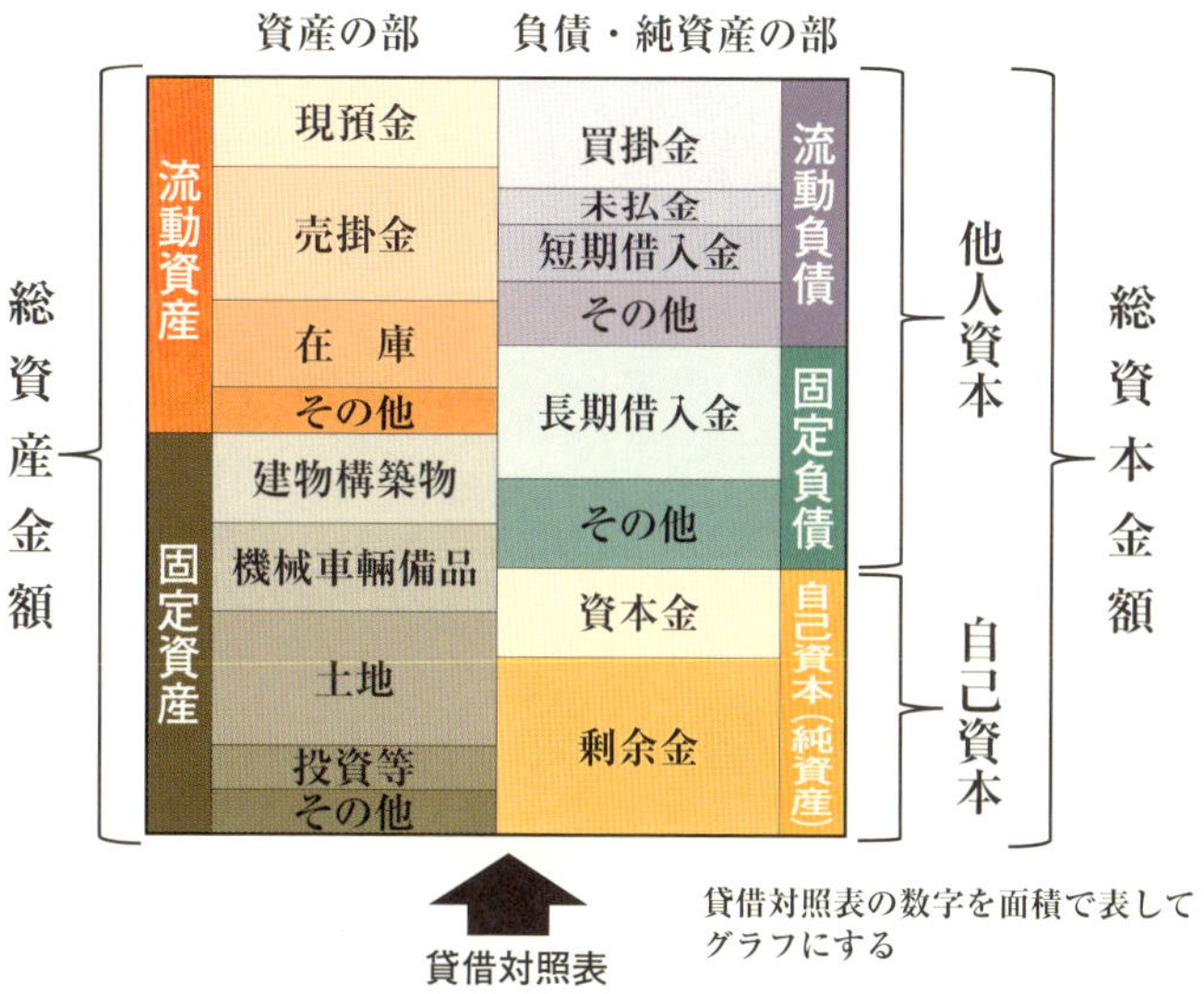

○○○○年○月○日　単位：百万円

資産の部			負債・純資産の部		
流動資産	現預金	70	買掛金	105	流動負債
	売掛金	105	短期借入金	35	
	在庫	70	その他	70	
	その他	35	長期借入金	105	固定負債
固定資産	建物構築物	70	その他	70	
	機械車輌備品	70	資本金	70	純資産
	土地	105	剰余金	140	
	投資等	35			
	その他	35			
	合計	595	合計	595	

売上高　1,190 百万円

貸借対照表も、それと同じことなのです。

また、数字をグラフ化するとき、全体の中でウエイトが小さいものは、〝その他〟として表記します。〝その他〟は、細かいものの集まりです。細かい数字までいちいち全部把握してグラフにする必要はありません。

まずは財務の大局をつかむことが、社長の仕事なのです。


貸借対照表をグラフ化した例が、6図です。

ある年度の貸借対照表をもとに、このようなグラフにします。

グラフの左側は「**資産の部**」です。

縦に、「**流動資産**」と「**固定資産**」の大きさが示され、その右隣に、現預金、売掛金、建物、土地、など、資産の内訳がグラフ化されています。

流動資産と固定資産のどちらが大きいか？

資産の中でも、何が大きなウエイトを占めているのか？

ということが、ひと目でわかりますね。

そしてグラフの右側は、「**負債の部**」と「**純資産の部**」です。

負債の部は、縦に「**流動負債**」と「**固定負債**」に分かれます。純資産の部は「自己資本」となります。なので、右側は大きく3つの箱に分かれます。「流動負債」「固定負債」「自己資本」です。

そして、それぞれの中身を、面積で示していくのです。

借入金はどれくらいあるのか、自己資本となる純資産は全体のどれくらいを占めているのか？　といったことが、ひと目でわかるようになります。数字だけでは見えなかったものが、見えてきます。

貸借対照表のグラフの左横に、縦長の赤い棒グラフがあります。これは、売上高の大きさを示しています。

「自社がもっている資産を投じて、どれだけの売上高を上げられたのか」ということを表しています。

事業に取り組むとき、

「できるだけ少ない資産で、できるだけ大きな売上高を計上したい」

と、社長なら誰もが思うはずです。それはつまり、**少ない資産をいかに効率よく回転させたのか、**ということです。

古い体質の経営者の中には、資産が大きいほど資産家であると思っている人がいますが、大間違いなのです。

中小企業がより多くの儲けを出すには、この「回転」という言葉が大きなカギとなります。中小企業は、「回転」で稼ぐのです。売上高に対して、資産の「回転」がいい、ということは、ムダな資産がない、ということなのです。

貸借対照表をグラフ化するときは、その左横に赤い線で売上高を棒グラフで示し、資産の「回転」を見えやすくしておくのです。

加えて、それぞれの項目を色分けして見やすくするということも、理解と判断を早めるポイントです。

ただし、いくらグラフ化しても、それぞれの面積が大きいとか、小さいとかということが、いったい何を意味しているのかということがわからなければ、せっかくのグラフも活用できません。

社長がここで見るべきことは、グラフの大きさで比較するバランスです。

上下のバランス、左右のバランス、売上高とのバランス。このバランスが、その会社の財務の体質や体格をつくり上げているのです。

すべての社長が気になるのは、

「わが社は儲かる体質・体力なのか？」

「もっと儲かる体質・体力をつくるには、どうすればよいのか？」

ということです。

グラフにして見えるようになっても、そのグラフを読むことができないと、財務状態が良いのか悪いのか、どうすればよいのか、判断がつかないのです。

それぞれの状態をどのように判断すればよいのか、後の章で事例を交えて紹介していきます。

ここで紹介した「貸借対照表（BS）面積グラフ」の作りかたについては、10章「貸借対照表を面積グラフにする方法」の項をご参照ください。

作成したことがない方は、直近の貸借対照表を手元に置き、自分で作成してみてください。

作成手順をおわかりの方は、後継者や経理担当者に作らせてみてください。

そして、作成した自社の貸借対照表（BS）面積グラフを、まずはじっくりと眺めてほしいのです。

2. 損益計算書は数値を棒グラフで表して推移を見る

損益計算書は棒グラフで見る

損益計算書を見るポイントは3つあります。

まず1つ目のポイントは、数字の傾向がわかるようにすることです。

傾向というのは、主に3パターンです。

「**上昇傾向**」か「**下降傾向**」か「**横ばい**」かです。

もうひとつあるとすれば、「上がったり下がったりする」という動きです。

社長は損益計算書から、わが社の傾向をつかんでおくことが必要なのです。その傾向を見るのに、最適なのがグラフです。

例えば、次ページの7図のようなグラフです。

上から順に、売上高、売上総利益、労務費、営業利益の推移を表すグラフです。年度別、あるいは月別で推移をおさえます。

これだけで、それぞれの項目の傾向をつかむことができます。

〈7図〉売上高、売上総利益、労務費、営業利益の推移

①

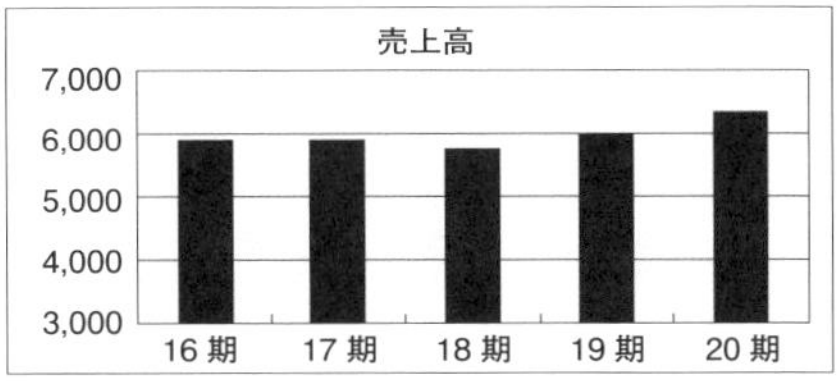

売上高　　単位：百万円

16 期	17 期	18 期	19 期	20 期
5,940	5,974	5,780	6,022	6,412

②

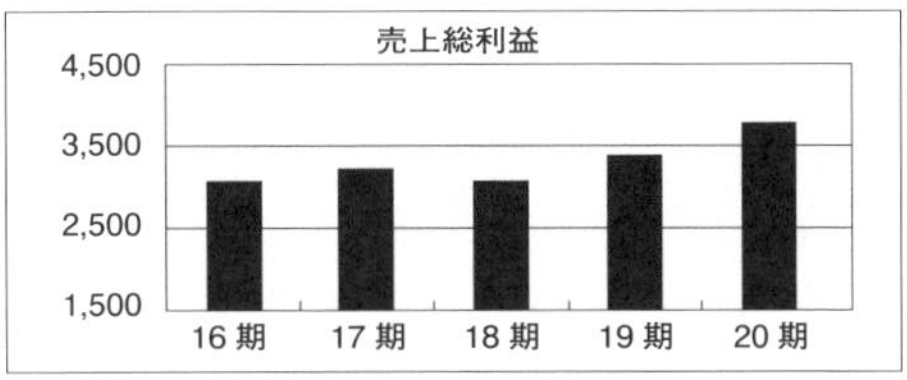

売上総利益　　単位：百万円

16 期	17 期	18 期	19 期	20 期
3,089	3,226	3,063	3,463	3,751

③

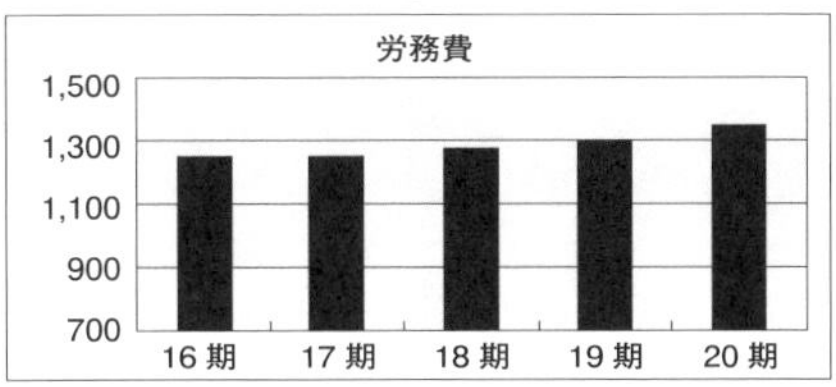

労務費　　単位：百万円

16 期	17 期	18 期	19 期	20 期
1,250	1,240	1,265	1,290	1,320

④

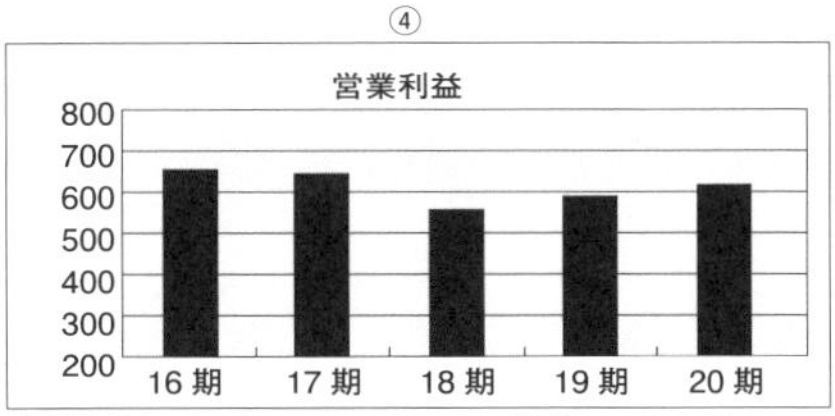

営業利益　　単位：百万円

16 期	17 期	18 期	19 期	20 期
672	655	566	590	612

〈8図〉　年間売上高予算実績推移グラフ

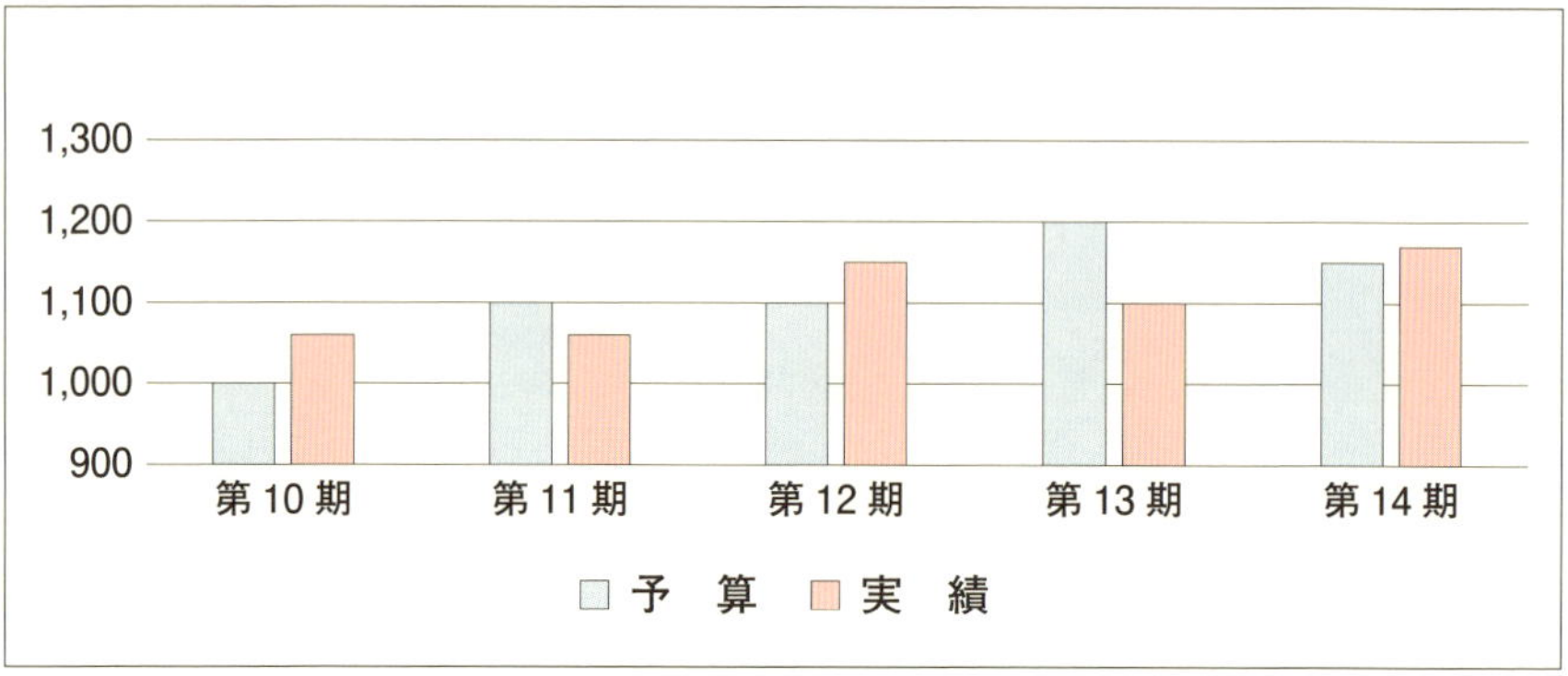

単位：百万円

	第10期	第11期	第12期	第13期	第14期
予　算	1,000	1,100	1,100	1,200	1,150
実　績	1,060	1,060	1,150	1,100	1,170

損益計算書はある一定期間の集計表です。その集計の推移を見ることで傾向をつかむのです。

損益計算書を見るときの、2つ目のポイントは、比較です。

中小企業の業績会議でよくあるのが、「今期の売上高は、予算対比では未達成ですが、昨年対比では上回っています」などというやりとりです。

上の8図のようなグラフを見たことがあると思います。

要は、予算と実績の比較を、年度単位などの推移で見ていくのです。

最後に、3つ目のポイントは、2つの数

〈9図〉　売上高と営業利益の推移グラフ

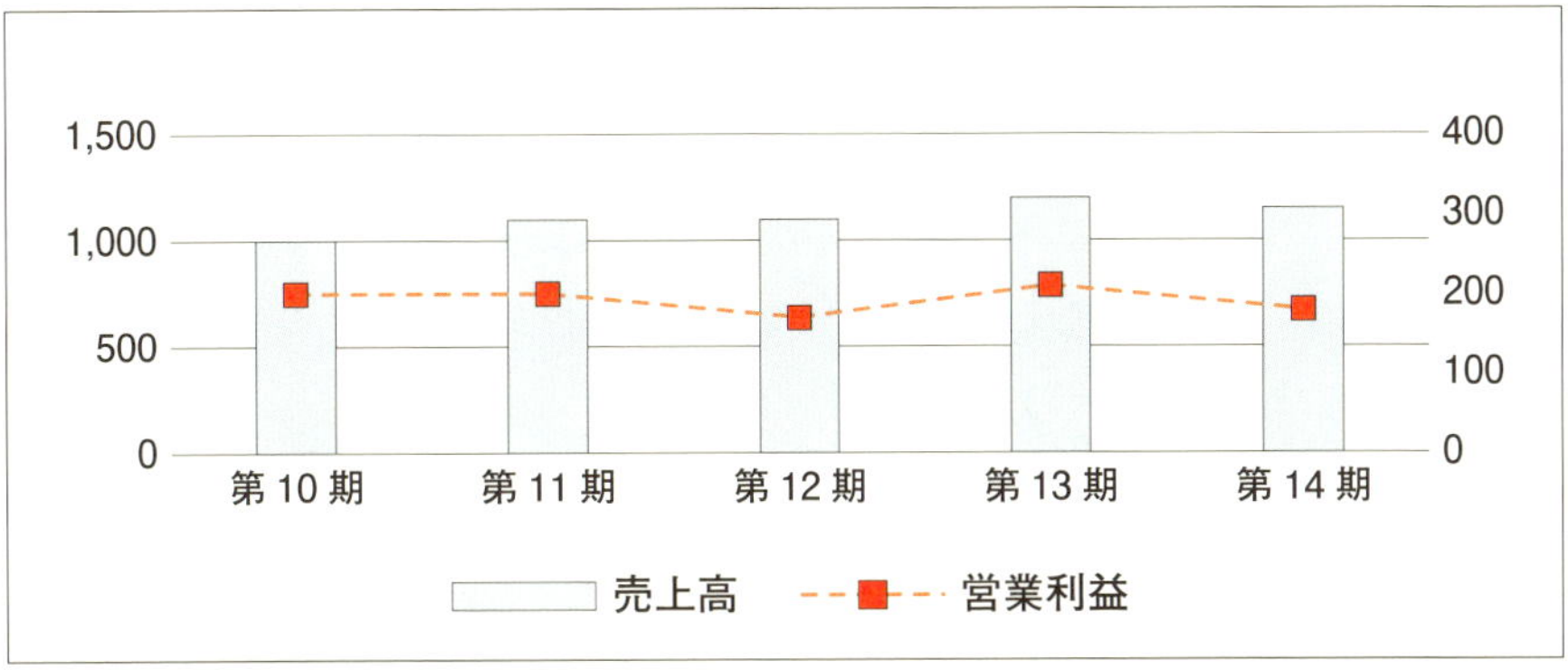

単位：百万円

	第 10 期	第 11 期	第 12 期	第 13 期	第 14 期
売上高	1,000	1,100	1,100	1,200	1,150
営業利益	200	200	170	210	180

字を組み合わせたグラフで見ることです。

例えば、売上高と営業利益です。

上の9図のようなグラフです。

棒グラフは売上高を示し、折れ線グラフは営業利益を表しています。

ここで見るのは、売上高の変動に比べて、営業利益はどのように推移しているのか、ということです。

売上高の変動に比例して営業利益が推移しているのか、そうでないのかといったことが見えてくるのです。

このように、損益計算書は、推移や比較をグラフで見やすくし、傾向をつかめばよいのです。

ただし、この損益計算書のグラフ化は、社長が自ら作成する必要はありません。経理担当に指示を出し、わかりやすいように作成してもらえばよいのです。パソコンを使えば簡単に作成できるのです。

一点、気をつけておきたいのは、損益計算書の中に製造原価報告書が含まれている会社の場合です。

その場合、売上総利益の数字を、損益計算書に記載されている数字とは、とらえ方を変えていただきたいのです。詳細は、10章「損益計算書のデータのまとめかた」の項に記載しています。損益計算書のグラフ作成作業をされる方はご参照ください。

いずれにせよ、損益計算書をグラフにするためには、基礎データをまとめたほうが、進めやすいです。グラフの作成をする方も、「損益計算書のデータのまとめかた」の項をご活用ください。

3．製造原価報告書なんて要らない！

製造原価報告書は必要か

決算書を拝見すると、損益計算書の中に、「製造原価報告書」という項目と資料を見かけるときがあります。しかし、正直言って、

「これがあって良かった！」と感じたことは、一度もないのです。

「こんなもの、要らないんじゃないか？」と感じることばかりなのです。

そもそも、製造原価報告書がある会社と、ない会社があるのです。なぜでしょうか？

「メーカーなんかは要るんじゃないですか？」と思うかもしれません。

しかし、見ているかぎり、そんなことは関係なさそうです。なんと、飲食店業やサービス業でも、製造原価報告書を見る場合があります。メーカーでも、製造原価報告書がない会社もあります。

「どうして製造原価報告書があるんですか？」と、作成されている会社の経営者にたずねます。するとほとんど、

「いやぁ〜、なんでと言われましても、最初からあったんですよねぇ…」

となります。要は、頼んだわけじゃないけれど、作られてきたというわけです。そして、そのままになっているというパターンがほとんどです。

製造原価報告書とは、その名のとおり、報告書です。誰が誰に報告するのでしょうか？上場会社が世間に開示・報告するものなのです。金融商品取引法における財務諸表等規則に基づきます。

しかし、その規則で開示すべき財務諸表として定められているのは、損益計算書や貸借対照表であって、製造原価報告書は、その定めには含まれていないのです。開示義務はないのです。製造原価報告書は、損益計算書の明細書にすぎないのです。

なのに、「ライバルが開示しているのだから」と、どこか1社が始めると、あちこちの上場会社で横並び的にやり始めたのです。

そうなると、勘違いするのが会計事務所です。要るか要らないか、その意味を考えず、

「上場会社の流れに合わせたほうが無難だろう」

となり、開示義務など無関係な非上場の中小企業にまで、製造原価報告書は、拡散していったのです。

「そんなの関係ないでしょ！」と言える経営者ならいいのですが、多くの経営者は決算書が苦手です。会計事務所から、

「最近はどこも作っていますよ」と言われると、

「そうなんですか！」と、乗せられてしまうのです。

必要なのは売上高に対する直接原材料費の比率

なぜ、ここまで製造原価報告書に批判的になるのかというと、本当の売上原価がわかりにくくなるからです。

製造原価報告書には、直接原材料費以外の費用も含まれています。労務費、賃貸料、水道光熱費、消耗品費用、減価償却費などなど、製造部門に関わるあらゆる費用が含まれています。

しかし、実際に売上高の増減と比例して発生するのは、直接原材料費だけです。

具体的には、前期末棚卸高、材料仕入高、今期末棚卸高、あと強いていえば、外注費、く

らいです。

売上高に対して、直接原材料費が占める比率を知りたいと思っても、製造原価報告書があると、それ以外の費用を差し引いて、計算しなおさないとわかりません。これがなんとも、面倒くさいのです。

社長が知りたいのは、売上高に対する直接原材料費の比率なのです。

反対に、製造原価報告書がなければ、損益計算書の「原材料費合計」を見れば、それでわかります。中小企業には、「原材料費合計」がすぐにわかるほうが便利です。

売上高から、「原材料費合計」を引いた数字が、「売上総利益」になるからです。製造原価を含めて引いた数字を「売上総利益」としても、その「原材料費合計」には、労務費や減価償却費まで、含まれてしまっているのです。

中小企業の場合、製造原価報告書の製造原価を知ることに、大きな意味はありません。それより、直接原材料費を把握して、その増減をつかむほうが大切です。

売上総利益は、

売上高 ― 直接原材料費

で求めます。この計算式で見るほうが、自社の商品力である「売上総利益」が、わかりやすくなるのです。

中小企業は、中小企業なりのわかりやすい決算書で、数字をつかんでほしいのです。製造原価報告書がある会社は、この際、会計事務所に対して、「今回から製造原価報告書は作らないでください」と、言ってみてほしいのです。ないほうが、断然、必要な数字を把握しやすくなるのですから。

4．BSとPLの繋《つな》がりを理解する

貸借対照表や損益計算書をグラフで表してきましたが、

「BSとPLはどう繋《つな》がっているのだろうか？」

という素朴な疑問があります。

BSとPLは、それぞれの表す意味は異なりますが、繋《つな》がりはあります。また、繋《つな》がりのない部分もあります。ここがクセモノなのです。

例えば、10図のようなBS面積グラフを、縦に真ん中から左と右に分けます。そして、その間にPLを表す図を入れて説明します。それが11図です。

まん中にPLがあり、その左側は、BSの「資産の部」、反対の右側は、BSの「負債・純資産の部」です。

例えば、PLの売上高は、BSの「資産の部」のうち、現預金、売掛金、受取手形のいずれかに繋《つな》がっていきます。現金売上しかなければ、すべて現預金になっていきます。

現金売上はなく、売掛金と受取手形が主流なら、売上高はまず、売掛金と受取手形に計上

〈10 図〉　貸借対照表（ＢＳ）面積グラフ

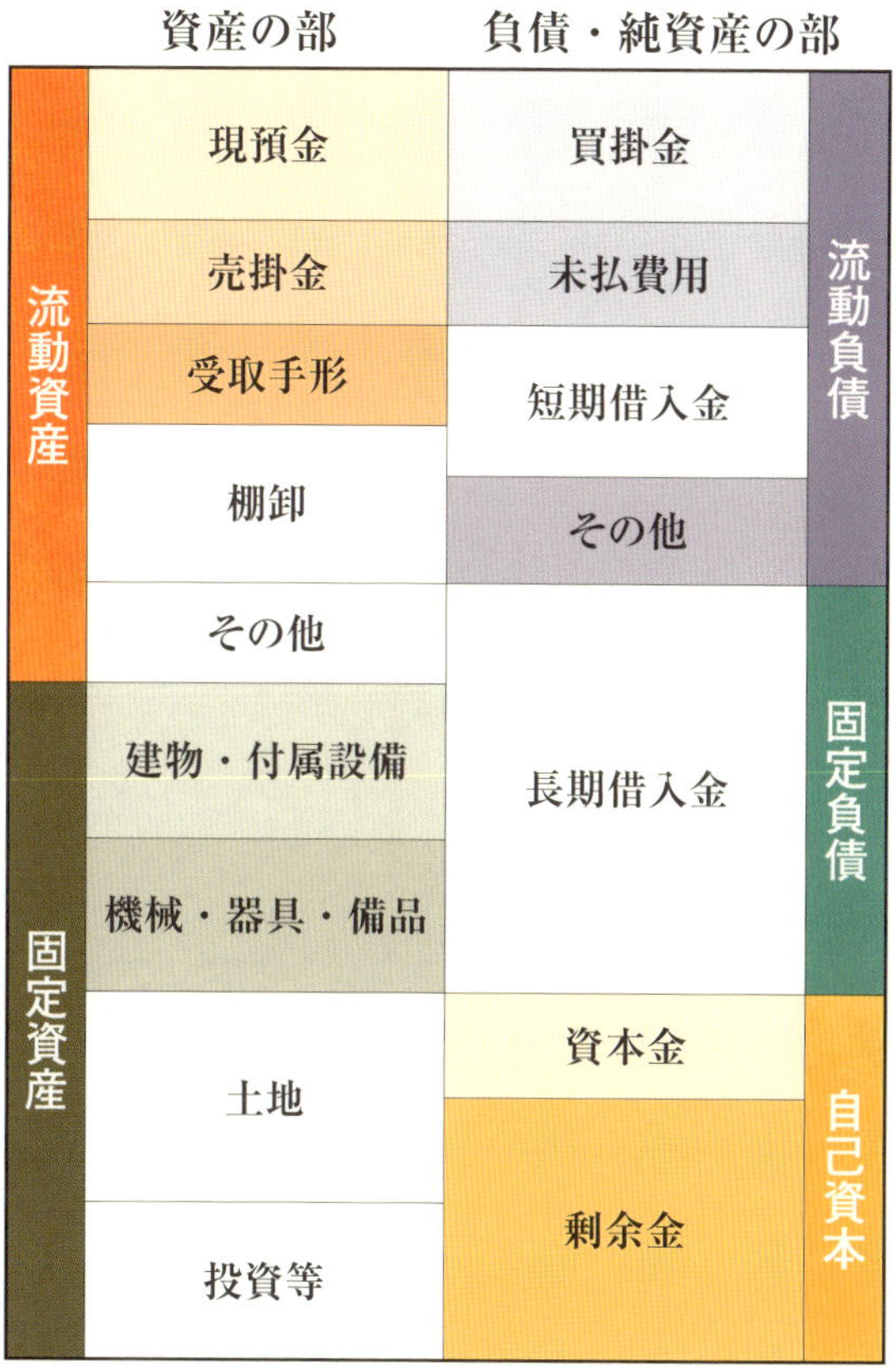

〈11 図〉貸借対照表（ＢＳ）面積グラフを左右に分け、その間にＰＬを入れた図

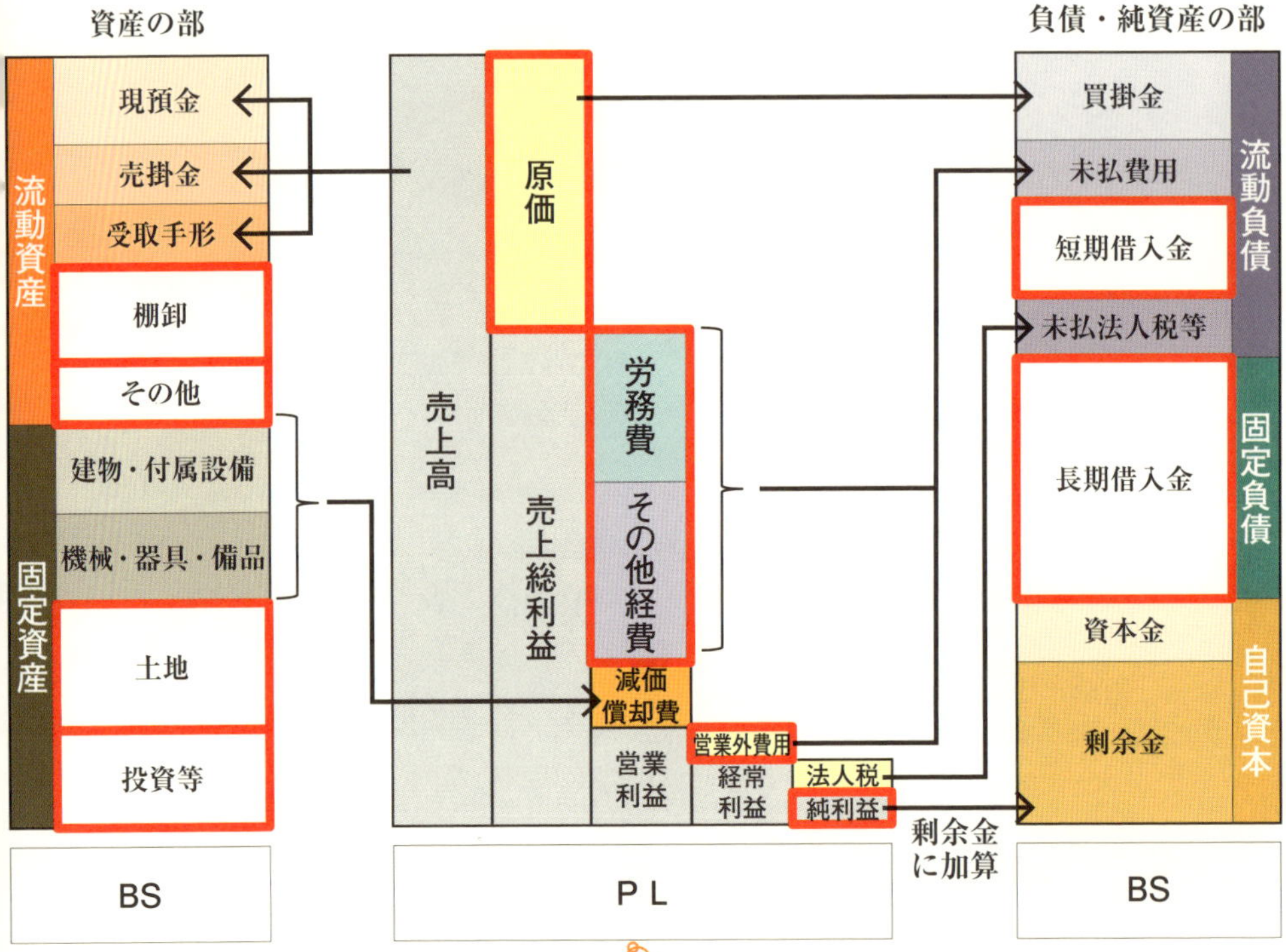

白色の部分（棚卸、土地、投資、借入金など）は、
ＰＬだけじゃ、まったく見えないぞ

されていきます。そして、その売掛金、受取手形が現金化されたときに、現預金が増えていきます。また、ＰＬの原価は、ＢＳの「負債の部」のうち、買掛金へと繋《つな》がっていきます。販売管理費は、未払費用や未払金になっていきます。

つまり、それぞれ矢印のある方向へと繋《つな》がっていきます。ＰＬで計上した科目が、資産の部か負債の部に振り分けられていくのです。そのときに、売上高なら、現預金や売掛金や受取手形など、名前が変わるのです。これがややこしいのです。

「原価の大きさと買掛金の大きさが違うじゃないですか？」

という疑問があるかもしれません。それは、ＰＬの原価は一定期間の累計額で、ＢＳの買掛金は、払い終えていない残高が表されるからです。

払い終えている原材料費は、買掛金から消えていきます。払い終えていない、言い換えれば、払わなければならないということで、だから、負債になるのです。

２つの財務諸表の繋《つな》がりのなかで、押さえておきたいポイントがあります。

ＰＬの面積グラフの一番右下、純利益はＢＳの剰余金に加算されていく、というところです。

つまり、当期利益である純利益が増えれば、剰余金が増え、自己資本が増えるのです。逆に言えば、当期利益がマイナスにならないかぎり、自己資本の剰余金は減らないのです。

やっかいなのは、ＢＳの白色の部分です。

左側なら、「**棚卸**」「**土地**」「**投資**」

右側なら、「**短期借入金**」「**長期借入金**」

などです。

11図を見てのとおり、直接的にＰＬに繋《つな》がりません。ということは、いくらＰＬだけを眺めていても、これらの科目には、意識が働かないのです。まったく見えてこないのです。

なのに、これらの科目はＢＳ面積グラフの内、大きな部分を占めています。

言えることは、ＢＳの左側の白色部分が増えれば、右側の白色が増えてくる、ということです。つまり、借入金が増えてくるのです。となると、返済額が増えていきます。資金繰りが悪化していきます。

加えて、当然のことながら、白色部分が増えれば総資産は増えます。

そして、売上高に対する総資産の回転率が悪化します。後に述べる、総資産に対する経常利益率や、自己資本比率といった重要な経営指標も悪化します。だから、「不要な資産は削りなさい！」と、うるさく言うのです。


極端に言ってしまえば、この白色部分がまったくないというのが、望ましいわけです。

とはいえ、そうはいかない業種の会社もあるでしょう。もちろん、白色部分以外の科目も管理、コントロールが必要です。

しかしまずは、ＰＬとＢＳの繋《つな》がりを理解し、この白色部分を最低限度に抑えることを考えてほしいのです。

5. 儲けの構造をデュポンピラミッドで見る

儲けの構造を表す図に、デュポンピラミッドという図（**12図参照**）があります。ピラミッドの頂点にあるのは、「**総資産経常利益率**」です。「総資産経常利益率」とは、投じた資産で経常利益をどれだけ稼げたのか、を表す指標です。つまり、会社の儲け（収益性）を表す上で、最上位に位置する指標であるということです。

映画の配役でいえば、主役です。ブラッド・ピットやレオナルド・ディカプリオみたいなものです。古くはハンフリー・ボガートやオードリー・ヘプバーンです。映画の配役は、主役の名前が最初に出ます。続いて、主役を支える準主役、さらに脇役、端役と続きます。

タカラヅカ歌劇でいえば、トップスターです。タカラヅカ歌劇のフィナーレでは、トップスターが舞台の中心に立ちます。そのトップを頂点として、出演者全員、見事なまでのピラミッド型で整列し、劇場内の盛り上がりを最高潮へと導きます。

〈12図〉　デュポンピラミッド

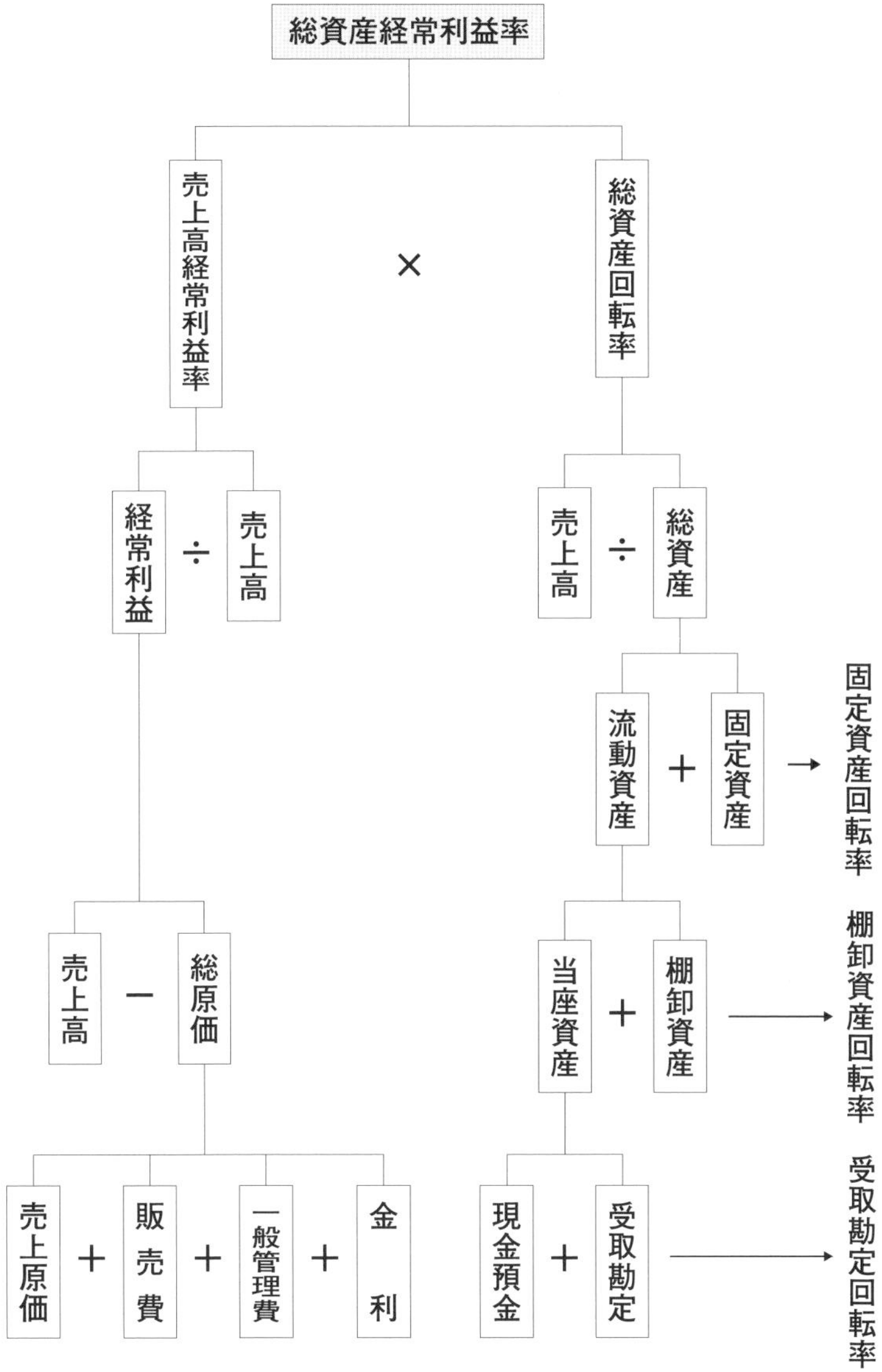

※この図に数字を記入する際は、巻末の12図拡大版をコピーしてお使いください

映画も舞台も、主役になれるのは、稼ぐ力のあるスターです。それも、数多くの配役のなかで、最も稼ぐ力があるのです。

「総資産経常利益率」も、数ある経営指標のなかで、この主役と同じ地位にあるのです。会社の稼ぐ力を表す、トップスターなのです。

しかし、準主役、脇役、端役があっての主役であり、トップスターです。主役やトップ以外の配役にピリリとした輝きがあるほど、主役やトップはその輝きを増します。作品全体も、引き締まります。脇役・端役とはいえ、それぞれに欠かせない役割があるのです。

儲けの構造の主役である「総資産経常利益率」にも、準主役、脇役、端役といった面々がそろっているのです。そして、それぞれが、「総資産経常利益率」を輝かせるために、欠かせない役割を果たしています。

12図の下のあたりをご覧ください。さまざまな指標が、「総資産経常利益率」を支えています。脇を支える「売上原価」や「棚卸資産」などが、そうです。

このように、儲けの配役表といえるものが、デュポンピラミッドなのです。

例えば、総資産経常利益率は、「**売上高経常利益率**」と、「**総資産回転率**」を掛けた指標です。この2つの指標は、「総資産経常利益率」という主役を支える準主役です。「水戸黄門」でいえば、助さん・格さんです。そして、「総資産経常利益率」が黄門さまです。

このように、デュポンピラミッドは、総資産経常利益率という主役を頂点に、その内訳を展開していく図なのです。

デュポンピラミッドのもうひとつの特徴は、ピラミッドの左側と右側にあります。左側にある「売上高経常利益率」の下に広がる配役はいずれも、「損益計算書」によるものです。右側の「総資産回転率」の下に広がる配役はいずれも、「貸借対照表」によるものです。

つまり、ピラミッド図のうち、左半分は、「売上高経常利益率」を頂点にした、「損益計算書」から数字を書き込みます。

右半分は、「総資産回転率」を筆頭に、「貸借対照表」から数字を書き込みます。

それぞれの数字を書き込む作業は、社長がしなくてもかまいません。経理担当や、経営幹部に作成してもらえばよいのです。

デュポンピラミッドを作成することで、儲けの構造の、どこが優れているのか、あるいは、どこが劣っているのか、が見えてきます。

主役である「総資産経常利益率」を筆頭に、その内訳となる主役以下、各配役の力が数字で一覧に示されるのです。

例えば、「総資産経常利益率」の数値が弱いなら、それを支える「売上高経常利益率」と「総資産回転率」の、どちらが良くなかったのか。

もしも満足な経常利益が確保できていなかったら、「売上高経常利益率」が低くなります。その次に、満足な経常利益を確保できていなかったのは、どこに原因があるのかを、さらに下位の内訳をたどり、探っていきます。

「売上高を伸ばせ！」と、大声を出す社長は多いです。

しかし、儲けを伸ばすには、「売上高」を伸ばすだけではできないということが、デュポンピラミッドを見れば、明白なのです。「売上高」は、儲けの脇役のひとつです。儲けを伸ばす配役は、「売上高」だけではないのです。

「売上高」だけをうるさく言うと、儲けにとっては弊害だらけになってきます。単価が下がって利益が減る、在庫が増えて回転が悪くなる、回収条件にこだわらなくなって現金化が遅くなる、などということが発生してくるのです。儲けの脇役たちの輝きがどんどん失われていきます。

「売上高」だけではなく、儲けを支えるすべての配役に、気を配ってほしいのです。映画でも、ひとりの脇役だけが目立つ作品に、名作はないのです。

儲けの構造のうち、どこに問題や要因があったのかを、見やすくするのが、デュポンピラミッドなのです。

6．過去5年分を図にして推移を見る

財務の現状把握をする際に大切なことは、推移を見る、ということです。
直近の財務状況を面積グラフで確認することも大切です。
しかし、そこに至る経緯や推移を再認識することは、もっと重要なのです。

そのためにおすすめしているのが、過去5期分の貸借対照表（BS）面積グラフを作り、推移を見る、ということです。

エクセル（表計算のパソコンソフト）で作成すればよいでしょう。13図のように作成します。

単年度の貸借対照表（BS）面積グラフでは、総資産全体を100％とみなし、売上高の棒グラフを描きます。しかし、複数年度の推移を見る際は、金額ベースでグラフを作成します。
だから、各年度の総資産の高さが一定せず、デコボコになるのです。

もちろん、5年分とも、1メモリの金額を一定にして、グラフを作成します。1メモリの

〈13図〉 過去５年分の貸借対照表（ＢＳ）面積グラフを作り、推移を見よう

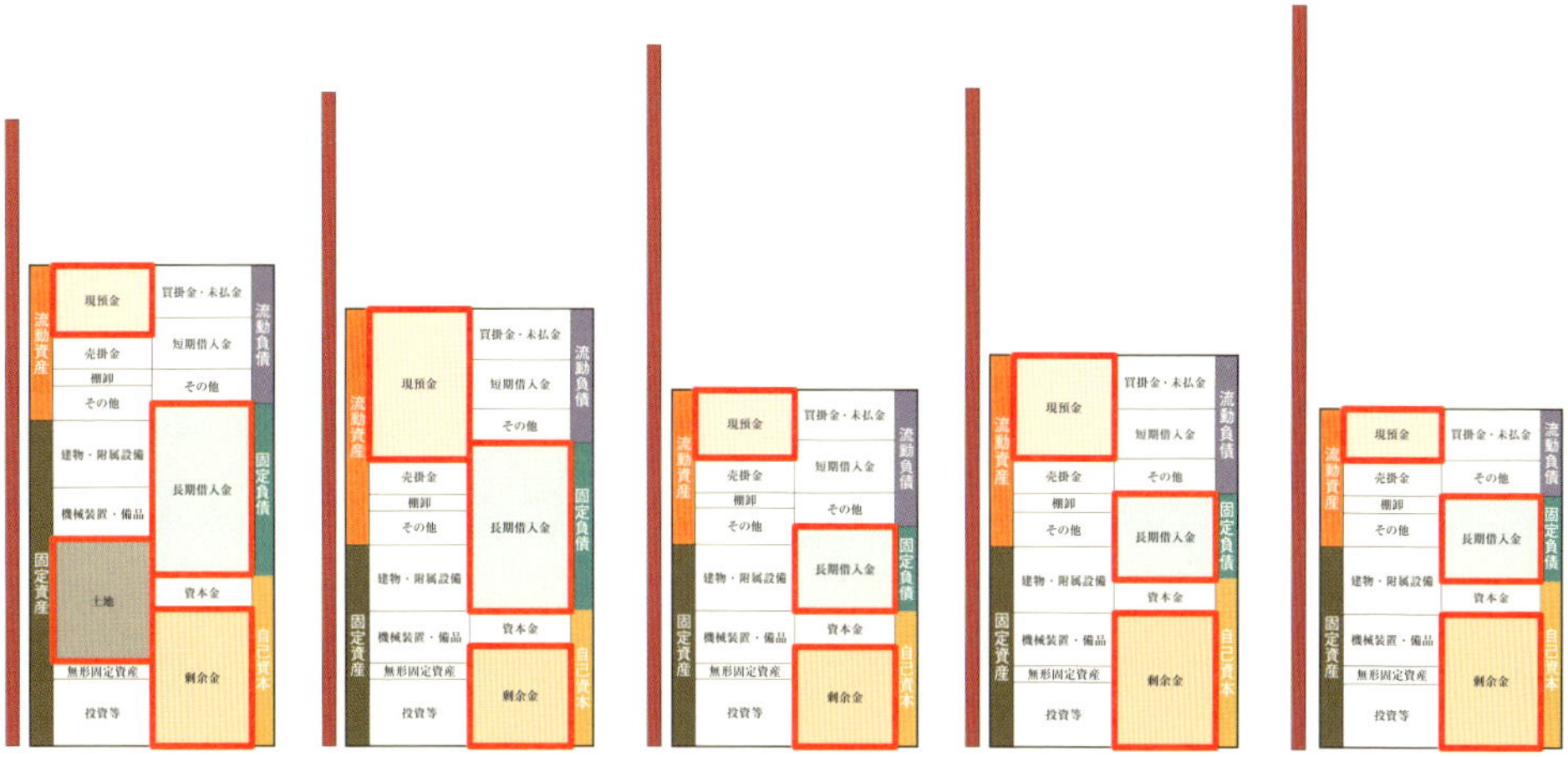

※この図の拡大版を巻末に収録しています。

金額にバラツキがあると、意味がないのです。

ご覧のとおり、5年分の図では、総資産の高さが年度によって異なります。総資産の額に変動があるのです。この総資産の変動が、5年分を作成して推移を見る際の、最重要ポイントです。売上高も、毎年変動します。

貸借対照表は、毎月見ていても、ほとんど変動がありません。しかし、年度単位で5年間を見れば、何らかの変動があります。

売掛金や在庫が減った、借入金が減った、増えた、など、資産内容や負債・資本に、何らかの変動があるはずです。

財務体質というものは、年度単位という、長い

スパンで動いていきます。生活習慣病のごとく、じわじわと体質が悪化したり、改善したり、するのです。だから、過去5年の変動を見ることが大切です。

加えて、これから5年後に、どのような体質を目ざして描くのか、ということも大切です。5年後や10年後に、どのようなBSにしたいのか、図を描いてみればよいのです。

「売上高はここ5年間、順調に右肩上がりで成長しています！」と言いながら、5年分の貸借対照表（BS）面積グラフを見ると、売上以上に総資産が膨張していたりします。しかも、「総資産が増えているのに、自己資本は伸びていなくて、銀行借入ばかりが増えているじゃないですか！」というケースが、あったりするのです。

「売上高」が順調に右肩上がりでも、財務体質は悪化しているのです。「売上高」の数字だけを追いかけていると、そのことがまったく見えないのです。

中小企業に多いパターンです。

BSのグラフを5年分にすれば、1年分では見えなかったことが見えてきます。

「売掛金が増えてきている」

「在庫が増えてきている」

「土地を購入して、長期借入金が増えている」

「売上が右肩下がりなのに、総資産は逆に増えている」

「借りなくてもいい現預金を借りている」

など、推移を見ることによって、問題点や課題が見えてきます。

資産の中身を見る視点と、売上に対する総資産の回転を見る視点。

2つの視点で、自社の財務体質の推移を、見るようにしてほしいのです。

3章

貸借対照表の面積図から自社の体型と特性をつかむ

1．業種によって体型は異なる

その業種・業態によって、貸借対照表（ＢＳ）面積グラフが表す理想の体型というものがあります。理想の体型を決めるポイントは、次の３つのバランスです。

①流動資産と固定資産のバランス
②負債と純資産（自己資本）のバランス
③総資産と売上高のバランス（総資産回転率）

14図をご覧ください。

大きく６つの業種に分類し、それぞれの業種に見合う貸借対照表の上下左右のバランスを示しています。例外はありますが、基本のバランスとしてご理解ください。

①流動資産と固定資産のバランス
②負債と純資産のバランス

〈14 図〉　産業別ＢＳ体型図

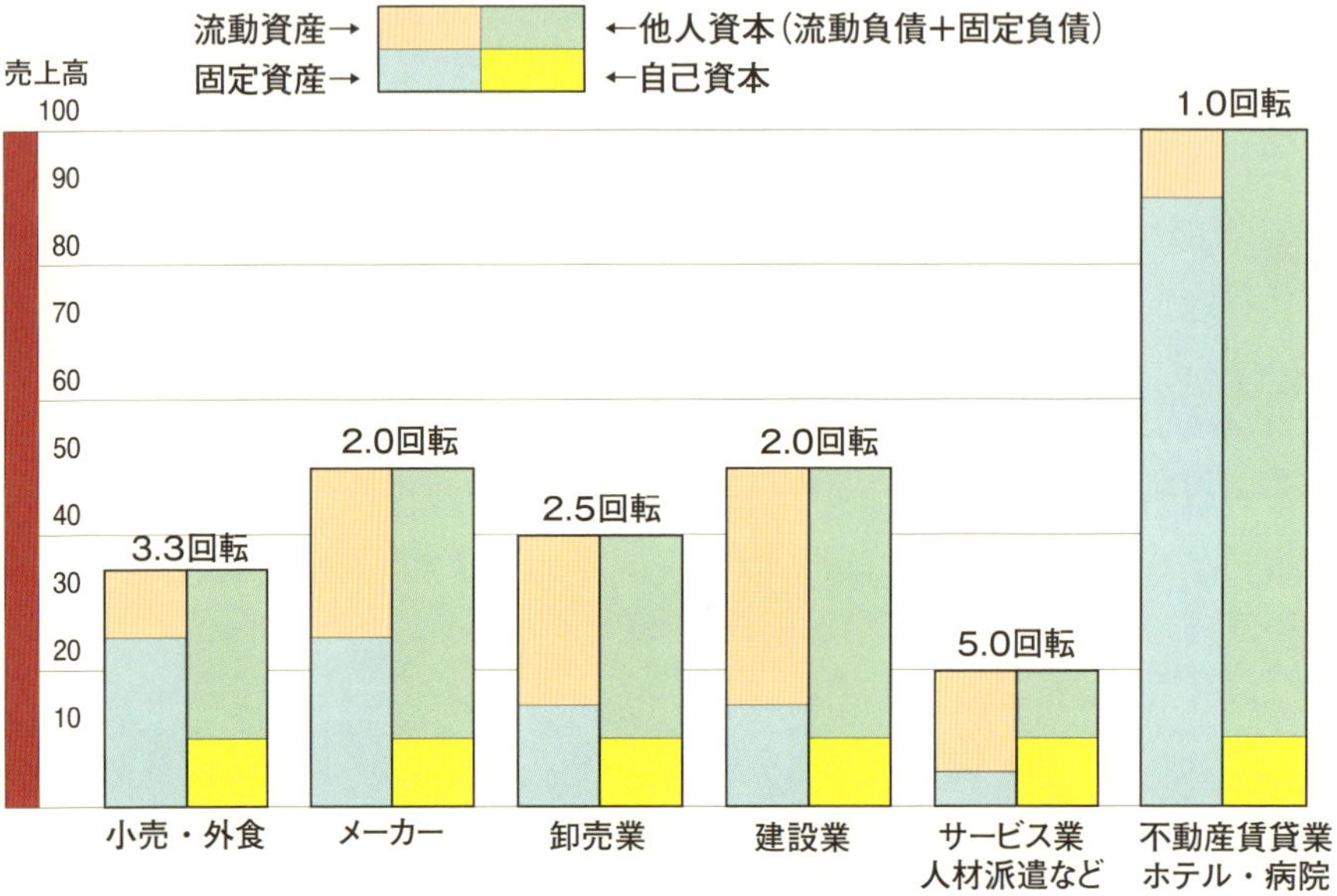

③総資産と売上高のバランス

各業種それぞれに、３つのバランスは異なるのです。

言い換えれば、業種によって、稼ぎかたが異なるということです。

その稼ぎかたにふさわしい、理想の体型、プロポーションがあるのです。会社も女性も、プロポーションは、美しいほうが良いのです。

自社を６つの内のいずれかに分類し、該当する業種に印をつけてください。そして、先に作成した、自社の面積グラフと比較してみてください。

〈15図〉　業種ごと症状別に分類してみる

症状＼業種	小売外食	メーカー	卸	建設	サービス	不動産賃貸ホテル
固定資産過大症	△	○	×	×	×	○
棚卸資産過大症	×	○	○	○	×	×
売掛債権過大症	×	○	○	△	△	×
労働生産性低下症	○	×	○	△	○	×
粗利益率過小症	×	×	○	△	×	×

○…　業界の体質としてやむを得ない症状
△…　ある程度やむを得ない症状
×…　あってはならない症状

理想の体型に近いでしょうか？
どこかのバランスにズレがあるなら、その原因を考えてみてください。
何らかの症状が見えてくるはずです。

その症状も、業種によって異なります。
その業種特性により、あってはならない場合と、やむをえない場合があるのです。

15図をご覧ください。
業種ごと、症状別に、

・業界体質としてやむを得ない症状
・ある程度やむを得ない症状
・あってはならない症状

と分類してあります。

「固定資産過大症」は固定資産のウエイトが高すぎないか？
「棚卸資産過大症」「売掛債権過大症」は流動資産のウエイトが高すぎないか？
についてのチェック項目です。
こちらも併せてチェックしてください。

2．小売・外食業の場合

小売・外食業の大きな特徴は、２点です。

①固定資産が流動資産よりもずっと多い
②売上は総資産の３回転以上ある

16図をご覧ください。

小売・外食業は、基本、現金商売です。クレジットカードの売上などがあっても、売掛金

〈16 図〉　小売・外食業　理想の体型図

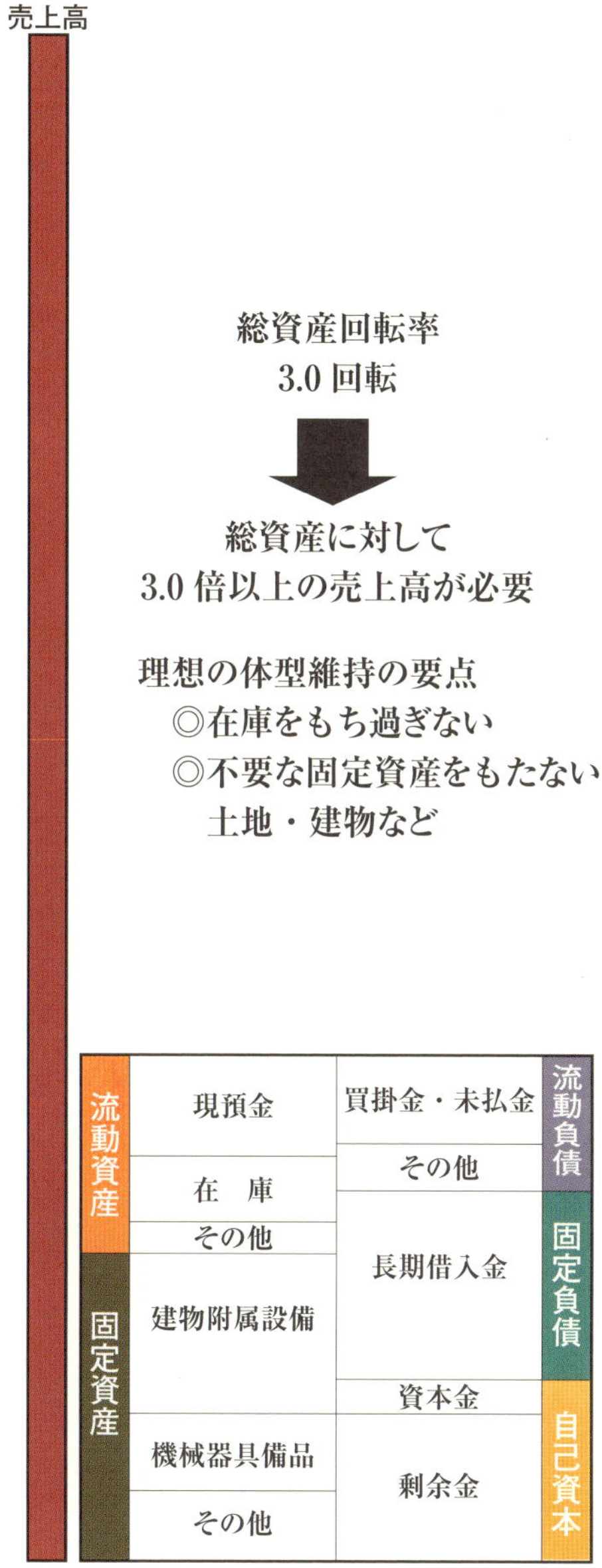
売上高
総資産回転率
3.0 回転
総資産に対して
3.0 倍以上の売上高が必要
理想の体型維持の要点
◎在庫をもち過ぎない
◎不要な固定資産をもたない
土地・建物など
流動資産
現預金
在　庫
その他
固定資産
建物附属設備
機械器具備品
その他
買掛金・未払金
その他
長期借入金
資本金
剰余金
流動負債
固定負債
自己資本

は少ないです。在庫も日持ちがしないものが多いですから、さほど必要ありません。

なので、貸借対照表の左側の上半身、流動資産は小さくなるはずです。

一方、固定資産は、何かと必要です。店の内装、設備、賃貸契約の保証金など、固定資産は膨《ふく》れぎみです。

貸借対照表の右側の負債にしても、出店費用が先に必要なため、銀行借入が発生します。そのぶん、負債が膨《ふく》れます。

かといって、総資産が多すぎると、売上高に対する総資産の回転は悪くなります。3回転以上ほしいところが、2回転くらいにすぐに落ちてきます。

小売・外食業は、仕入や原材料もかかれば、サービス人員の人件費もかかります。大きな利幅は望めないのです。加えて、1人当たりの客単価も、さほど高額ではありません。お客1人当たりの売上でそこその利益を確保し、高回転で稼ぐ業種なのです。大きな資産で稼ぐ業種・業態ではないのです。

ラーメン店だろうが、イタリア料理店であろうが、雑貨店だろうが、基本は同じです。

稼いでお金を残す店舗は、客数の回転を上げて売上高と営業利益を伸ばし、限られた総資産の回転を良くしているのです。

3．メーカー・製造業の場合

メーカー、製造業の大きな特徴は、２点です。

①流動資産と固定資産が半々程度である（基本的に設備投資を避けて通れないです）

②売上高に対する総資産の回転は2回転以上である

次ページの17図をご覧ください。

メーカー・製造業の場合、なんといっても設備が必要です。なので、総資産のうち、固定資産が膨《ふく》らみます。加えて、流動資産にしても、まず材料や仕掛品、出荷前の製品など、在庫が必要になります。

さらに、売上後の代金回収にしても、売掛金、受取手形などがまだまだ主流です。使える現金になるまで、時間がかかります。その回収期間が長いほど、流動資産は膨《ふく》らんでいきます。

固定資産となる設備は、長期間にわたって稼ぐ資産です。したがって設備が増えるほど、

〈17 図〉　メーカー・製造業　理想の体型図

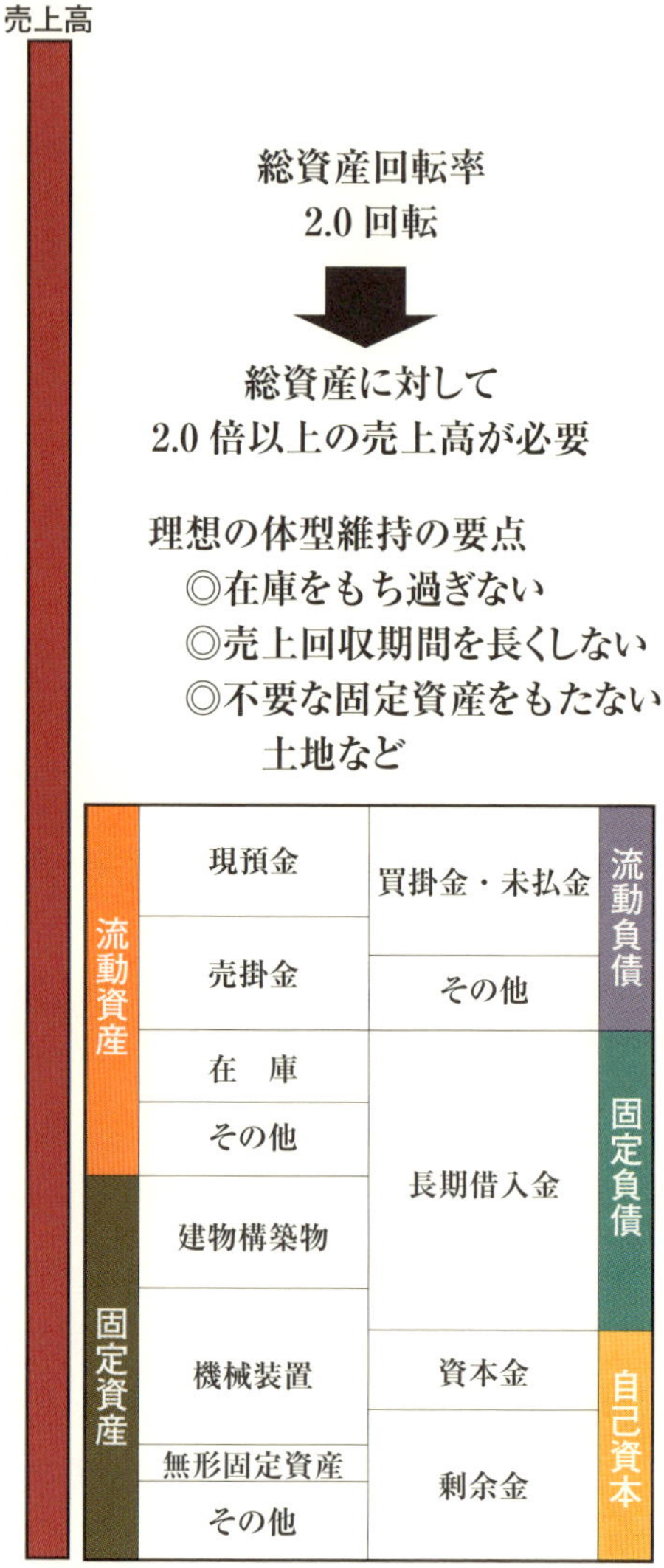
売上高
総資産回転率
2.0 回転
総資産に対して
2.0 倍以上の売上高が必要
理想の体型維持の要点
◎在庫をもち過ぎない
◎売上回収期間を長くしない
◎不要な固定資産をもたない
土地など
流動資産
現預金
売掛金
在　庫
その他
固定資産
建物構築物
機械装置
無形固定資産
その他
買掛金・未払金
その他
長期借入金
資本金
剰余金
流動負債
固定負債
自己資本

長期借入金という負債が増えてきます。一方、売掛金、受取手形、在庫など、流動資産が増えてくると、短期借入金という負債が増えてきます。

流動資産も固定資産もそこそこあり、その比は半々くらいが望ましいです。

「うちは半々くらいですが、売上に対する総資産の回転が1・3回転くらいしかありません」と言う社長がおられます。

その場合、流動資産も固定資産も持ちすぎなのです。

「いやいや、これくらいは必要ですよ」と言う社長がおられたら、その総資産で、売上高を総資産の2倍上げられるかを考えてみてください。要は、今の総資産で、売上高の回転を2回転にするということです。

「それはちょっと…」とおっしゃるなら、やはり総資産が大きすぎるのです。

パナソニックのプラズマ工場、シャープの太陽光パネル工場、ジャパンディスプレイの液晶工場など、これらはすべて、大規模投資をしたものの、売上高不振に悩まされた事例ばかりです。額の規模が大きいだけに、メーカー・製造業の投資の失敗は、会社の存続に大きく関わるのです。

考えてもみてください。総資産が増えれば、貸借対照表の右側に増えるのはなんでしょうか？

借入金という負債が増えるのです。元本返済はもちろんのこと、金利も発生します。会社の資金繰りを悪化させるものばかりです。加えて、社長は資金繰りに追われます。本来すべき経営判断は鈍《にぶ》り、すべてが資金繰り中心になっていきます。これはこわいです。

借入金の発生を少なくするべく、下請協力工場に設備をもってもらうことで固定資産を減らす、代理店・問屋に製品を買ってもらうことで在庫を減らす、といったことに取り組むのです。

メーカー・製造業の方はとくに、売上高に対する総資産の回転を気にしてほしいのです。

4. 卸売業の場合

卸売業の特徴は、大きく3点です。

①損益計算書での売上総利益率（利幅）が少ない。売上高に対する儲けの率が薄い
②在庫が必要であり、売掛金が発生しやすく、流動資産は固定資産よりも大きくなる
③売上高に対する総資産の回転は、2・5回転以上の高回転が望まれる

次ページの18図をご覧ください。

卸売業の基本は、ある商品を仕入れて、そのままお客の会社へと販売することです。仕入れた商品も、売る商品も、基本同じです。加工をするわけでもないので、利幅が小さいのは当たり前です。

「うちは営業利益が１％台なんですよ。どうにかなりませんか？」と、ぼやく経営者がおら

〈18 図〉　卸売業　理想の体型図

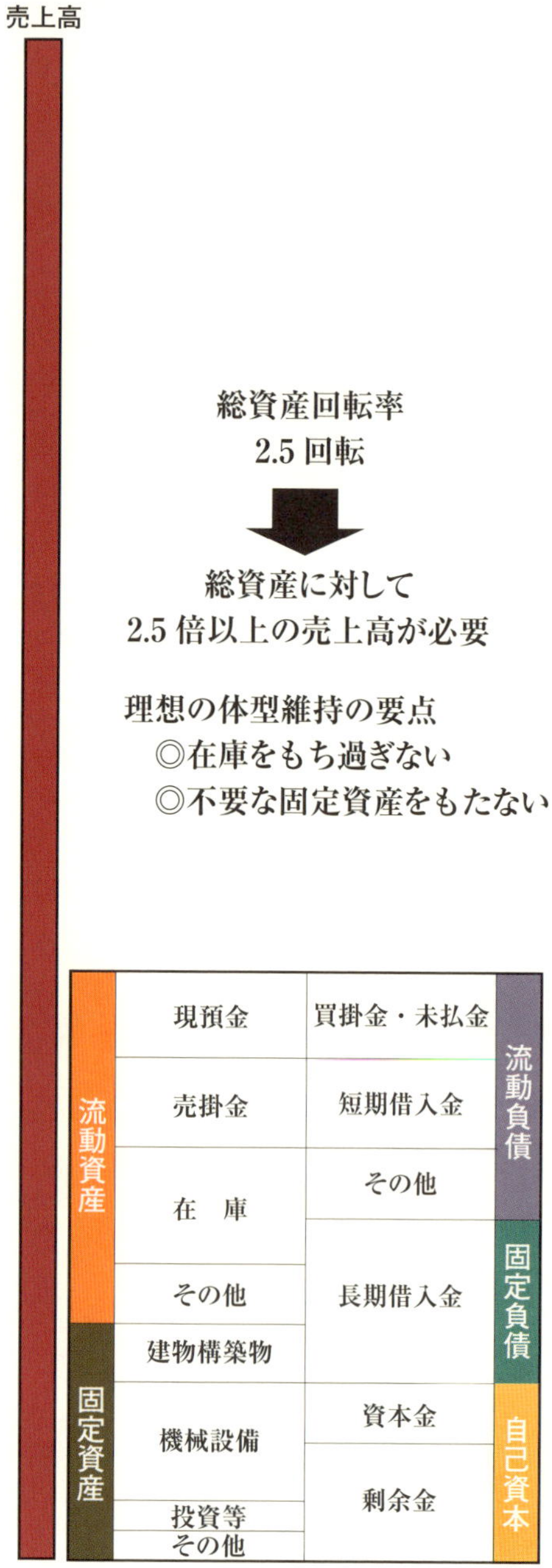
売上高
総資産回転率
2.5 回転
総資産に対して
2.5 倍以上の売上高が必要
理想の体型維持の要点
◎在庫をもち過ぎない
◎不要な固定資産をもたない
流動資産
現預金
売掛金
在　庫
その他
固定資産
建物構築物
機械設備
投資等
その他
買掛金・未払金
短期借入金
その他
流動負債
長期借入金
固定負債
資本金
剰余金
自己資本

れますが、そういうご商売なのです。その特性を、まず理解するべきです。

しかも、卸売業の場合、扱うアイテム数が多く、それぞれに在庫も抱えるので、在庫金額が増え、流動資産が固定資産よりも大きくなります。

そもそも、卸売業の機能はなんでしょうか？

その商品を買う側からすれば、自社で多くのアイテムや在庫を抱えたくないのです。その機能を代行してくれるのが、卸売業です。必要なものを、必要なときに、必要なだけ、買いたいのです。メーカーや小売業のジャスト・イン・タイムを支える業種なのです。在庫が多くなるのは当然なのです。

とはいえ、在庫が増えるにも限度があります。在庫を抱え過ぎると、総資産が増えすぎて、売上高の回転は、2回転、1・5回転と下がってきます。じわじわ下がってくるので要注意です。

在庫が増えると、必ず借入金が増えます。それでなくとも利幅が小さいのです。使えるキャッシュは少ないのです。そこへきて、借入金が増えると、どうなるでしょうか？

金利が増え、元本返済がのしかかってきます。返済原資はたちまち不足します。となると、今度は、返すために借りるという行動に走ってしまいます。

そこへ入り込んでしまうと、もはや迷宮のようなものです。容易には抜け出せなくなっていきます。ましてや、土地や建物など、固定資産までもが増えてしまうと、状況はなおのこと悪化します。

なのに、見栄えのいい、値段の高い倉庫を建設したり、借りるにしても、郊外でなく都心で借りて、不要に高い家賃を払ったりしているという卸売業の社長がおられるのです。

そんなときにかぎって「ブームに沸いた商品の動きが激減した」「納品先が倒産した」という「まさかの坂」がやってきます。一気に経営危機に陥ります。そのような会社をいくつも見てきたのです。

卸売業の方は、売上高に対する総資産の回転が、2・5回転以上になっているか、確認してください。もし、2・5回転より少ない回転なら、在庫が多すぎないか、あるいは、自前でもつ必要のない固定資産を抱えていないか、チェックしてください。

卸売業の社長が、見栄っ張り経営では、会社の命を縮めます。ケチケチ経営が、卸売業の基本なのです。

5．建設業の場合

建設業の特徴は、大きく2点です。

①固定資産よりも、流動資産が多い

②売上高に対する総資産の回転は2回転以上である

次ページの19図をご覧ください。

建設業の大きな特徴は、売上の回収が遅いことです。中小企業で建設業といえば、お客様が大手ゼネコンだったり、国や地方の行政機関だったりします。これらのお客様が多いほど、受取手形が増えてきます。それも、期間の長い手形が多いのです。

したがって、受取手形が増えて、流動資産が膨《ふく》らみがちになります。また、他の業種に比べて、製品が完成するまでに時間がかかります。建設中の物件などは、未成工事支出金と記載され、大きな仕掛在庫となるのです。となると、なおのこと、流動資産が大きくなってき

〈19 図〉　建設業　理想の体型図

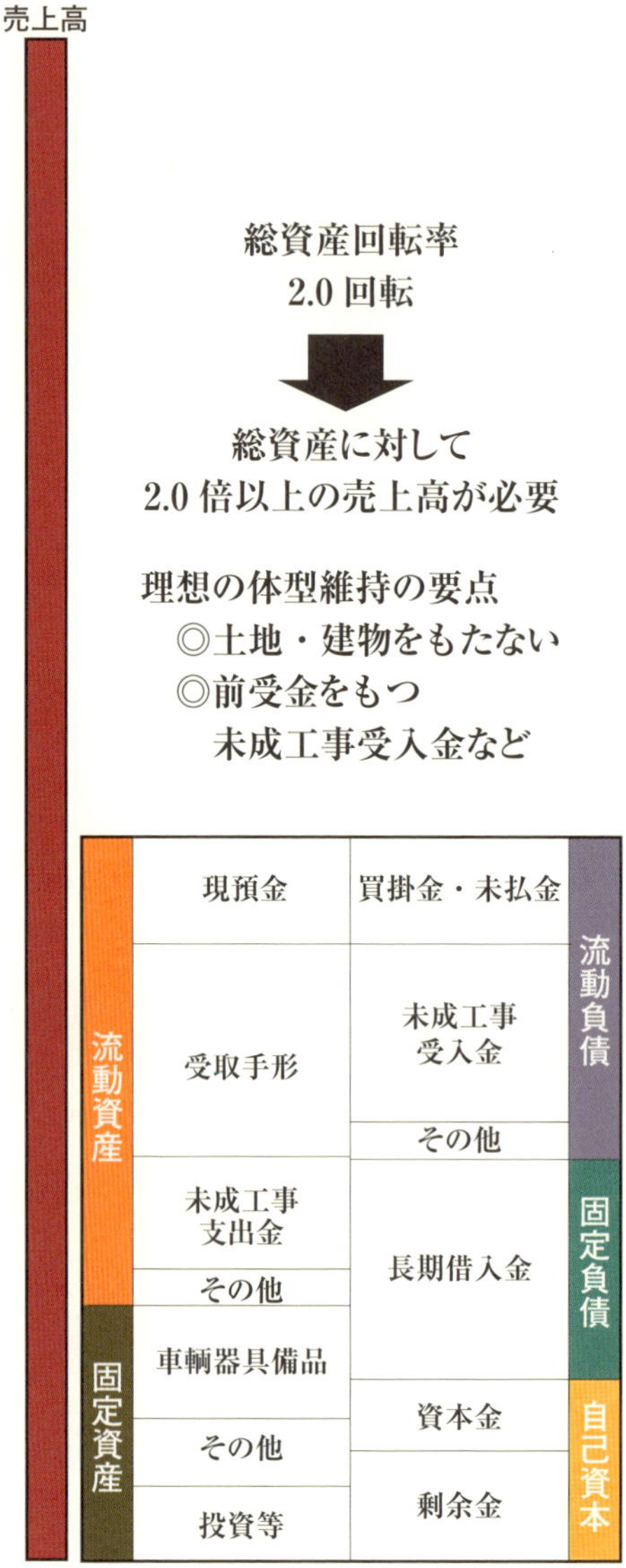
売上高
総資産回転率
2.0 回転
総資産に対して
2.0 倍以上の売上高が必要
理想の体型維持の要点
◎土地・建物をもたない
◎前受金をもつ
未成工事受入金など
流動資産
現預金
受取手形
未成工事
支出金
その他
固定資産
車輌器具備品
その他
投資等
買掛金・未払金
未成工事
受入金
その他
長期借入金
資本金
剰余金
流動負債
固定負債
自己資本

ます。

「手形の期間がもっと短くなるよう、先方に交渉してください！」

「官庁の仕事なら、前受金（未成工事受入金）をいただけますよ！」と言うと、

「そんなことしたら、仕事がもらえなくなります！」などと言われます。

実際には、交渉したくらいで、そんなことにはなりません。しかし、社長にせよ、営業マンにせよ、それが心配でならないのです。

建設業でありがちなのは、流動資産と固定資産が半々か、固定資産のほうが多い、というパターンです。そうなると、当然、売上高に対する総資産の回転は2回転より少なくなります。1.5回転、1.0回転くらいになっていたりします。

どうして固定資産がそんなに多いのか、と面積グラフを見ます。一目瞭然です。土地や建物が、ド～ンと大きな面積を占めているのです。

他社の建物や工事を請け負ってばかりいると、自社でもいい建物が欲しくなるという社長がおられるのです。あるいは、

「わが社の技術力や施工力を見ていただき、受注獲得に繋《つな》げます！」などとおっしゃる社長

もいます。自社の建物でなくとも、見ていただける物件は、いくらでもあるはずです。要は、自前の建物や土地が欲しいのです。

しかし、それをしてしまうと固定資産が増えます。そして、貸借対照表の右側の負債には、借入金が一気に増えます。資金繰りが悪くなります。

それでなくても、回収が遅いので、運転資金として、短期借入金に頼ることが多いのです。それに加えて、長期借入金も加わると、資金繰りは一気にショート寸前に追い込まれます。

とくに、建設業は、景気の波に左右されやすい商売です。ある意味、不安定なのです。返済が多いうえに、不景気の大波がやってくると、たちまち倒産の危機に追いやられてしまうのです。

建設業で絶対にしてはいけないこと、それは、土地・建物に手を出し、固定資産を増大させてしまうことなのです。

6．サービス業（IT、人材派遣、代理代行業など）の場合

サービス業の特徴は、大きく2点です。

①固定資産がほぼ要らない。不要である
②売上高に対する総資産の回転は5回転以上である

次ページの20図をご覧ください。

サービス業の最大の特徴は、固定資産がほとんど要らないということです。サービス業といえば、人材派遣会社、保険代理店、メンテナンス業、レンタカー業、コンサルタント業、ソフト開発業などです。建物、機械設備、土地など、自前で所有する必要はありません。

加えて、損益計算書でいえば、材料費のような売上高に比例して発生する変動費がありません。売上高＝売上総利益となります。

そのかわり、サービス業ですから、労務費がかさみます。売上高に対する販売管理費の比

〈20 図〉　サービス業　理想の体型図

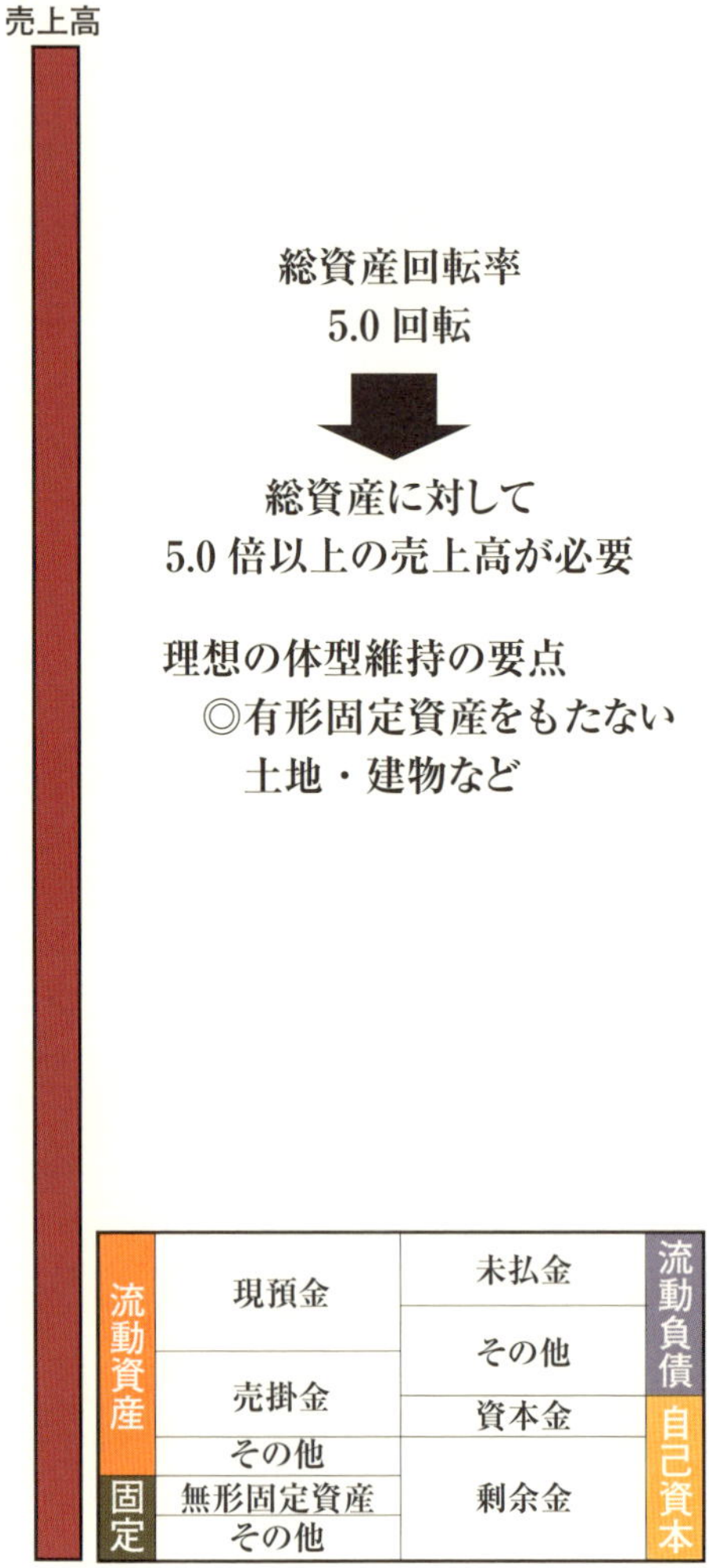

率は高くなるのです。

労務費を含む販売管理費は、固定費です。固定費として、抱えているサービス人員の労務費をまかない、売上高経常利益率は8％前後をはじきだそうと思えば、総資産の5回転以上の売上高が必要なのです。

稼いだお金は、サービス人員の確保・育成、サービス力向上、効率アップのシステム投資などに使います。サービスという、ソフトの力を磨くことにお金を使うことになるのです。なのに、もたなくてもよい建物をもち、内装にお金をかける、土地をもつ、などということをしてしまう社長がいます。となるとまず、固定資産が一気に膨《ふく》らみます。5回転が一気に4回転、3回転と下がっていきます。

建物・土地など固定資産への投資は、銀行から調達することになります。銀行から借りると、金利がかかります。固定資産をもつので、固定資産税もかかります。経常利益はたちまち減り、残るお金が減ります。本来磨くべきサービス力にかけるお金がますます小さくなります。サービス力の他社との差別化が衰えていきます。

そこへさらに、元金返済がやってきます。資金繰りは、ますます厳しくなります。サービス業は、サービス力を磨くための投資以外してはならないのです。

7. 装置産業（不動産賃貸業、ホテル、病院など）の場合

装置産業の特徴は、大きく3点です。

①固定資産が、流動資産よりも大きい
②売上高に対する総資産の回転は1回転前後である
③経常利益率は8％以上ある

次ページの21図をご覧ください。

不動産賃貸業、ホテル、病院などは、物件・建物・機械設備というハードが売りものになる装置産業です。こう言うと、次のようにおっしゃる方がいます。

「えっ？　病院は医療サービスを提供するのですよ。どうして不動産賃貸業やホテルと一緒なんですか？」

「病院の先生はいつも、ベッドの稼働率を気にしているじゃないですか？　ホテルのオー

〈21 図〉　装置産業　理想の体型図

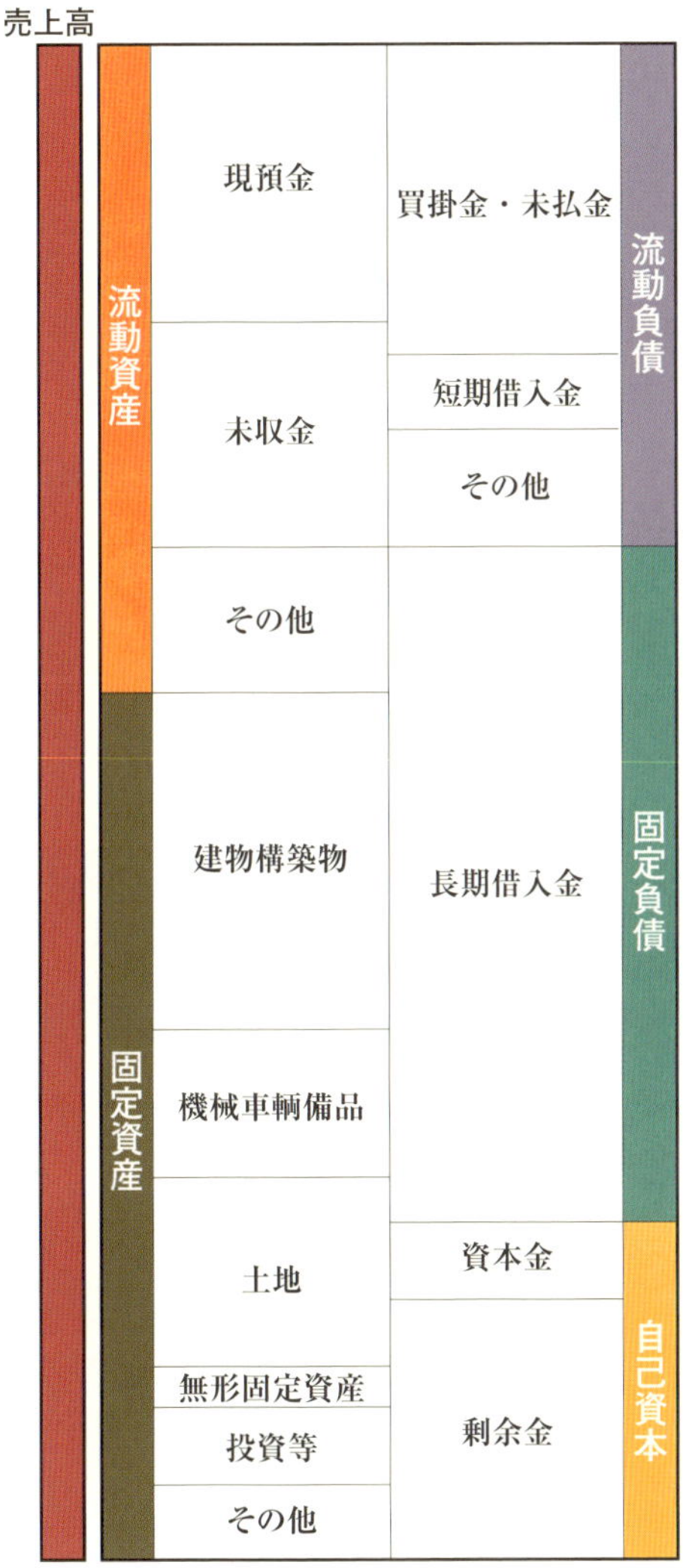

総資産回転率
1.0 回転

総資産に対して
1.0 倍以上の売上高が必要

理想の体型維持の要点
◎固定資産をもち過ぎない
建物・機械・土地など

ナーや家賃で貸している物件オーナーと同じですよ」

「なるほど。まあ、そういえば、そうですね」などとなります。

加えて、ＭＲＩ、ＣＴ、マンモグラフィなど、高額の医療機器がごろごろあります。まさしく装置産業なのです。

建物、内装、空調、エレベーター、その他設備など、とにかく固定資産が多くなります。好立地を確保するため、土地を自前でもつこともあります。

したがって固定資産のほうが、流動資産よりも圧倒的に多くなります。そのぶん、長期借入金という負債も多くなります。１５年、２０年と長期にわたる返済計画が必要になります。総資産が他の業種に比べて大きいので、売上高に対する総資産の回転は、１回転前後と、低くなります。不動産賃貸業だと、１回転することも厳しいです。

「そんなに回転が悪くて、資金繰りは大丈夫なのだろうか？」と心配される方がおられるかもしれません。

そのぶん、装置産業の特徴は、経常利益率が高く、減価償却費も多いのです。残るキャッシュが、他の業種よりも多くなります。だから、負債が大きくても、返済が可能になるのです。ただし、投資した物件や機械設備が高稼働してくれてなんぼの話です。

社長だけのために書かれた手づくりの実務書

出版物のご案内

日本経営合理化協会　出版局

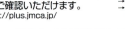

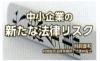

稼働が悪ければ利益を生み出さず、高額投資なだけに資金繰りは一気に悪くなります。稼ぎもしない物件や機械に手を出すのも、同じ結果を招きます。

装置産業は、減価償却費をうまく活用することが、大きなポイントになります。減価償却費が多いほど、投資額を回収する期間が縮まります。

「減価償却費が増えたら、経常利益が減るじゃないですか！」と言う社長がおられます。

これはまさに、損益計算書しか頭にない社長の考え方です。

減価償却費は、お金の出費を伴わない費用です。お金は装置を買ったときに、すでに出ているのです。買ったときに固定資産に計上し、その一部を毎年、減価償却費として損益計算書に計上しているだけなのです。

装置産業は、装置が売りものなのですから、装置で差別化を図らねばならないのです。ならば、ライバルよりも差別化した最新の装置・機械を導入するべきです。そして、どんどん減価償却費を発生させるのです。それをせず、

「値段の高い装置だから、できるだけ長く使おう」

「うちはサービスで差別化しよう」

という発想をしてしまう社長がいるのです。それでは装置産業としての、ライバルとの差

別化などできません。

差別化できないと、売上高は伸びず、経常利益も伸びません。どんどんと負のスパイラルへ入り込みます。

装置産業の方は、どこまでも装置を磨き続け、減価償却をどんどんしてキャッシュを残し、お金を回転させてほしいのです。

II

2　分析編　決算書の数字の「読みかた」

～決算数字の正しい経営分析と自社診断～

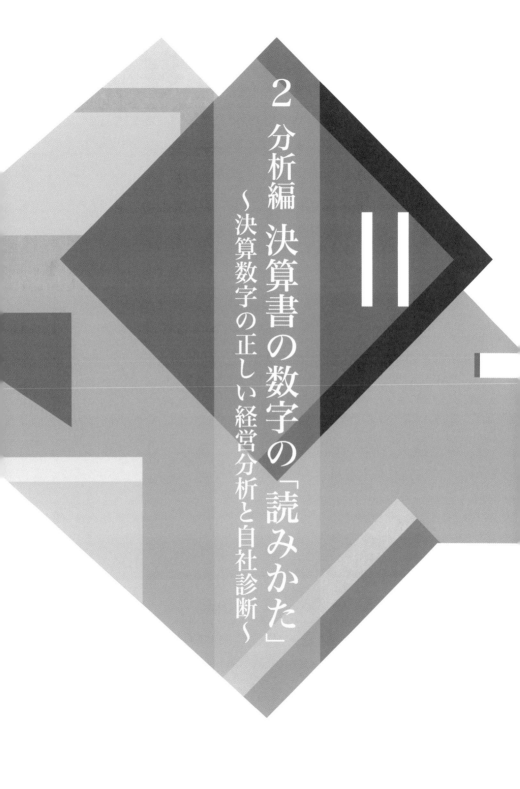

4章　社長のための「損益計算書」の読みかた

1．損益計算書の読みかたの手順

売上高と5つの利益を見て読む

【評価のポイント】

「自社の直近の5つの利益がどの程度か、知っていますか？」（知っている・知らない）

損益計算書の大まかな仕組みは、

収入 ― 支出 ＝ 損益

です。収入の代表選手はやはり、売上高です。

「あなたの会社の直近の年商はおいくらほどですか？」と尋ねられて、答えに困るという社長はほとんどいません。それくらい、売上高については意識が高いのです。では、

「あなたの会社の5つの利益は、それぞれどれくらいですか？」とお聞きすると、どうでしょうか？

「えっ？　5つの利益って、どれだっけ？」となったりします。

例えば、次のような、社長の嘆きを聞くことがあります。

「うちの会社は、利益が少ないんですよ…」

これだけでは、5つの利益のうちの、どの利益を指しているのか、よくわかりません。

ここで22図を見てください。損益計算書を面積グラフにしたものです。

一番左に「売上高」があり、その右の列から順に、

①売上総利益、**②営業利益**、**③経常利益**、**④税引前利益**、**⑤純利益**となります。

①売上総利益は、売上高から原価を引いたものです。

逆にいえば、その原価でどれだけの付加価値を生みだせたのか、ということです。いわば、その会社の商品力を表す利益です。別の呼びかたで、「**粗利益**《あらりえき》」とか、単に「**粗利**《あらり》」といったりします。この売上総利益をどれだけ出せるかで、残りの4つの利益の大勢が見えてきま

〈22図〉　損益計算書をグラフにしてみる

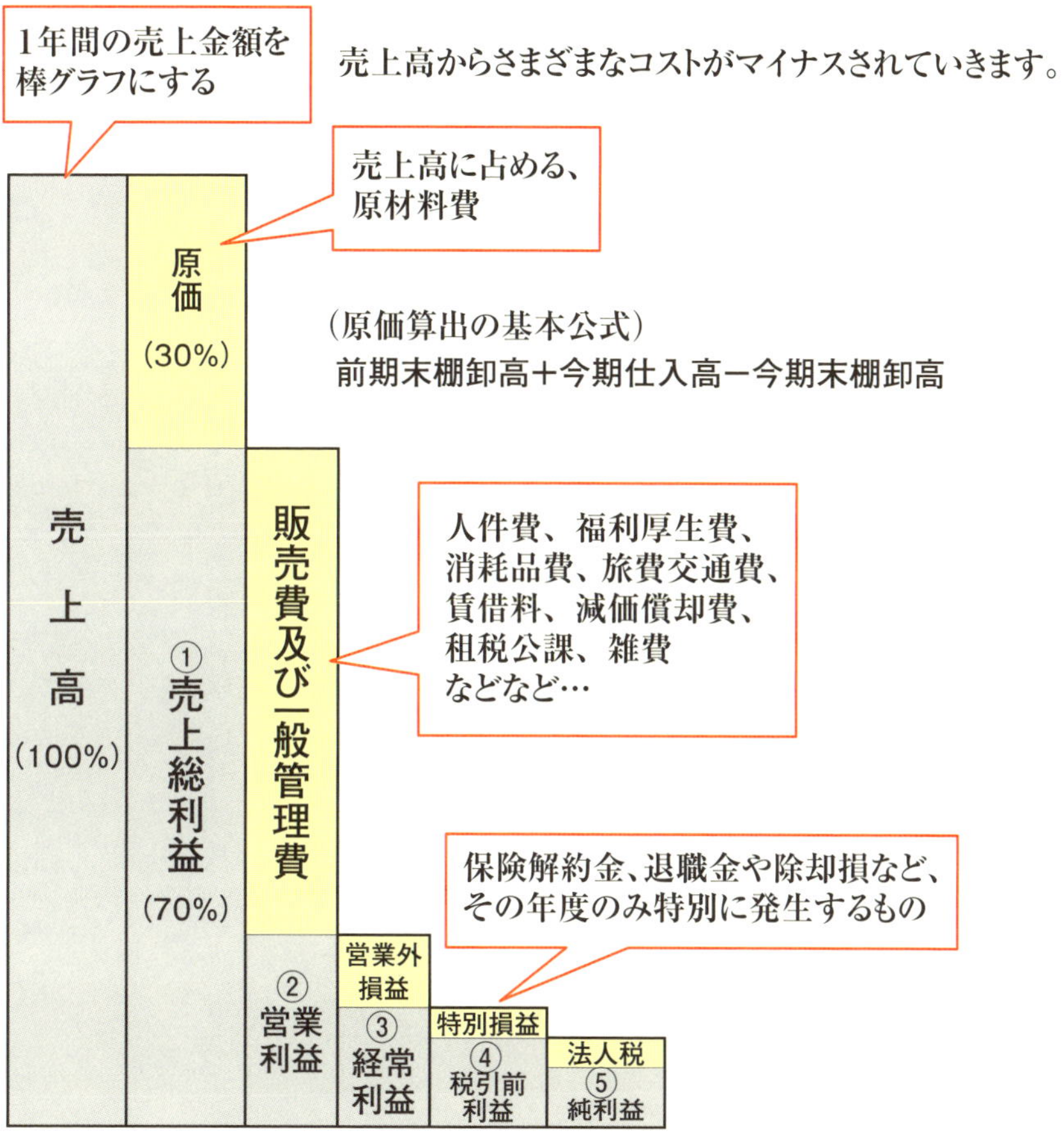

売上高から、黄色部分のコストがマイナスされていき、純利益が最後に残る

す。「売上総利益」は、お金を稼ぐ「収益力」という意味では、その根本となる最も重要な利益といえます。

②**営業利益**は、売上総利益から、「販売費および一般管理費」である販売管理費を引いたものです。

原価や販売管理費は、本業に直接関わる支出であることから、営業利益は本業の利益ともいいます。この営業利益を最も重視するのは、銀行です。後述しますが、銀行は融資先の会社の返済能力を決算書でチェックします。それを格付け（スコアリング）といいます。その格付け（スコアリング）のカギとなるのが、本業の利益である「営業利益」なのです。

③**経常利益**は、営業利益に、雑収入などの営業外収益をプラスし、金利などの営業外費用をマイナスしたものです。

雑収入は、不動産の賃貸収入である場合が多いです。賃貸収入にせよ、金利にせよ、突発的なものではありません。しかし、売上高が変動したことによって、発生するものでもありませんので、営業外の収入と費用ということになるのです。そのため、本業の利益である営業利益に、営業外の収入と支出を合計したものを、「経常利益」と呼びます。経常利益も、営業利益ほどではありませんが、銀行格付け（スコアリング）において、チェックを受ける利益のひとつです。

先の社長の「利益が少ない」という嘆きは、この経常利益を意味していることが多いです。それだけ、5つの利益のなかでも、中小企業の社長にとっては、最も意識している利益であるといえるでしょう。

④**税引前利益**は、経常利益に特別利益をプラスし、特別損失をマイナスした利益です。ここでいう「特別」とは、継続性がない、その年度に限ったということを意味します。どのようなものが「特別」に該当するのかは後述しますが、継続性がないということがポイントです。

要は、継続性がなく、突発的なものであれば、本業に関わるかどうかは関係なく、「特別利益」「特別損失」といえるのです。この「税引前利益」を最も重視するのは税務署であり、顧問税理士です。法人税は、この税引前利益に課税されます。このことは、すべての社長が知っておかなくてはいけない最重要事項です。そのことについては、次の項目で詳しく述べます。

⑤**純利益**は、税引前利益から、法人税をマイナスしたものです。

別の呼びかたで、「**当期利益**」ともいいます。一年度当たりの最終利益です。ただし、配当を出す場合は、この純利益からマイナスすることになります。配当をしなければ、この純利益が、貸借対照表の純資産の部に加算されることとなります。つまり、この純利益の蓄積が、剰余金であり、純資産（＝自己資本）を膨《ふく》らませていくことになっていくのです。

このように、５つの利益には、それぞれの役割や特性があります。大切なのは、その５つの利益はコントロール可能である、ということです。

例えば、家賃収入である雑収入を売上高に計上すれば、売上総利益や営業利益、経常利益は変わってきます。あるいは、不要な棚卸資産を除却して特別損失を計上すれば、税引前利益は変わります。といった具合に、それぞれの利益の役割に応じて、社長は手を打つことができるのです。

しかし、そもそもこのような知識がなければ、顧問税理士に任せっぱなしになります。顧問税理士が気にするのは、利益ではありません。法人税がいくらになるかだけです。つまり、

5つの利益の扱いを、顧問税理士に任せっぱなしでは、ダメなのです。

5つの利益の特性や仕組みを知り、稼いだお金がなるべく社外に流出しないように、社長自らが手を打つべきなのです。

黒字にしたい利益と赤字にしたい利益を知る

【評価のポイント】

「営業利益は黒字、税引前利益は赤字になっているか？」（いる・いない）

まず、自社の5年間の損益計算書を見てください。そして、1回でも、営業利益は黒字、税引前利益は赤字、となっている年度があるか確認してください。もし、1回でもそのようになっていたら、その社長は財務の心得がある経営者であるといえるでしょう。

営業利益が黒字であるのに、税引前利益が赤字になる、というのは、そうなるよう社長が何らかの策を打たなければならないからです。

利益には、5つの利益があります、と言いました。そして、それぞれ、特性と役割があります、と述べました。その特性と役割から考えると、利益には黒字にしたい利益と、赤字にしたい利益がある、ということです。

売上総利益、営業利益、経常利益は、黒字にしたい利益です。この3つは、できるだけ、数字を大きくしたい利益です。

営業利益と経常利益は、銀行が会社を格付け（スコアリング）する際に、チェックする数字です。もっと言えば、その次にくる税引前利益や純利益は、銀行の格付け（スコアリング）にはまったく影響しないということです。

一方、4つめの税引前利益は、赤字にしたい利益です。

できるだけ、数字を小さくしたい利益です。この税引前利益の数字が大きいほど、法人税の支払いが大きくなります。稼いだお金が流出してしまうのです。この流出を小さくするには、税引前利益をできるだけ、小さくすることなのです。

とくに、税引前利益がマイナスになれば、法人税は不要になります。資金繰りに大きな効果をもたらします。このキャッシュ効果は絶大です。だから、税引前利益はできるだけ小さくするべく、最も重要視してほしい利益なのです。ただし、税法に基づく方法で取り組むことが大原則です。

営業利益と経常利益が黒字でも、その黒字額を上回る額の特別損失を計上すれば、税引前利益は赤字になります。次ページの23図のような状態です。

特別損失にはどのようなものがあるのかは、後で詳しく述べます。

「税引前利益が大きなマイナスになるくらい特別損失を出したら、純利益も大きなマイナスになるじゃないですか！　それに剰余金が減るじゃないですか！」と、おっしゃる社長がいます。

そうです、そのとおりです。しかし、それは単年度だけのことです。ところが、純利益が大きなマイナスになれば、そのマイナスは繰越欠損処分金として、翌年度にその金額がもち越されます。これがまた資金繰りにはおいしいのです。

それは、翌年度の税引前利益が黒字でも、法人税を計算する際には、繰越欠損処分金のマイナスを加味して、法人税を計算するのです。つまり前年度に使いきれなかったマイナスを加味するので、そのぶん、法人税が少なくなるのです。この繰越欠損処分金は、最高で10

〈23 図〉　税引前利益を赤字にしたらどうなる？

含み損のある土地を売却して、固定資産売却損を特別損失として計上した。

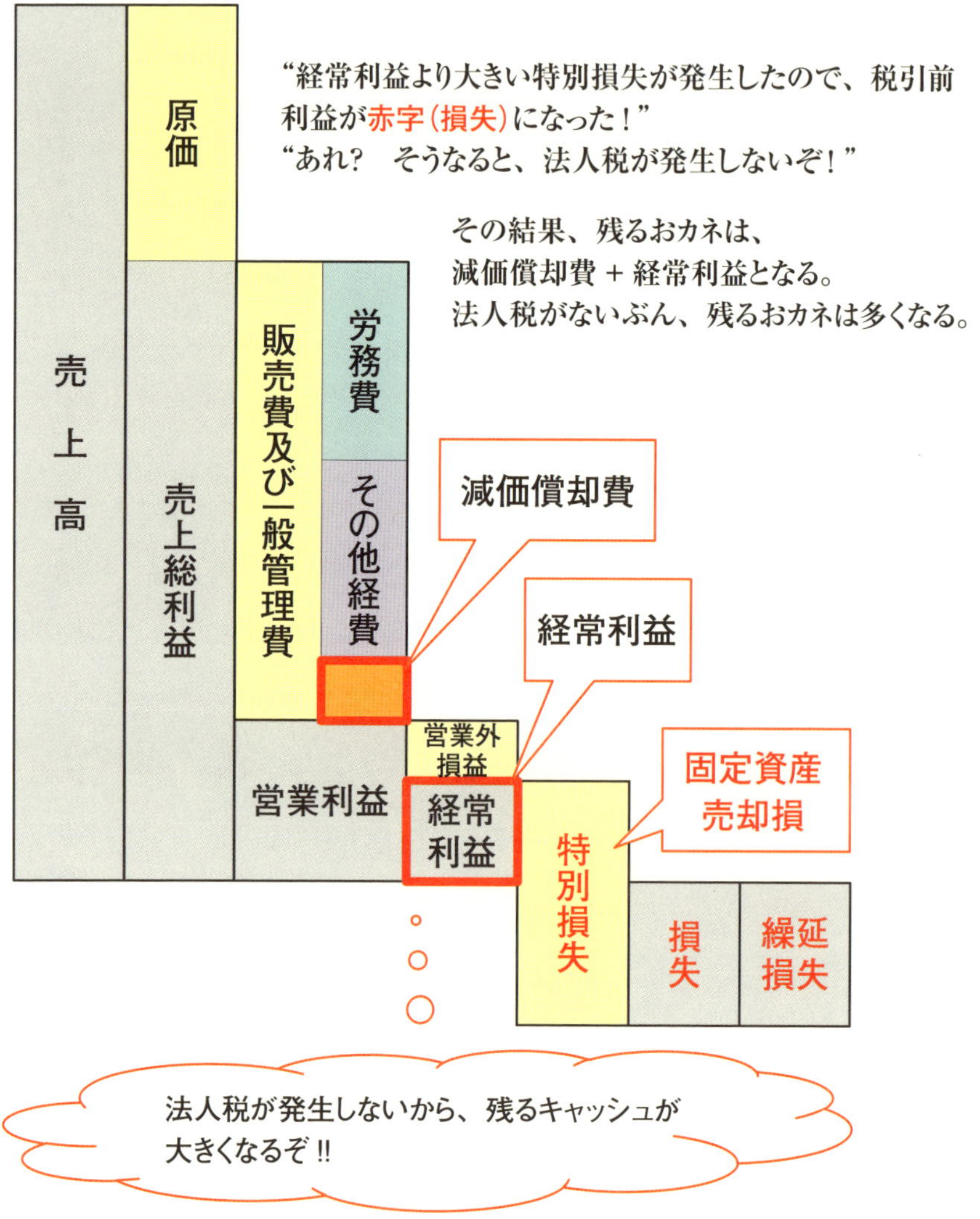

年、繰り越せます。（2017年時点の税制）

加えて、翌年に繰り越すほどの大きな損失が出ると、すでに納めた予定納税も返ってきます。これがまたありがたいのです。

確かに、純利益がマイナスになれば、そのぶん剰余金は減ります。これも、先の社長の言葉どおりです。しかし、ここで大切なのは、剰余金がどれくらいあるかです。剰余金の額を上回るようなマイナスの特別損失を出すことは、私もおすすめしません。しかし、剰余金が少し減るくらいのマイナスなら、資金繰りには何の影響もないのです。

それに、その翌年は税引前利益がプラスでも、繰越欠損処分金があるぶん、法人税は減ります。純利益は、税引前利益から法人税をマイナスした残りです。その減った法人税のぶん、純利益は多く残ることになります。なので、単年度で剰余金が減ったとしても、翌年も例年並みの業績であれば、剰余金はいつもより早いペースで増えてくるのです。この仕組みを、社長は理解しておくべきです。

つまり、5つめの純利益は、時には赤字でもかまわないという利益です。

「純利益を赤字にするなんて、銀行がなんと言うか！」と言う社長や税理士に、お目にかかることがあります。これは、銀行はどの利益を見るかということをまったくご理解されていない、としか言いようがない発言なのです。税引前利益がなぜ赤字になるのか、銀行に内容を説明すれば、

「それは結構なことですね！　ぜひ進めてください！」と、必ず理解し賛成してくれます。借入返済に使える現金が増えて、返済能力が高まるのですから、銀行は喜ぶのです。

社長は、黒字にしたい利益と、赤字にしたい利益をよく理解し、策を打ってほしいのです。

変動費と固定費のバランスを見て読む

【評価のポイント】

「自社の売上に対する、変動費と固定費の率を知っているか？」（知っている・知らない）

売上高の増減に比例して、増えたり減ったりする支出を、「変動費」といいます。

原材料費を含む、いわゆる売上原価です。理屈としては、売上高が10%増えれば、売上原価も同じように10%増えます。ゆえに「**変動費**」といいます。売上高からこの「変動費」を引いたものが、売上総利益となります。

一方、売上高が増えても減っても、比例して変わらない支出を「**固定費**」といいます。損益計算書でいえば、売上総利益の下にある、販売管理費が「固定費」に当たります。

まずは、自社の売上に対する、「変動費」と「固定費」のおおまかな比率を知っていますか？ということです。

この「変動費」と「固定費」が、売上高に対してどれくらいの率を占めているのかということで、その会社の営業利益の率も決まってきます。いわば、「変動費」と「固定費」の大きさが、本業の利益である営業利益の率を決めてしまうというわけです。

同時に、見てほしいのは、5年間の推移です。

損益計算書の5年分の数字を見てください。「変動費」の大きさと、「固定費」の大きさは、どのように推移しているのかということです。

〈24 図〉　ＰＬの５年間の推移

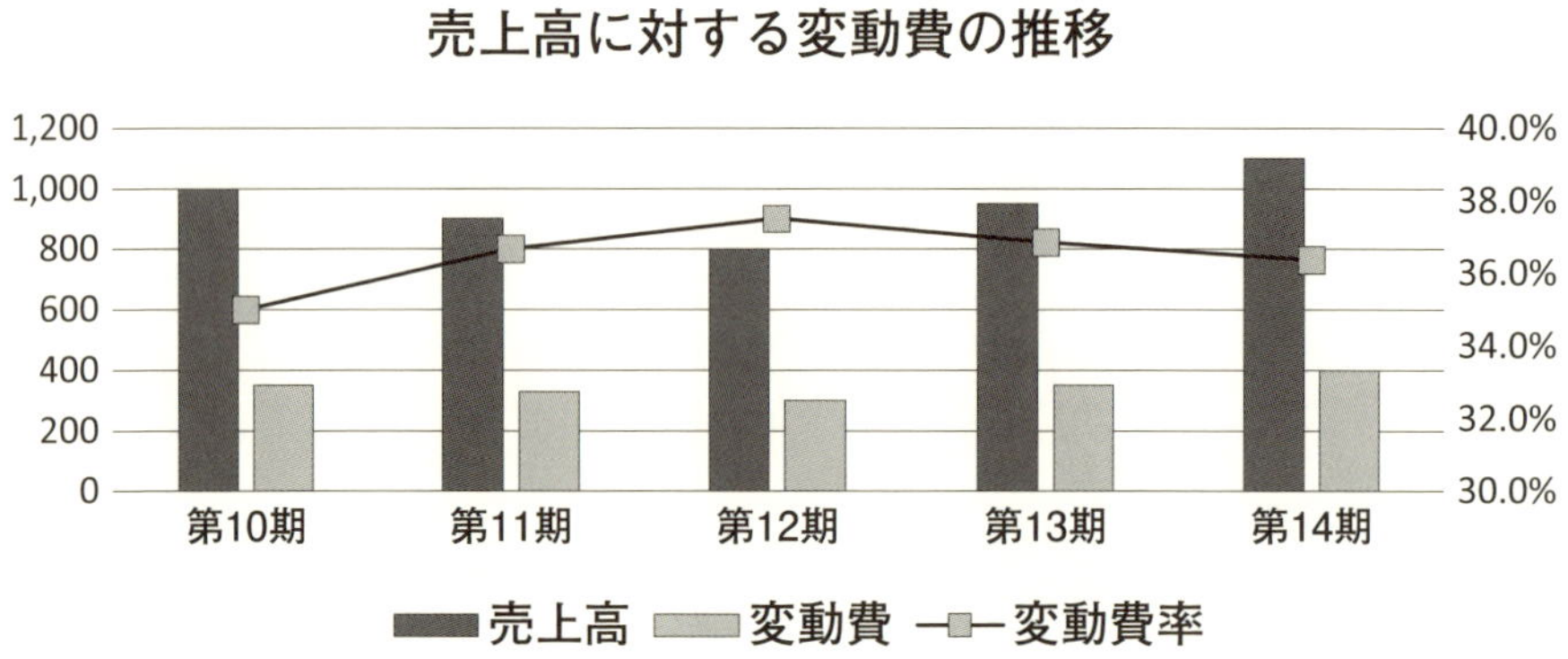

	第 10 期	第 11 期	第 12 期	第 13 期	第 14 期
売上高	1,000	900	800	950	1,100
変動費	350	330	300	350	400
変動費率	35.0%	36.7%	37.5%	36.8%	36.4%

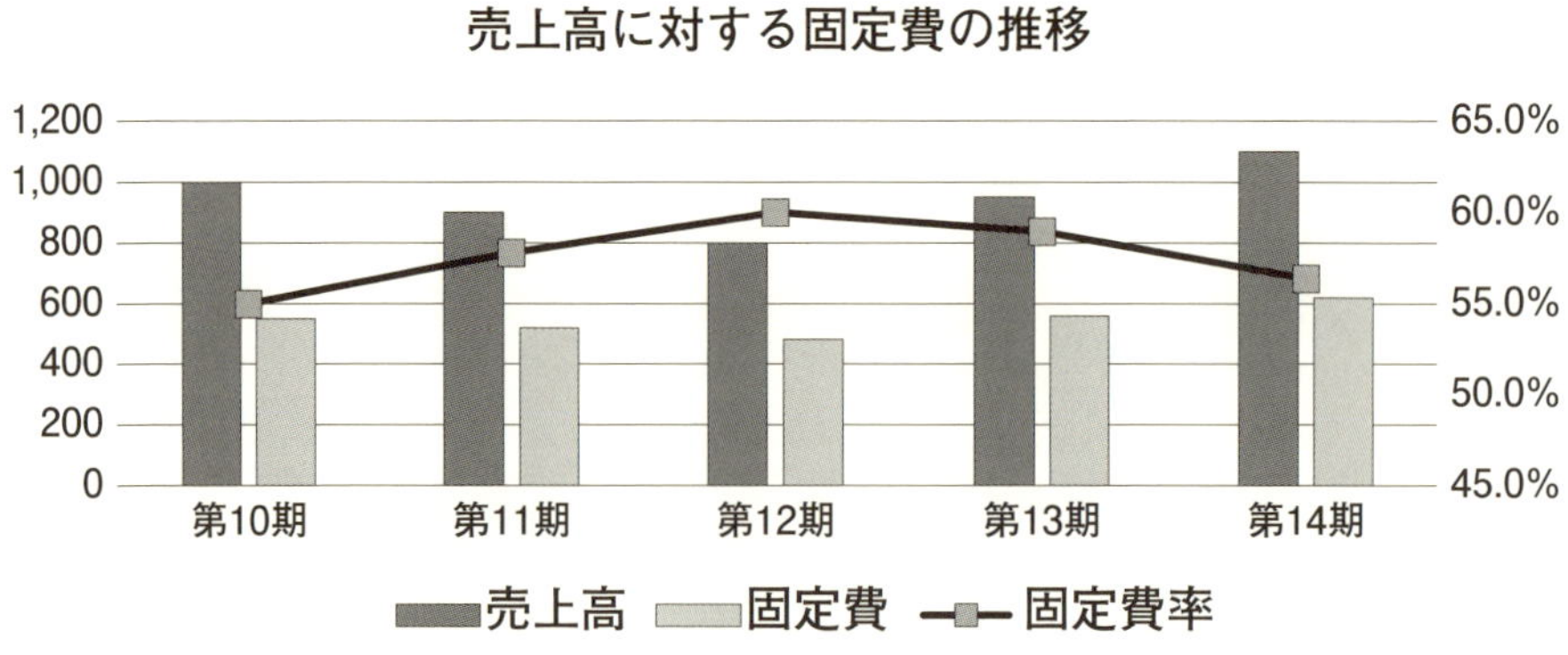

	第 10 期	第 11 期	第 12 期	第 13 期	第 14 期
売上高	1,000	900	800	950	1,100
固定費	550	520	480	560	620
固定費率	55.0%	57.8%	60.0%	58.9%	56.4%

24図を見てください。

売上高に比例して増減するものを「変動費」といいますが、実際には、ピッタリ比例することはほとんどありません。

為替相場や災害発生など、「円高で仕入原価が下がった」「材料原価が値上がりした」ということは、いくらでもあります。それに、「歩留まり率が悪化した！」などの要因もあります。とかく売上高と同じくして増えたり減ったりするということは、ありえないのです。

しかし、標準の「変動費率」はこのレベル、といった数字はあるはずです。5年間の推移を見たときに、売上高に対する「変動費」の率が、じわじわ上がってきていないか、チェックしてほしいのです。

もし、じわじわと率が上がってきているというのなら、そのぶん、売上総利益が小さくなってきているということです。つまり、会社全体での商品力が落ちてきているのです。仕入業者を見直す、価格交渉をやり直す、儲からない商品をやめる、ロス率を下げるなど、あらゆる手を打って、上昇傾向にある「変動費率」を下げなければならないのです。

一方、「固定費」も同様です。

完全に固定か、というと、そんなことはありません。売上高に連動はしないものの、増えたり減ったりしているのです。

人件費が上がった、社会保険料などの法定福利費が上がった、家賃が上がった、光熱費が上がったなどなど、「固定費」が増える要素は、いくらでもあるのです。いわば、何もせずに放っておけば、確実に増えてしまうのが、「固定費」なのです。

だから「変動費」同様に、5年間の推移を見てほしいのです。じわじわ増えていないでしょうか？　増えているなら、「固定費」を下げる策を、早く打たないといけません。

中小企業の営業利益率は、10％以下であることが多いです。最も多いのは、5％以下、という数字ではないでしょうか。なのに、「変動費」や「固定費」が、1％、2％と増えると、どうなるでしょうか？　それでなくても5％以下の営業利益率は、風前《ふうぜん》の灯《ともしび》になってしまいます。それでなお、銀行借入の返済をしなければいけないとなると、資金繰りは窮地《きゅうち》に追い込まれていきます。「変動費」にも「固定費」にも、銀行返済は含まれていないのです。

自社の売上高に占める、「変動費」と「固定費」のバランスを、まずは確認してください。

そして最適なバランスが崩れつつあるのなら、「商品力を高めて変動費を下げる」か、「コストダウンを図って固定費を下げる」ということに、早く知恵を働かせていただきたいのです。

損益分岐点を見て読む

【評価のポイント】

「自社の損益分岐点となる売上高を、知っているか？」（知っている・知らない）

「損益分岐点」とは、文字通り、損と益の分かれめです。

ということは、損もゼロ、益もゼロ、です。

損も益もない、つまり、マイナスもプラスもない、利益ゼロの状態を「**損益分岐点**」といいます。いわゆる、収支トントンです。ここでいう、利益ゼロの利益とは、営業利益を指します。

売上高がここまでいけば、収支トントンで、営業利益ゼロという時点の売上高を、「**損益**

〈25図〉　損益分岐点売上高

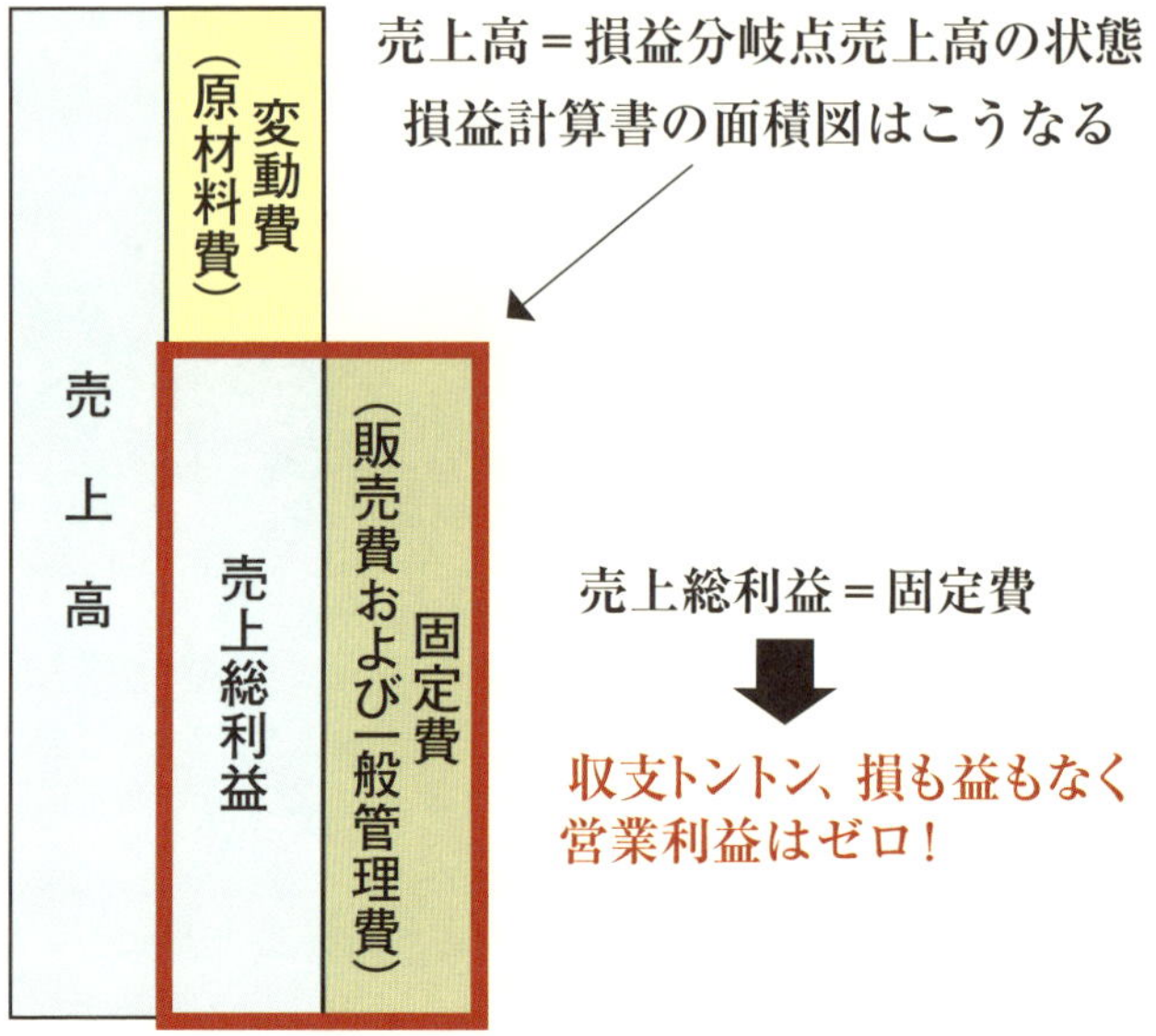

分岐点売上高」というのです。

面積図でいえば、25図のような状態です。

この損益分岐点売上高を超えてさらに売上高が増えていけば、営業利益もどんどん黒字が増えていきます。逆に、売上高が損益分岐点を下回っていくほど、営業利益は赤字になっていきます。

改めてお聞きします。あなたの会社の損益分岐点売上高は、おおよそいくらくらいか、ご存知でしょうか？

計算式もありますが、創業社長は、この損益分岐点売上高を、肌感覚でわかっておられます。

損益分岐点売上高＝固定費 ÷ 売上総利益率

「だいたい、これくらいじゃないかな」という金額が、かなりの精度で当たっていたりするのです。そこが、創業社長のスゴイところです。それだけ、損益分岐点を超えるか超えないか、というところで、大変なご苦労をされたのだと思います。しみついているのでしょうね。

損益分岐点となる売上高は、上の計算式で算出します。

案外、単純な計算式です。

この計算式は、固定費をちょうどまかなえる売上高を計算する式です。

例えば、損益分岐点の売上高が１００とします。売上総利益率は６０％とします。となれば、売上総利益は１００の６０％で、６０です。ここで固定費が６０であれば、営業利益はゼロとなります。つまり、損益分岐点売上高の状態のとき、売上総利益と固定費は、同額になるのです。だから、収支トントンになるのです。

しかし、損益分岐点売上高は、目指すものではありません。その分岐点となる売上高を知り、現状と比較をし、これからどのように収益性を高めるのかを検討する際に、使うモノサシなのです。と同時に、この売上高を下回ってはいけない、ということを頭に留めておくべき数字なのです。

損益分岐点売上高を、自社の直近の損益計算書で計算してみてください。そして、実際の売上高と比べてみてください。その際に、製造原価報告書がある会社の場合は、10章「製造原価報告書がある場合のつくりかた」で算出した、売上総利益を使って計算してください。

期首棚卸高
＋当期仕入高
−期末棚卸高
＝　原　価

2. 損益計算書の経費の読みかた

原価には何が含まれているのか

【評価のポイント】

「原価の基本的な計算式を、ご存知ですか?・」(知っている・知らない)

「うちの会社は原価が上がってきています」などといった言い方を、社長はよくします。その原価の基本的な計算式をご存知でしょうか?

上の計算式の通りとなります。

まず、前期末の棚卸金額と今年度の仕入高を合計します。その合計金額から、今年度末の棚卸金額をマイナスするということです。これが基本です。おわかりの方には、なんでもない計算式です。

仕入高には、大きく2つの要素があります。材料や資材などの原材料と、加工なども含めた外注費です。棚卸高には、原材料と資材のほか、仕掛品も含まれます。仕掛品とは、まだ完成品に至っていないものです。

先の「変動費」と「固定費」の項で述べたとおり、原価は「変動費」です。しかし売上高に完全に比例して増減するのではない、と言いました。材料価格の高騰や低減、歩留まり率が上がるといったことがあるからです。

原材料や資材の他にも、原価に含まれるものがあります。

それは、包装資材などの版代や型代です。例えば、包装資材をたくさん使用する小売店などでよくあります。

パッケージを一新しました、などということがあると、そのサイズごとに、版代や型代が発生します。あるいは、アイテム数が増えた場合にも、関連資材の版代・型代が発生します。そのことを何も考えずに、デザインを一新したり、アイテムをどんどん増やしたりすると、とたんに原価が増えます。しかも、支払いは新アイテムが売れる前に発生しますので、資金繰りにも、大きな影響を及ぼすのです。

「昨年と比べて原価が上がりすぎてるけど、何があったの？」となって調べていくと、アイテム数がぐんと増えていたというケースが多いのです。
私自身、かつて食品メーカーにいましたので、版代・型代の、原価に対するインパクトの大きさがよくわかるのです。

原価で気をつけておきたいことは、棚卸をごまかさない、ということです。先の原価の計算式を見てもわかるとおり、期末の棚卸金額を増やせば、原価は小さくなることになります。利益をかさ上げしたいがために、架空の棚卸を計上する、ということに手を染めることは、あってはならないのです。

利益を増やすわけですから、税務署は何も言わないです。が、その翌年は、架空の棚卸が、仕入高に加わります。結局、翌年度にツケがまわります。そして、それでもやっぱり利益を出したいとなると、さらにまた架空の棚卸を計上してしまいます。

だんだんと麻薬のように、架空棚卸の連鎖に陥っていきます。そうなると、元に戻すことは至難のわざです。棚卸なんて、あとになったらわからないとばかりに、安易に架空計上することは、経営を滅ぼすことに繋《つな》がるのです。この手の嘘の決算書は、すぐ見抜かれます。

架空でなくても、単純に棚卸がもれていた、抜けていた、というケースも聞きます。決算を確定する前の時点で、「この原価はなんだかおかしい。棚卸がもれているんじゃないか?」と気づけば、訂正できますが、ノーチェックだと、誤った棚卸のまま決算が確定してしまいます。

原価の仕組みを知り、自社の原価の内容を理解しておいてほしいのです。そして、例年の原価に比べて何かおかしい、と感じれば、即座に中身をチェックさせてください。そうすれば、原価に対する策が見えてくるのです。

中小企業の棚卸業務はずさんな会社が多い

先ほど、棚卸業務のことを書きましたが、そもそも、中小企業には、棚卸業務をしっかりと実施している会社が少ないです。ずさんな会社が多いのです。

「棚卸はどれくらいの頻度《ひんど》でおこなっていますか?」

と、社長にお聞きします。最も多い返答は、

「年度末にだけ、やってます」というものです。

「毎月やればいいじゃないですか」「本部の経理も立ち会ってください」と言うと、

「そんな、棚卸を毎月やるのは大変ですよ！」

「この倉庫を見てください！　これだけのアイテムがあるので、棚卸を毎月するなんて、できないです！」

「わが社は店舗が300カ所あるんですよ！　本部の経理が立ち会える数じゃないですよ！」などとおっしゃいます。


棚卸を実施し、月次の損益計算書に反映させなければ、売上原価ははっきりとつかめません。


「直近の損益計算書を見せてください」とお願いして拝見していると、

「この数字は、原価が実際の数字とは違うと思います」と言われることがあります。

「なぜですか？」とお聞きすると、

「棚卸は年度末しかしていなくて、前期末の数字を入れてますから、かなり差があると思います」などと返答されます。


つまり、棚卸の数字が現実と乖離《かいり》していると、実際の売上原価がつかめないのです。つかめるのは、年度末に棚卸をおこなって、その数字を反映させたあとです。もはや新年度に突入しているのです。そこで、ようやく売上原価をつかみます。しかし、その時点で利益が出過ぎているとわかっても、どうしようもありません。打つ手がないので、「棚卸で調整しようか」などとなってしまうのです。

こんなことをしていては、いつまでたっても、正しい数字をつかめないのです。また、こんな調整をおこなうこと自体、許されません。

ではなぜ、毎月実施できないのでしょうか？

アイテム数が膨大なら、場所単位や棚単位で、何日かに分けて棚卸を実施してもかまいません。月末に一斉に全品棚卸をする必要はないのです。

月末が近づくと、１週間前から棚卸にとりかかる会社がありました。

今日はこのブロック、明日はそちらのブロックという具合に、順番に進めていました。それでいいのです。

もうひとつは、棚卸業務をやりやすいよう、デジタル化することです。面倒くさくて、時間がかかるから、棚卸をしないのです。

棚卸の現場を見せてもらうと、目が点になります。一品ずつ数をかぞえて、棚卸表に記入するという、昔ながらのアナログで棚卸をしている中小企業が、まだまだ多いのです。これでは、イヤになるのも当然です。

棚卸表から、目の前にあるアイテムを探すだけで、時間がかかってしまうのです。

バーコードを活用してアイテムを読み込み、数字を入力するだけに変えるなど、デジタル化を進めてほしいのです。

毎月棚卸を実施している会社でも問題はあります。

例えばこういうことがあります。

棚卸の現場を見ていると、明らかに、今は使用していない資材や商品も、他と同様に棚卸をしているのです。

「このアイテムは、もう使ってないでしょ」

「そうです」

「じゃあ、どうして棚卸で普通に数を記入するんですか？」と聞けば、

「どうしてって、棚卸ですから」

と、棚卸をすることの意味を把握せず、とにかくあるものを数えることが棚卸だと思って作業をしているのです。

もう使っていないものがあれば、数は把握しても、除却するものとしてチェックを入れるなど、区別して記入することが必要です。それで、不要な在庫の処分を進めるのです。このことも、棚卸をおこなうことの目的の一つです。

結局、社長がこのことをわかっていないと、そんなことは誰もわかりません。

それで、棚卸＝数を数えて記入すること、となってしまうのです。

小売業や飲食業は、店舗ごとに、基本、棚卸は毎日実施している会社が多いです。商品や材料は棚卸を毎日実施し、袋や箱などの資材は毎月1回というケースもあります。

毎日棚卸できるのは、量が少ないから、ということもありますが、仕入ロスや機会損失などを減らすという、店舗の業績に直結することがわかっているからです。

棚卸業務は、損益計算書を正しい数字でつかむために、欠かせない業務です。中小企業であっても、せめて月に1度は実施するべきなのです。

〔①注目したい経費〕労務費

【評価のポイント】

「労務費を減らす工夫、していますか?」（している・していない）

労務費は、「固定費」（＝販売管理費）の一部に当たります。

「どこまで労務費っていうんですか?」という質問を受けることがあります。

まずは、賃金関係の費用です。役員報酬、正社員や契約社員への給料手当、アルバイトなどに支払う雑給、賞与、退職金など。ただし、役員への退職金は、臨時的なものなので、あとで述べる「特別損失」に計上します。

これらの賃金費用に加えて、法定福利費も労務費に入ります。社会保険料、労働保険料、雇用保険料などです。この法定福利費が大きいのです。国家の社会保障費が不足している昨今、この法定福利費は上がりっぱなしなのです。

ではここで改めてお聞きします。

あなたの会社の労務費は、総額でいくらでしょうか？

販売管理費内訳表にある、役員報酬、給料手当、雑給、賞与、退職金、法定福利費を合計して算出してください。

26図の中のA図は、自社の労務費を計算するための表です。A図の記入の仕方は、次のとおりです。

労務費①（販売管理費内訳表の労務費を記載）
労務費②（製造原価報告書の労務費を記載）
製造原価報告書がある会社は、製造原価報告書にある労務費を②に記載してください。製造原価報告書がない会社は、記入の必要はありません。
合　計③（①と②の合計額を記載）

その労務費は、売上高に対して何%でしょうか？（＝**対売上高労務費率**）
対売上高労務費率の計算式は、26図の一番下の図のとおりです。そして、対売上高労務費率を記入するための表は、26図のB図です。

〈26図〉　労務費と売上に対する労務比率を計算するための表

A図

	金　　額
労務費①	
労務費②	
合　計③	

←販売管理費内訳表の労務費を記載
←製造原価報告書の労務費を記載
（製造原価報告書がある場合のみ）

単位：百万円

B図

	金　　額	%
売上高		100
労務費①		
労務費②		
合　計③		

売上高に対する労務費の比率
（＝対売上高労務費率）

単位：百万円

対売上高労務費率の計算式

労務費 ÷ 売上高 × １００

（単位％）　※小数点第二位を四捨五入し、小数点第一位まで記載

対売上高労務費率は、
・**製造原価報告書がない場合は、①÷売上高×100**
・**製造原価報告書がある場合は、③÷売上高×100**

となります。いかがでしょうか？

労務費がいかに大きなコストであるか、おわかりになると思います。原価を除けば、多くの会社で、労務費は最大のコストなのです。

賃金の昇給や法定福利費の上昇など、労務費は放っておいても上がるのです。減らす努力をしないかぎり、労務費を含む「固定費」は、固定ではなく、じわじわ膨《ふく》らんでいきます。残る利益をじわじわと減らしていくのです。


あなたの会社では、労務費を減らす努力をしているでしょうか？

・機械化、ロボット化、システム化を進めて人員を減らす
・正社員を減らし、パート・アルバイトを増やして、賃金単価を下げる

・社会保険料がかからない、短時間の従業員を活用する
・給与は上がることも下がることもある人事制度へと見直す

増大し続ける労務コスト対策は、会社の収益力を維持向上するうえで、欠かせない取り組みです。サービス業や小売業など、労働集約産業なら、なおさらです。

「うちは労働集約産業なので、労務コスト削減はムリです」

などと言っている場合ではないのです。後発のライバルは、常に新手の仕組みと仕掛けで参入してきます。新たな機器やシステムを携《たずさ》えて、挑んでくるのです。それらのライバルに勝つには、こちらも最新機械やシステムを導入すべきなのです。


「人材は会社の財産です」という言葉をよく聞きます。

財産ということは、貸借対照表でいえば、資産と同じです。しかも、長期間にわたって活用できる資産なので、いわば固定資産と同じです。本来の固定資産は、機械や設備、システムなど減価償却できます。年数がたてば、価値が下がっていくという考え方です。資産としての大きさは、縮んでいくのです。

ところが、人材という資産は、稼ぐ力が高かろうが低かろうが、賃金アップや法定福利費の増大によって、資産としての大きさが膨張していくのです。併せて、残業問題、パワハラ・セクハラなどの問題など、さまざまなリスクを抱える資産であるといってもいいのです。

会社内の人材は、ラインとスタッフの人材に分かれます。ラインは、生産や営業など、稼ぐ部門の人材です。スタッフは、総務・経理や生産管理など、稼ぐ部門を支える人材です。

中小企業の会社にお邪魔すると、スタッフ人員の多さに驚くことが、まだまだあります。

「事務スタッフの人数が多すぎませんか？」と言うと、

「そうなんですよ。でも、これでも減らしたんですよ」などとおっしゃいます。

「どうしてこんなにスタッフが多いんですか？」と質問を続けます。

「いやあ、どうしてなのか…。何かと仕事があるんですよね」

と、社長自身、実態をよくわかっていないのです。

そもそも、スタッフ業務はどの会社でも共通することが多く、システム化など、最も合理化が進んでいます。なのに、そのようなシステム化がほとんど進んでいない、昭和の匂い漂《ただよ》う会社が、まだまだあるのです。

人が多いと、仕事も増えます。みな仕事を作り出してしまうのです。人を減らせば、仕事も減ります。限られた人材で必要な業務だけに取り組むよう､工夫をするからです。とくに、スタッフは減らせます。

労務コストを減らすには、職場の省人化や省力化が必要です。それには、ロボット・機械・システムなどの償却資産と、稼ぐ力のある人材資産の両方を、自社にとって最適なバランスで活用できるよう取り組んでほしいのです。

〔②注目したい経費〕 減価償却費

【評価のポイント】

「減価償却費を増やす工夫、していますか？」（している・していない）

「減価償却費がよくわからないんです」という声をお聞きします。

私も最初はそうでした。なので、お気持ちはよくわかります。

建物や設備・機械などの設備投資をすると、その時点で代金を支払います。しかし、代金を支払っても、その額をそのまま経費に計上することはできません。それらの投資で得たものは、資産として、貸借対照表の固定資産に計上されます。そして、それぞれに定められた年数で、少しずつ経費に計上していきます。建物なら40年、設備なら7年など、それぞれの内容や用途に応じて、細かく定められています。1年ごと、価値が減った分を償却して費用化するので、**減価償却費**といいます。

つまり、減価償却費は、全額の代金を支払ったあとに、ちょびちょび費用計上していく、という費用なのです。

経営サイドとしては、支払った時点で、全額経費に計上したいのです。しかし、そんなことは税法では認められていません。

「それは長年にわたって使う資産でしょ。だったら、それぞれに定めた年数で、ちょびちょび費用化してもらわないと困りますよ。でないと、買った年度の税引前利益が極端に減って、法人税が減りすぎるじゃないか」ということなのです。

そうです。減価償却費が増えるほど、税引前利益は減るのです。そしてそのぶん、法人税

〈27図〉　建物を建てる前

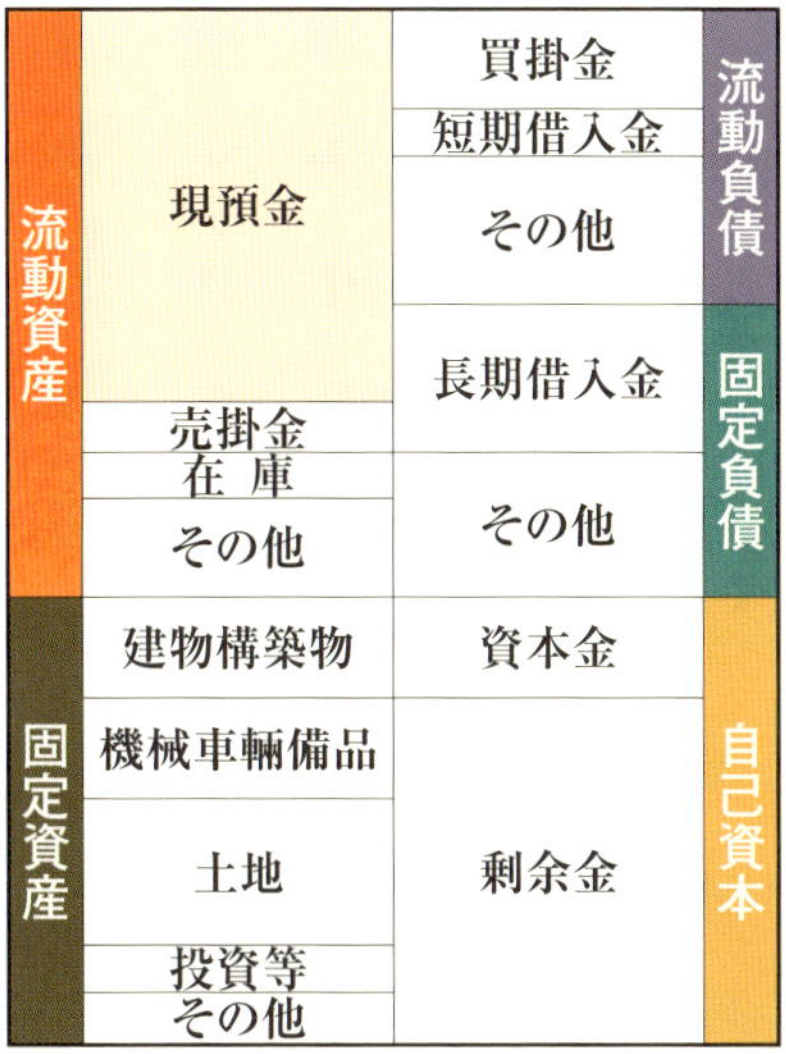

の現金支出を減らすことができるのです。

ということは、経営する側としては、いかにして減価償却費を増やすのか、ということが、課題になってくるのです。

例えば、次のような事例がありました。

27図のような貸借対照表の会社が、建物を建てました。

この財務状況から、手持ちの現預金を半分減らして、建物を建てたとしましょう。

その場合、建物本体は勘定科目が建物となり、照明設備、空調設備は建物附属設備となります。

その場合、普通に計上したら、28図のような感じになるとしましょう。

〈28図〉　建物を建てた後

手持ちの現預金で、建物と建物附属設備を購入した。
建物…償却期間長い
附属設備…償却期間短い

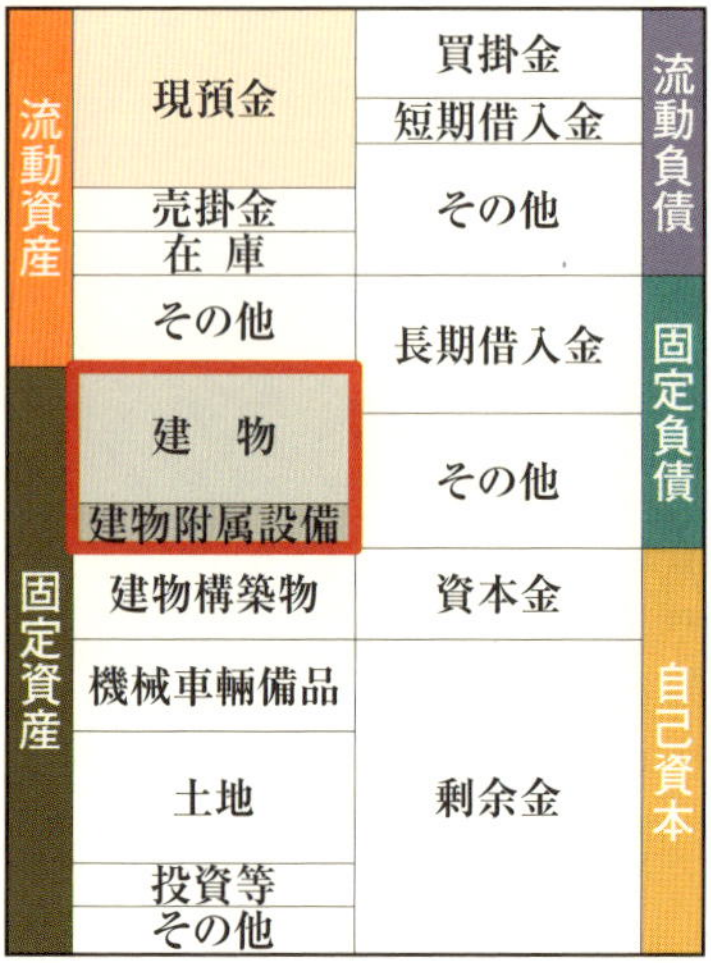

さあ、ここからです。建物は鉄骨鉄筋で38年償却、建物附属設備の照明・空調は15年償却です。知恵のある社長は、見積り時から手を打ちます。

建物の見積りの場合、必ず、最後に〝出精《しゅっせい》値引き〟というものが登場します。

その見積書をそのまま使えば、会計事務所は、建物と附属設備から値引きを按分《あんぶん》して資産計上します。

しかし、知恵のある社長は、その値引き額が確定した後、もう一度、その値引額を全部、建物から引いた金額の見積書を、業者に作成させます。

おわかりでしょうか？

見積りを2段階で考えるのです。そうして、償

〈29図〉見積り2段階のワザ

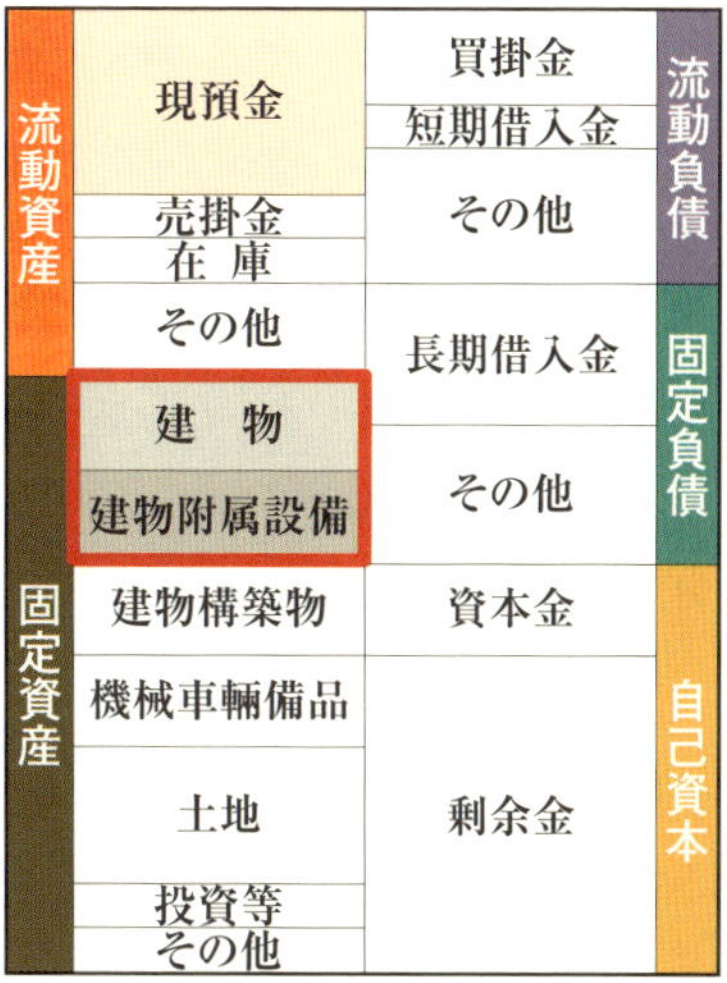

値引きは全て、償却期間の長い建物からしてもらい、償却期間の短い建物附属設備のウエイトを高くする

却年数の長い建物の金額をできるだけ小さくします。逆に、償却年数の短い附属設備の金額を大きくします。これぞ、見積り2段階のワザです。

そのようにした場合、面積グラフで表せば、29図のような感じになります。

設備投資をするにしても、できるだけ早く償却できるようにしたいという発想がないと、このような知恵は生まれません。

総資産をできるだけ小さくして、財務体質の強い会社にしたい、という思いを感じるワザです。

他にも、減価償却費を増やすことのできる**特別税制**を活用する、といった方法もあります。長らく運用されている制度でいえば、**少額資産**

の**特例制度**というものがあります。

これは、30万円未満のものなら、購入年度に全額償却してもいいというものです。ただし、その合計額は、300万円までとなっています。

資産として保有する美術品も、減価償却ができるようになりました。

減価償却の対象となる美術品は、次のとおりです。

（1）取得価額が1点100万円未満である美術品等

（2）取得価額が1点100万円以上の美術品等であっても、「時の経過によりその価値が減少することが明らかなもの」

具体的には、次の①～③のすべてを満たす美術品が該当します。

①会館のロビーや葬祭場のホールのような不特定多数の者が利用する場所の装飾用や展示用（有料で公開するものを除く）として取得されたもの

②移設することが困難で、①の用途にのみ使用されることが明らかなもの

③他の用途に転用すると仮定した場合に、その設置状況や使用状況から見て、美術品等としての市場価値が見込まれないもの

償却年数は、金属製のものが15年、それ以外のものが8年です。

これまで、美術品は償却できない資産となっていました。買った値段のまま、ずっと固定資産に居座っていたのです。それが、条件付きとはいえ、減価償却可能になったのです。この税法改正は、ご存知でない税理士もいます。対象となりそうな美術品をおもちの会社は、ぜひ税理士に確認してほしいのです。


あるいは、近年の設備投資を促進する税制では、上限にかかわらず、その全額を償却できる、という、いわゆる「**即時償却制度**」もありました。

このような特別税制の多くは、期限が定められています。その機を逃さず、減価償却費を増やすことに取り組んでほしいのです。

ところが、多くの顧問税理士や会計事務所の方は、このような策を教えてくれないというか、あまり詳しくご存知ではないのです。だから、

「そんなことをしたら、利益が減りますよ」

「今やらなくても、いいんじゃないでしょうか?」

「手続きが面倒ですよ」

などと言って、やらない方向へもっていこうとするのです。


特別償却は、特別損失に計上できます。営業利益と経常利益を減らすことなく、税引前利益だけが減ります。稼いだお金を残す、キャッシュフローには、プラスに働くのです。

つまり、社長自らが、このような制度に関する知識や、減価償却を増やす知恵を身に着けて、顧問税理士や会計事務所の担当者を説得しなければならないのです。そのためにはまず、減価償却費というものに対する、社長の感度を上げてほしいのです。

〔③注目したい経費〕交際接待費と会議費

【評価のポイント】

「交際接待費と会議費を、使い分けていますか?」（いる・いない）

交際接待費は、税法で上限が定められています。中小企業なら、800万円です。（2017年7月現在）

つまり、交際接待費を損益計算書に計上すること自体は、いくらでもかまいません。上限などないのです。しかし法人税を計算する際には、800万円を超える交際接待費は、経費とみなしませんよ、ということなのです。

例えば、損益計算書で交際接待費が1000万円、税引前利益が6000万円だとします。この場合、税引前利益6000万円に、交際接待費で800万円を上回る200万円をプラスして、6200万円をベースに、法人税を計算することになります。

つまり、税引前利益が200万円増えたのと同じことになるのです。

だから、交際接待費は、税法上の上限までにおさえておきたい費用なのです。

「でも、800万円以上必要な場合は、どうすればいいんでしょうか？」

とおっしゃる社長がおられます。その場合は、会議費で計上できるものは、会議費にする、ということです。


交際接待費が800万円を超えていて、会議費はさほど発生していない、というケースを見かけます。その交際接待費の中身をよくよく伺っていくと、「それは会議費でも計上できますよ」というものが、よくあるのです。


例えば、取引先との飲食費です。

「えっ？　それは交際接待費でしょ」と思うかもしれません。しかし、商談や打ち合わせも含む飲食であれば、会議費にできます。要は、その場の目的は商談であり、打ち合わせであるわけです。それを、飲食をしながらおこなっただけです。この場合は、会議費で計上できるのです。


ただし、会議費に計上するには、簡単な議事録の作成が必要になります。

日時、場所、参加者、協議・打ち合わせの要件が記載されていれば、いいのです。決定に至る、事細かな経緯などはいりません。協議の結果まで、記載する必要もありません。議事録は、飲食の領収書や精算書とともに保管します。大事な要件の決定事項を、安易に記載する必要はないのです。

要は、取引先との飲食だから交際接待費と考えないでほしいのです。そのなかでも、会議費として扱える費用は会議費に計上するという仕組みにしてほしいのです。

少なくとも、交際接待費の上限枠を意識して、毎月次決算の時点で、交際接待費の累計金額をチェックしてください。中小企業であれば、交際接待費は、経費（損金）計上できる800万円（2017年度時点）を超えないよう、コントロールするべきです。会議費を活用する、別会社の交際接待費を活用する、などして、法人税としての現金流出を少しでも減らす策を打ってほしいのです。

〔④注目したい経費〕 旅費交通費の日当

【評価のポイント】

「役員旅費規程で役員の日当を定めていますか?」(いる・いない)

出張が多い、という社長にお聞きします。出張時の日当を受け取っていますでしょうか?

こうお聞きすると、

「日当って、交通費とか宿泊代とは別にですか?」と質問する方がいます。

もちろん、交通費とか宿泊代とは別です。従業員でも、出張時には役職に応じて、出張手当という日当を出していると思います。それと同じです。ただし、役員なので、従業員の旅費規程とは別に役員旅費規程で日当を定めます。


つまり、日当は旅費である、ということを言いたいのです。役員報酬や給料手当は、賃金扱いとなります。なので、受け取った個人は、その額に応じて課税されます。ところが、日当は旅費です。課税がないのです。無税なのです。これはありがたいことです。ならば、この日当をうまく活用してほしいのです。

社長の日当であれば、出張1日につき数万円としても、何も問題はありません。休日ならば、その2倍でもかまいません。

もし、税務調査で、「この日当は高すぎる!」などと言われたなら、逆に尋ねてほしいのです。「何をもって高いとおっしゃるのですか?　わが社はこの額で定めているんですよ。高いとおっしゃるなら、その根拠を明確にしてください」

と言えばよいのです。日当は、会社固有のルールで定めます。高いとか、安いとかの、明確な根拠などないのです。

導入の手順はこうです。

役員旅費規程で、社長、専務、常務、(平)取締役で、出張時の日当を定めてください。出張の定義は、従業員旅費規程と同じでいいです。そして、日当請求の手順を定めておいてください。例えば、旅費の精算時に合わせて所定の書式でおこなう、といった内容でかまいません。

一番よくないのは、役員の日当は規程で定めたものの、日当の精算は秘書が半年とか1年分をまとめて精算している、といったやり方です。そうではなく、出張のつど、各役員本人が申請し、請求するのです。それがまた、社内でしっかりと運用されているルールです、という証拠になるのです。

税金のかからない、旅費扱いの日当をもっと有効に活用してほしいのです。

営業外損益に計上されるものは何か

【評価のポイント】

「不動産賃貸収入を、売上高に計上していますか?」(いる・いない)

本業の売上高とは別に、駐車場やマンションなど、賃貸収入がある会社の方にお聞きします。

〈30図〉雑収入に計上していた収益を売上高に計上する

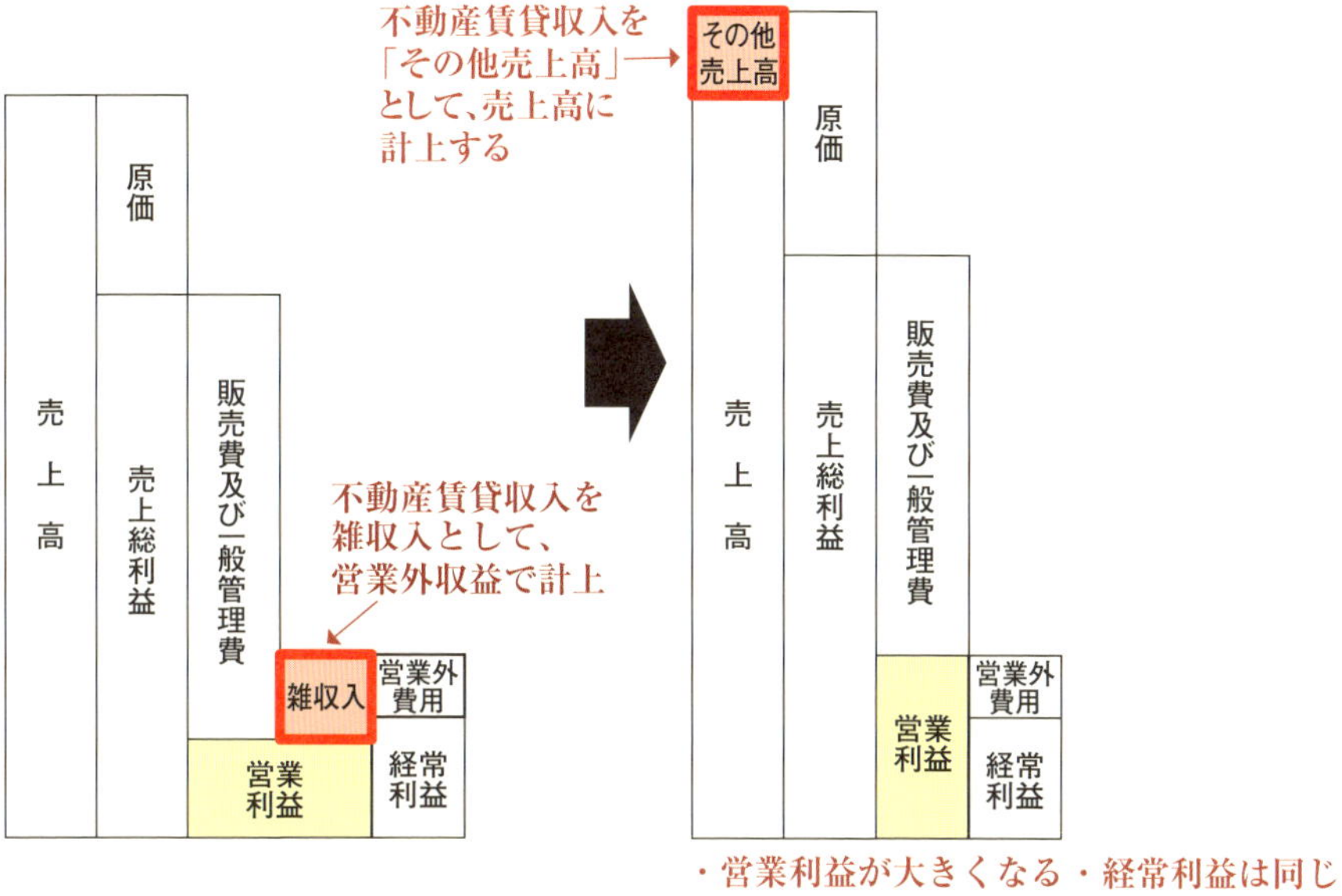

「その不動産賃貸収入を、売上高に計上していますか？」

「しています」という方は、損益計算書を使っての銀行対策に心得のある経営者です。銀行借入金を必要とする会社の、銀行対策の心得として、「営業利益」はできるだけ大きくしたいのです。

それは、銀行が会社を格付け（スコアリング）する際に、損益計算書の5つの利益の中で、「営業利益」を最重視するからです。ならば、雑収入で計上していた収益を、売上高に計上すればいい、というわけです。（30図参照）

ところが多くの場合、不動産賃貸収入は「雑収入」とし、営業外収益で計上されています。営業外収益とは、営業利益と経常利益の間にある、営業外損益のひとつです。「雑収入」は損益計算書にとって、売上高と同様に、利益のプラス要素となるものです。しかし、せっかくのプラス要素である賃貸収入が、営業利益を大きくすることに反映されないのです。これはもったいないです。

「本業でない収入を売上高に計上して、いいんですか？」

という声をお聞きします。では、お尋ねします。

「あなたの会社の本業とは、何をもって本業と言いますか？」

本業とは、定款で定めている、「会社の事業目的」です。おそらく、そこにはさまざまな事業が書かれていると思います。それらがすべて、その会社の本業なのです。そこに、「不動産賃貸業」があれば、それは本業です。したがって、定款に定めがあれば、不動産賃貸収入を売上高に計上しても、何ら問題ないのです。定款に定めがないなら、定款変更をおこなえばいいだけです。

「税務署は何も言いませんか？」とおっしゃる方もいます。

「何も言いません」が答えです。

なぜなら、営業外収益で計上しようと、売上高で計上しようと、税引前利益は変わらないからです。税務署は、法人税を多く徴収する目的で、決算書を見ます。課税対象となる、税引前利益がいくらになっているかを最重視するのです。なので、賃貸収入がどこで計上されているかなど問題視しないのです。

一方、営業外損益のマイナス要素となるのが、「営業外費用」です。そのなかでも代表的なものが、「支払利息」です。その反対である「受取利息」は、先ほどの営業外収益に入りますが、受取利息は、ごくごくわずかな金額です。

ところが「支払利息」は、わずかではありません。もちろん、銀行借入の額や、金利によって、支払利息の金額は異なります。この「支払利息」は、営業外費用で計上しなければいけません。特別損失に、というわけにはいかないのです。特別損失に計上できるのは、臨時的な費用なのです。

銀行金利である「支払利息」を減らすためには、

①金利を下げる
②借入を減らす

のいずれかです。

①金利を下げるためには、銀行との条件交渉をおこなうことです。そして、条件交渉を有利に導くような決算書にしておくことです。だから、「営業利益を最大化しておきなさい」と言うのです。

この低金利の時代、銀行金利が0・5%以下になっていなければ、その金利は「高い」のです。私たちの顧問先には、上場会社並みの超低金利の会社もざらにあります。それらの経営者は、銀行格付け(スコアリング)の仕組みを知り、決算書を磨き、銀行員の弱みを学習して、交渉に挑んでいるのです。ただ、「金利を下げてほしい」というだけの交渉ではないのです。

②借入を減らすには、返済を進めることはもちろんですが、借りなくてもいい不要な借入金がないかです。借りる必要もないのに、銀行とのおつきあいと称して借り、払わなくてもよい金利を払っているというケースが、実に多いのです。

その結果、結局、経常利益を悪化させているのです。何のためにそんなことをしているのか、と言いたくなるのです。銀行の担当者や支店長が喜ぶだけなのです。

営業外損益をどのようにするかで、営業利益や経常利益は変わってきます。銀行対策に大きく関わる数字です。顧問税理士や会計事務所の方は、銀行対策のことなどご存じありませんので、何のアドバイスもありません。社長自らがその知識を得てほしいのです。そして、会計事務所などに営業利益と経常利益をこうしたい、と強く指示をしてほしいのです。ほったらかしの、まかせっぱなしではダメなのです。

特別損失とはどのような経費か

【評価のポイント】

「特別損失を増やす工夫、していますか?」（している・していない）

特別損失が増えるほど、税引前利益が小さくなります。法人税の支払いが減るのです。

「特別損失に計上できるものはないか、そればかり探してしまいます」

とおっしゃる社長にお会いすることがあります。

そのような社長は、特別損失を多く計上するほど、会社にお金が残ることを身をもって体験された方です。稼いだお金が残る喜びを体験すると、法人税という会社収益へのリターンを期待できない現金流出をできるだけ減らしたい、と実感されるのです。経営者として、当たり前のことです。

特別損失とは、通常は発生しない、突発的で臨時的な費用です。

「特別損失に計上できるかどうか、何か決まりはあるんでしょうか？」と聞かれることがあります。

決まりはありません。特別かどうかは、会社が決めることなのです。「この費用は、突発的で臨時的なものだ」となれば、特別損失に計上すればよいのです。

もったいないのは、特別損失に計上してもよい、突発的、臨時的な費用なのに、販売管理費や営業外費用として計上している場合です。

特別損失は、損益計算書の順番でいえば、経常利益の下にくる科目です。したがって、特別損失がどれだけ多くても、営業利益や経常利益が小さくなるということはないのです。なのに、販売管理費で計上してしまうと、営業利益以下、すべての利益が小さくなってしまうのです。これはあまりにも、もったいないのです。

では具体的に、どのような費用が特別損失となるのか、というと、

①退職した役員への「役員退職金」
②地震や台風・大雨・大雪・火災など、災害により被害を受けた、建物・設備等を修繕したもの
③使用見込みのない材料を廃棄した場合の「棚卸廃棄損」
④従業員の出向に伴う人件費や、その移転、引越に関する経費
⑤事務所や工場の移転に伴う関連経費(引っ越し・竣工式など)
⑥特別償却、即時償却をおこなった場合、通常の減価償却費とは別に、上乗せした減価償却費を区別し、「特別減価償却費」として特別損失に計上する
⑦取引先との間で発生した訴訟関連費用

⑧「○○周年行事」などの記念行事の関連費用
⑨毎年おこなっていない寄付、特別賞与の費用
⑩建設業に代表される受注型産業で、コンペの結果、受注できなかったプロジェクトの準備のため（設計、企画など）に投入した人件費や経費を、通常の人件費・経費と区別して「開発人件費」「開発経費」として特別損失に計上する
⑪有価証券を売却した際の売却損
⑫土地・建物・設備などの有形固定資産を売却した際の売却損
⑬回収不可能な売掛金を除却した際の「売掛債権除却損」

などなどです。

いかがでしょうか？

「そういえば、うちでも該当する費用があったけれど、どうだったかな？」

と思うものがひとつでもあるようなら、しっかりと確認してほしいのです。

特別損失が増えて、税引前利益が赤字になっても、全然かまわないのです。むしろ、法人税が減って良かった！　と考えるべきなのです。

〈31図〉「特別損失」の発生履歴を洗い出してみる（記入例）

（単位：千円・百万円）

	第10期	第11期	第12期	第13期	第14期
特別損失	8,500	4,000	16,000	5,000	1,080

内容内訳	有価証券売却損	棚卸資産廃棄損	特別償却	固定資産売却損	特別償却
	電話加入権売却損	災害特別修繕費	役員退職金	事務所移転費用	棚卸資産売却損
		災害特別人件費			訴訟関連費用

【実績記入欄】

（単位：千円・百万円）

	第　　期	第　　期	第　　期	第　　期	第　　期
特別損失					

内容内訳					

特別損失が多く発生している会社ほど、決算書をどう作るのか、ということへの意識が高いです。

まずは、自社の過去5年の損益計算書を見て、特別損失の数字を洗い出し、その中身を記載・確認してほしいです。（31図参照）

年間キャッシュフロー額（使えるお金）のつかみかた

【評価のポイント】

「自分の会社の、おおまかな年間キャッシュフロー額を知っていますか？」

（知っている・知らない）

年間キャッシュフロー額というの

は、1年間の事業活動の結果、使えるお金がどれくらいなのか、という概算金額です。

キャッシュフローの目安

当期純利益（税引後利益）＋減価償却費

上の計算式で求めます。

これが基本です。税金を支払ったあと、残った当期純利益に、お金の支出を伴わない費用である減価償却費をプラスします。

「その額がわかると、何がわかるんですか？」とおっしゃる社長がいます。まず、銀行借入の返済に使えるお金を把握できます。キャッシュフロー額が1億円で、銀行借入の年間返済金額が1億2千万円になれば、どうなるでしょうか？　返済原資が2千万円不足します。となれば、返済のためにまた、短期借入金を借りることになります。しかし、そうなると、銀行借入の総額は、さらに増えることになります。

昨今のような、カネ余りの時代なら銀行も対応します。融資の蛇口が緩んでいる状態だからです。しかし、その蛇口がきつく締まり始めると、途端に追加融資はされなくなります。そうなると、資金繰りはたちまちきびしくなります。

つまり、年間のキャッシュフロー額を超える返済が必要となるような借りかたをしてはならないのです。要は、年間キャッシュフロー額が、借入限度額の目安となるのです。借入限度額が読めれば、投資額の上限も読めてきます。

過剰な投資で銀行借入が増大し、資金繰りが圧迫されるというケースに、よくお目にかかるのです。それは、そもそもが年間キャッシュフロー額を考えずに、過剰な投資をしてしまっている場合がほとんどなのです。

「特別損失に大きな除却損が発生している場合は、どう考えればよいでしょうか？」という質問を受けることがあります。

年間キャッシュフロー額の基本的な計算式は、

当期純利益＋減価償却費

キャッシュフローの目安（特別損失がある場合）

（経常利益 ×0.65）＋減価償却費

です。しかし、次のようなことがあります。

「特別損失に、機械設備を売却した際の大きな売却損が含まれています」

「特別損失に、上乗せした大きな減価償却費が含まれています」

「特別損失に、裁判で支払った多額の弁護士費用が含まれています」

特別損失は、臨時的、突発的な費用です。なので、これらの場合、当期純利益といっても、イレギュラーな数字になっています。イレギュラーな数字に減価償却費をプラスしても、年間キャッシュフロー額の目安としては、使いづらいです。

その場合は、当期純利益を使わずに、上の図の計算式を使って、計算してください。

現状の収益体質での、年間キャッシュフロー額の目安を把握したいのです。

年間キャッシュフロー額をつかむには、臨時的、突発的な費用を、抜きにして考えておきたいのです。

ただし、特別損失は、法人税を減らす要素になります。その年度における、キャッシュフロー額を増やす原資になるのです。

社長は、年間キャッシュフロー額を知ることで、使えるお金がどれくらいあるのか、を把握できます。それは、設備投資や銀行融資などの長期戦略を考える上で、大切な判断基準、モノサシとなるのです。

利益が出ているから、お金があるとは限らない

【評価のポイント】

「この1年でおこなった、設備投資と銀行返済額を、把握していますか?」

（している・していない）

「損益計算書で見れば、当期利益が約1億円なのですが、貸借対照表を見れば、現預金が数千万円しかありません。どうしてなんでしょうか?」

とおっしゃる社長がおられました。

要は、「当期利益が約1億円あるなら、現預金も1億円あるはずだと思うのですが…。なのに、賞与資金や納税資金が足らないからと、銀行から借りるんですよ…」というわけです。その社長は、利益が出たぶん、お金があるはずなのにないのはなぜか？　が疑問だったのです。

そのあと、次のようなやりとりが続きました。

「社長、前期の1年の間に、大きな機械とか、買いませんでしたか？」

「そうですねぇ…。そういえば、加工の設備を買い替えました」

「いくらしました？」

「ええっと…、4千万円くらいしましたね」

「そのとき、新たに銀行借入しましたか？」

「いや…、していないですね」

「そうでしょ。利益の1億円はすでに、そういった機械とかに変わっているんですよ」

「ええ？　そういうことなんですか…」

「そうですよ。それに、新たな借入はなかったけれど、以前の借入の返済が年間で3千万円くらいありましたよね」

「ああ、まだそれくらいありましたかねぇ…」

「その返済分も、当期利益の1億円の中から、出てるんですよ。現預金が数千万円しか残らないのは、すでにそのようなことに使っているからなんですよ」

「そういうことですか…。なんとなく、わかってきました…」

と、まだ、何やらよく理解できていないような感じだったのです。

損益計算書で当期利益が大きなプラスになっていることと、実際に現預金がどれだけあるかは、まったく別のことなのです。損益計算書は、売上と費用の1年間累計の差額を表しているにすぎません。

①売上高 ― 経費 = 「利益」

となります。

この売上高にしても、売掛金のままであったり、受取手形になっていたりします。売上高

＝使えるお金、ではないのです。さらに、その売掛金に回収不能のものがあれば、使えるお金はますます減ります。

加えて、その1年度の期間内には、設備を買ったり、銀行借入を返済する、というお金の動きがあるのです。そのようなお金の動きの結果、年度の末日のお金の残高が、貸借対照表の現預金残高なのです。

②現金収入－現金支出＝「現預金残高」

となります。

つまり、①の「利益」と、②の「現預金残高」は、異なるものなのです。

損益計算書の当期利益は、「この1年間で、収入と支出の差がこれだけありましたよ」という累計数字であって、その年度末のお金の残高を示すものではないのです。だから、当期利益が黒字なのに、「納税資金が足りないから」「賞与資金がいるから」と、銀行からお金を借りるのです。稼いだはずのお金が残っていないのです。

中小企業にとっての生命線は、資金繰りです。資金繰りは、損益計算書だけでは読めません。また、貸借対照表だけでも読めません。損益計算書と貸借対照表という、2つの地図を手掛かりに読むものなのです。皆さんには、資金繰りの地図となる、この2つの財務諸表を読める社長となっていただきたいのです。

5章　社長のための「貸借対照表」の読みかた

1. 貸借対照表の読みかたの手順

決算書の見かたで、貸借対照表の数字をコンパクトにまとめて、面積グラフにすることをおすすめしました。ここでは、その作成した面積グラフから、自社の財務体質をどのように読んでいくのか、について述べていきます。

（※編集注　自社の過去5年分の貸借対照表（ＢＳ）面積グラフを作成していない場合は、この章を読む前に作成することをおすすめします。理解がより進むと同時に自社の経営課題を見つけることができます）

まず総資産を見て読む

【評価のポイント】

「総資産は、５年前と比べてどうか？」（増えている・減っている）

まずは、総資産の金額をつかんでおきたいです。

総資産とは、貸借対照表の左側の部分「資産」の合計です。貸借対照表の左側の一番下に記載されています。3億、5億、10億、30億など、会社によって金額の規模はさまざまです。自分の会社の総資産の額がどれくらいか、1円単位で覚えておく必要はありません。が、せめて、面積グラフを作成した際に、上3ケタか4ケタでとりまとめた、その単位の規模で、知っておいてほしいのです。

では、実際に、自社の5年分の面積グラフを手元に置き、総資産の金額を改めて見てください。

見ておきたいポイントは、5年前から比べて、総資産がどう推移しているのか、です。

- **総資産がじわじわ増えてきている**
- **総資産がじわじわ減ってきている**
- **あまり変わらない**
- **5年の間に総資産が増えたり減ったりしている**

5年前と総資産がまったく同じ、ということはほとんどありません。何らかの動きがあるはずです。その推移を自分の目で見てほしいのです。

金額の推移を見るとともに、面積グラフの図をしっかりと見てください。総資産というのは、面積グラフに表した全体の高さです。その高さが5年間でどう推移しているのか、なのです。

「資産は多いほどいい」などと考えるのは、大きな間違いです。できるだけコンパクトに、小さくしておきたいのです。

「資産が毎年増えるのはいいことだ！」と考えるのは、経済環境がインフレのときです。資産が増えれば、翌年には、資産価値が上がるのですから。高度成長期やバブル期がそうでした。しかし、今はその真逆の経済環境なのです。

人間の体と同じで、総資産は油断をすると、いつのまにかムダ資産という脂肪がつき、メタボな財務体質になっていきます。総資産が増えてメタボ体質になれば、さまざまな不具合が出てきます。まず、自己資本比率や総資産経常利益率など、さまざまな経営指標に悪影響を及ぼします。

あるいは、ムダ資産ではなく、大きな設備投資で資産が膨《ふく》らんでいます、というケースもあると思います。その結果、残るキャッシュも大いに増えています、というのなら結構なことです。が、その投資が効果を生んでいるかどうかは、次章で述べる経営指標の項で、確認してほしいのです。

まずは何より、自分の会社の総資産の、5年間の推移を図で見て頭に叩き込んでください。

負債合計と純資産合計を見て読む

【評価のポイント】

「自分のお金と他人のお金、どちらが多いのか?」(自分のお金が多い・他人のお金が多い)

総資産の合計を見たら、今度は、貸借対照表の右側「負債・純資産の部」を見ていきます。

左側が会社の財産なら、右側は、その財産をどのような方法で資金調達しているのか、という「調達方法」を表します。

さらに、その「調達方法」を表す右側は、上半身が「負債の部」、下半身が「純資産の部」となっています。

「負債の部」は、買掛金や借入金など、いわば、「他人のお金」です。

下半身である「純資産の部」は、資本金と毎年の利益の積み重ねである剰余金など、いわゆる「自己資本」であり、いわば「自分のお金」です。

なので、自分の会社の資産は、どのような手段で調達されているのか、その大枠をまず、知ってほしいのです。

具体的な金額は、面積グラフをとりまとめた際の、負債の金額と、純資産の金額を見てつかみます。「負債合計」の金額と「純資産合計」の金額です。

金額を見たら今度は、面積グラフを見てください。

自分のお金（＝自己資本）と他人のお金（＝負債）、どちらが多いのか、面積グラフで見てつかんでください。

とくに、ここ5年間の推移がどのようになっているのかです。

面積グラフを5年前から見ていき、「自分のお金」（＝自己資本）の面積が大きくなってきているのか、それとも、「他人のお金」（＝負債）が大きくなっているのか、しっかりとつかんでほしいのです。

「自分のお金」である自己資本の面積がじわじわ小さくなっている、というなら、これは大きな危機です。意図的にそうなっているのならよいのですが、そうでなければ、単純に、稼ぐ力が衰えてきています。

あるいは、

「自己資本の面積はじわじわ大きくなっていますが、負債の面積がそれ以上に大きくなっています！」というケースもあります。

これは、買掛金なのか、借入金なのか、何かが増大しているのです。そのため、負債を返すことを考えれば、資金繰りが厳しくなってきているはずです。

理想は、自分のお金である「自己資本」（純資産）が「負債」よりも大きくなってくれることです。それは、このあと述べる経営指標の自己資本比率でいえば、５０％以上の状態です。そこまでは現状厳しくとも、その状態へ向かって進んでいるのか、停滞・後退しているのか、くらいは、つかんでおいてください。

流動資産と固定資産の合計を見て読む

【評価のポイント】

「流動資産と固定資産が、業種に見合ったバランスになっているか？」

（なっている・なっていない）

貸借対照表の左側である総資産は、上半身と下半身に分かれます。上が流動資産、下が固定資産です。その流動資産と固定資産の、それぞれの金額を見て、上下のバランスを見てください。次の３つのパターンがあります。

①流動資産のほうが大きい＝流動資産型

②固定資産のほうが大きい＝固定資産型
③流動資産と固定資産が、ほぼ同じ大きさ＝半々型

まずは、自社の直近の年度の面積グラフを見て、先の①～③の、どのタイプなのか、確認してください。

A（わが社の現状は　　　　型）

業種別の、流動資産と固定資産の標準バランスは、次ページの32図の通りです。
自社の業種でいえば、①～③の、どのタイプであるべきしょうか？

B（わが社は業種からいえば　　　　型）

自社の資産の上下のバランスが、自社の業種に見合ったものなのか、AとBの回答を比べてチェックをしてください。

〈32図〉 業種別「流動資産と固定資産」の標準バランス

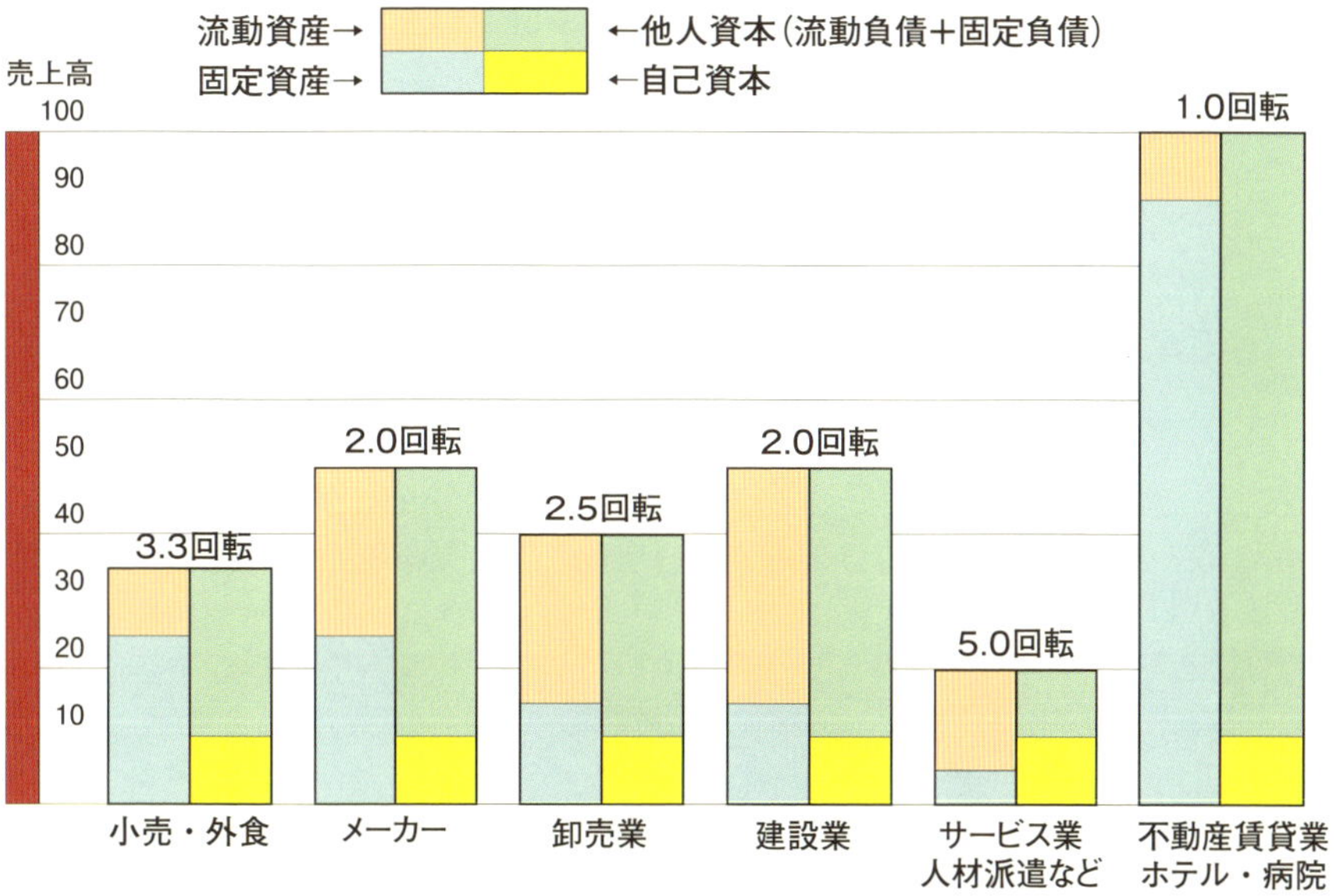

AとBの回答が異なるのなら、なぜそうなっているのか、考えていただきたいのです。

例えば、業種からいえば、流動資産型の卸売業であるのに、固定資産型になっているとしたら、固定資産の何が多いのか？　土地や建物、投資なのか？

あるいは、半々型のメーカーであるのに、流動資産型になっているとしたら、何が多いのか？　売掛金か？　在庫なのか？

業種に見合った上下バランスのタイプになっていないということは、流動資産か固定資産に、何か余計なものがくっついているのです。つまり、その業種なら、もたなくてもいいものを抱えてしまっているのです。だから、標準タイプと異なってしまうのです。

標準タイプと異なる場合、どちらかが小さい、というよりも、どちらかが大きくなってしまっている、というケースがほとんどです。となると、右側の負債には、借入金が増えていたりします。すると金利が増え、元金返済も増えます。結果、資金繰りが厳しくなっていきます。

つまり、流動資産と固定資産という、資産の上下バランスを崩すと、結局、資金繰りを痛める、ということになっていくのです。

直近の年度を確認したら、次に、過去5年間の推移を見てほしいです。5年間、自社の資産の上下バランスは、変わらずなのか？　変化があるのか？　変化があれば、何が増え、何が減ったのか？

資産の上下バランスが変わるということは、その際に、何らかの策を講じているはずです。何かを買ったのか？　売ったのか？　損切したのか？　など。

これらは、社長の意思決定によっておこなわれることです。そうです、資産の上下バランスが大きく変わる、ということは、多くの中小企業の場合、社長にしかできないことです。

上下バランスが崩れているのなら、それは、社長の意思決定に過ちがあったということなのです。しかし、変えることはできます。バランスを崩しているのなら、元に戻す策を立てればよいのです。その策については、後述させていただきます。

まずは、自社のタイプを確認し、標準タイプと比較して、資産の上下バランスの現状把握をしてください。

2. 資産の部の数字の読みかた

ここでは、作成した面積グラフとともに、貸借対照表を手元に置いて、その読みかたを考えていきましょう。

現預金をどう読むか

【評価のポイント】

「借入金を増やしてまで、抱えている現預金がないか?」(ある・ない)

現預金は多いほどいい、とお考えの方がいます。大間違いです。

いかに少ない現預金で資金繰りに支障がないようにするのか、ということが、財務担当の

〈33図〉 BS面積グラフの例

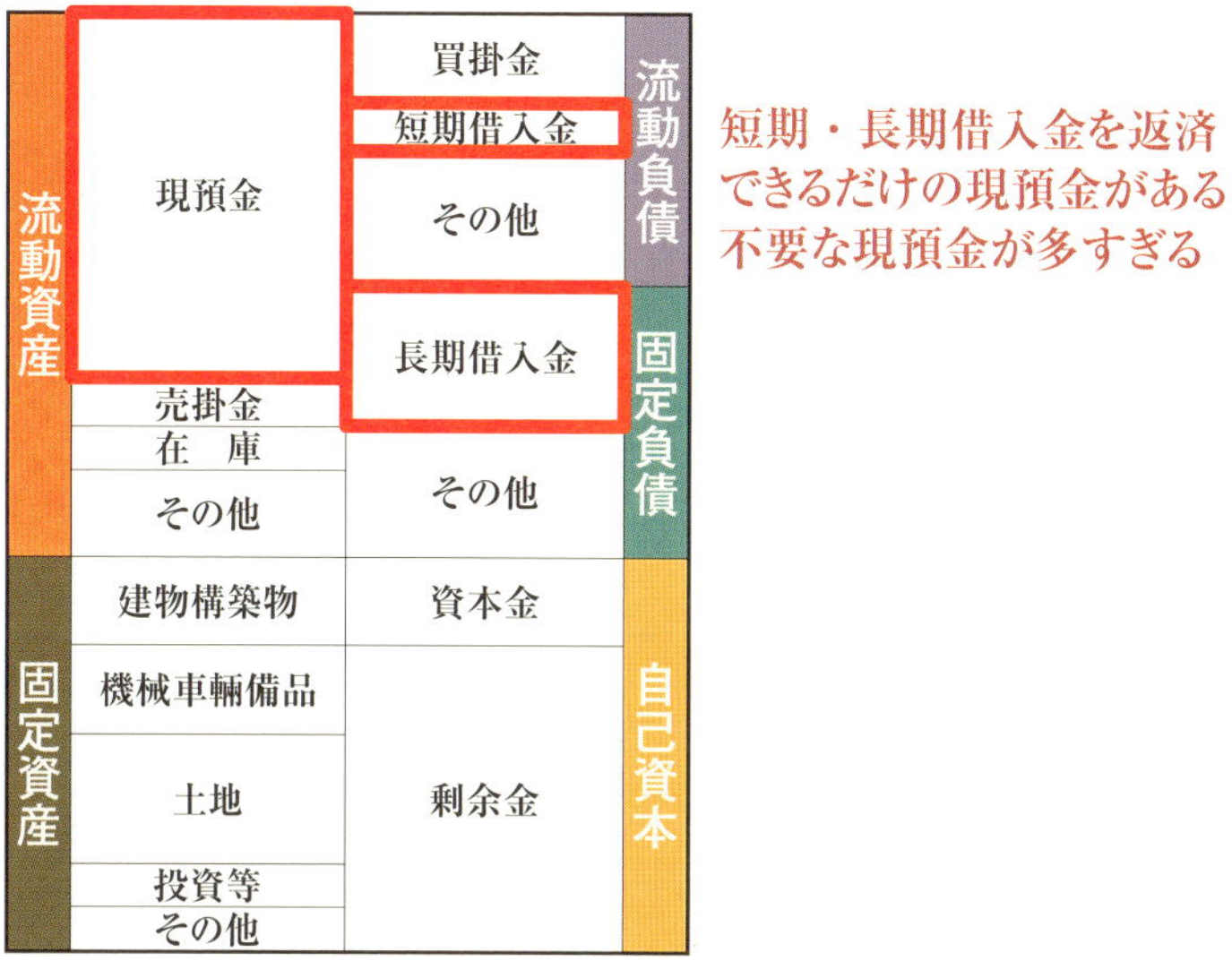

腕の見せどころです。

求める基準は、現預金は月商の2分の1以下で、資金繰りが回るようにしなさい、ということです。

「2分の1では絶対に回りません！」というなら、それは、回収と支出のバランスがおかしい、借入金が多すぎる、など、何か課題を抱えているのです。

33図をご覧ください。

これは、たんに現預金が多い、というだけでなく、その一方で、右側には、借入金があぐらをかいているという状態ですね。

おわかりになりますでしょうか？

右側の「短期借入金」「長期借入金」を、十分に返済できる現預金がありながら、返済せず、借入金として放置してあるわけです。現預金がたくさんあるといっても、借金が多いだけなのです。資産の部の現預金だけを見ても、それが全部使えるお金なのかどうかは、右側の負債を見ないとわからないのです。


「マサカのときに備えて…」

「売上がゼロになっても大丈夫なために…」

「銀行に頼まれて…」

「税理士に、現預金は余裕をもっていたほうがよいと言われて…」

「現預金が多いと安心で…」

などなど。


現預金肥大症の対策・処方箋はひとつです。

「すぐに返済しなさい！」ということです。

この状態から借入金を全額返済すれば、

①金利分のキャッシュアウトが不要になり、経常利益が増えます

②実質金利が下がります
③総資本額が減り、自己資本比率が上がります
④総資産が縮んで、総資産経常利益率（ＲＯＡ）が上がります
⑤総資産回転率が上がります
⑥担保提供・個人保証が不要になります

まさしく、総資産圧縮（＝オフバランス）の強みを、存分に発揮できるわけです。

全額返済は、当然ながら、銀行はいやがります。

なので、借りるときよりも、はるかに多くのエネルギーを必要とします。

しかし、面積グラフをもとに、現預金肥大症を克服された企業はみな、財務体質健全化のために、そのエネルギーを惜しまずに注《そそ》いでこられました。

立派だと思います。だから強い財務体質になれるのです。

「そんなこと言っても、何かあったときのために、現預金を多めにもっているほうが、いいんじゃないでしょうか？」と、おっしゃる社長がいます。

借入金でなければまだしも、銀行から借りてまでもつ必要は絶対にありません。

「しかし、何かあったときに、銀行が貸してくれますか？」と、まだ言ってきます。

こんなことがありました。

ある大震災で、湾岸地の水産工場地帯が壊滅状態になりました。その中で、１社だけが、震災後に新たな融資を受け、工場を新築し、V字回復しました。

その社長が言いました。

「うちは無借金だったので、銀行がすぐに貸してくれました。うち以外はみな、借金だらけだったので、どこの銀行も貸しませんでした。他社は再建できず、そのままつぶれました」

いかがでしょうか？　何かあったとき、というのは、このような事態を指すのではないでしょうか。

そんなときに、銀行は安易に新たな資金を貸しません。すでに貸し付けている資金の回収も不安なのに、新たに貸すはずがないのです。借入金をしてでも現預金が多いほうが安心なとというのは、お金を貸す側の商売の者が使う常套手段です。あとのことなど、本気で考えてくれているはずがないのです。

現預金は現金の在庫です。借入金が多すぎると、支払金利が増えて現金流出が増える、総資産が膨《ふく》らんで銀行格付け(スコアリング)に影響するなど、マイナス要素ばかりです。本当に急な資金が必要なら、銀行に交渉をして、当座貸越契約を結べばよいのです。あるいは生命保険を全部、または一部解約すればよいのです。

(※詳しくは、6章「現預金対月商倍率」の項を参照ください)

売上債権の管理は十分か

【評価のポイント】

「腐った不良売上債権はないか?」(たくさんある・少しある・ない)

現金商売でない場合、左側の流動資産に、「売掛金」や「未収金」「受取手形」が発生します。これらは期限が来れば、現金化されていくものです。が、そのなかに、現金化されない、腐った「売掛金」や「受取手形」がないですか?

〈34 図〉　売掛金が多いケース

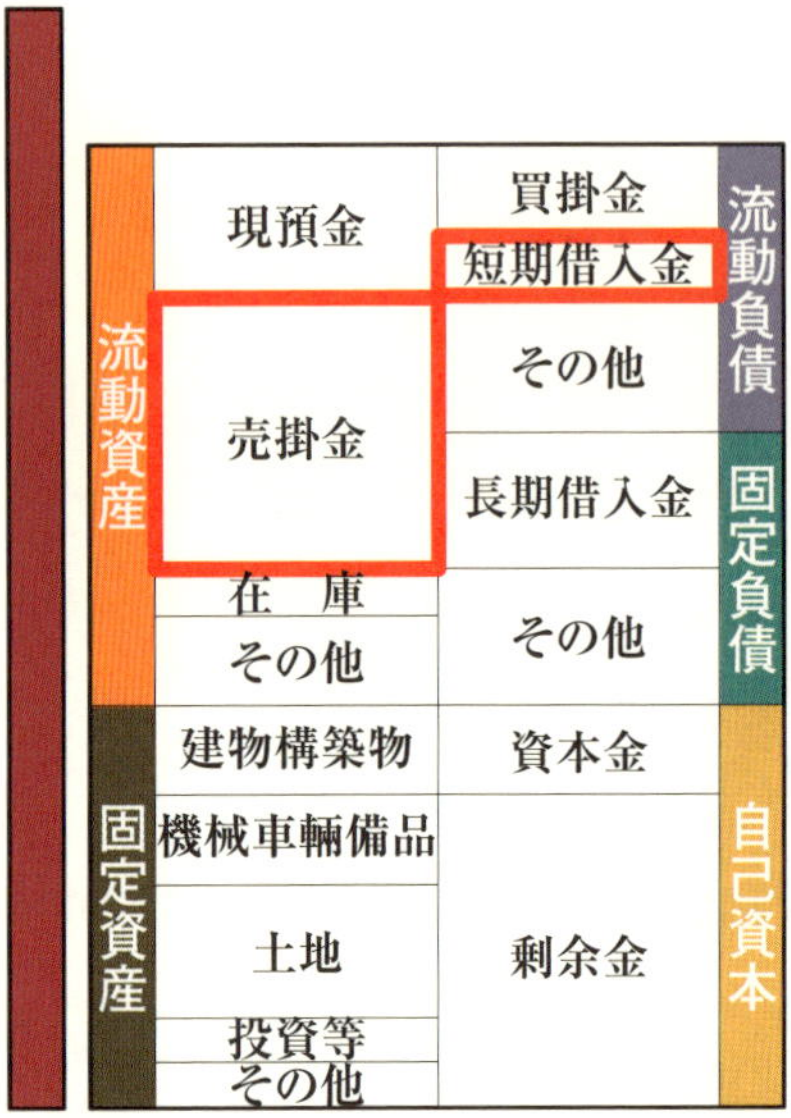

「売掛金」「未収金」「受取手形」などの売上債権は、現金化されて初めて、使えるお金になります。腐って現金化されない売上債権は、何の役にも立たないのです。

34図をご覧ください。こんな場合があります。

「売上高に対して、売掛金が妙に多すぎますよ！　中身を調べてください！」

とお願いしたところ、

「回収できていない売掛金がいっぱい出てきました」というケースです。

損益計算書の売上高に気を取られ、売掛金の回収はノーチェックだったのです。

とくに、回収のことを考えない営業マンは多いです。資金繰りのことなど、そもそも頭にないのです。そのような営業マンは「売上さえ確保できればいい」と思っているのです。加えて、社長自身が、売掛金の回収を気にしておらず、回収状況のチェックを怠っていました。これでは、売掛金の不良が増える一方なのです。

催促できるのなら、再度催促するべきです。

「今さら言えません…」などと言っている場合ではありません。何度催促をしても、払ってもらえない、督促状さえ届かずに、戻ってくる、としても、回収の努力の証しとして、物的証拠を残しておいてほしいのです。

そこまでの回収努力をしても、回収不可能であったなら、「売掛債権除却損」として、特別損失に計上すればよいのです。単純に、何の回収努力もせずに、特別損失に計上することは、よくありません。ここまでの回収努力をしたけれども、無理だった、だから債権を除却します、ということが必要になるのです。

その回収努力を形にしたものが、支払いの督促状であったり、先方への訪問記録であったりするのです。

他にも、医療・介護の世界でも、自己負担の料金を踏み倒して払わない、というケースがあります。本人はおろか、家族に連絡をとっても、「払いに行きます」と言うだけで、払いに来ないということが、増えてきています。最初から払う気がないのです。そのようなことが発生しないような手立ては必要です。が、不払いがすでに発生しており、回収不可能であるならば、先の例同様、回収努力を証拠書類(エビデンス)として形に残し、除却損として、損失計上するべきです。

腐った売上債権は、除却しないかぎり、流動資産から姿を消しません。そこにとどまってしまいます。それに、無知な経営者ほど、除却によりマイナスを出すと、どの利益であれ、赤字になるのが怖くてしかたがないのです。

売上債権の不良を除却すれば、特別損失です。営業利益や経常利益は減らず、税引前利益が減って、税金のキャッシュアウト(現金支出)が減ります。売上債権を回収できないぶん、税金の支払いが減り、補てんしてもらえたと考えればよいのです。

〈35図〉デッドストックが多いケース

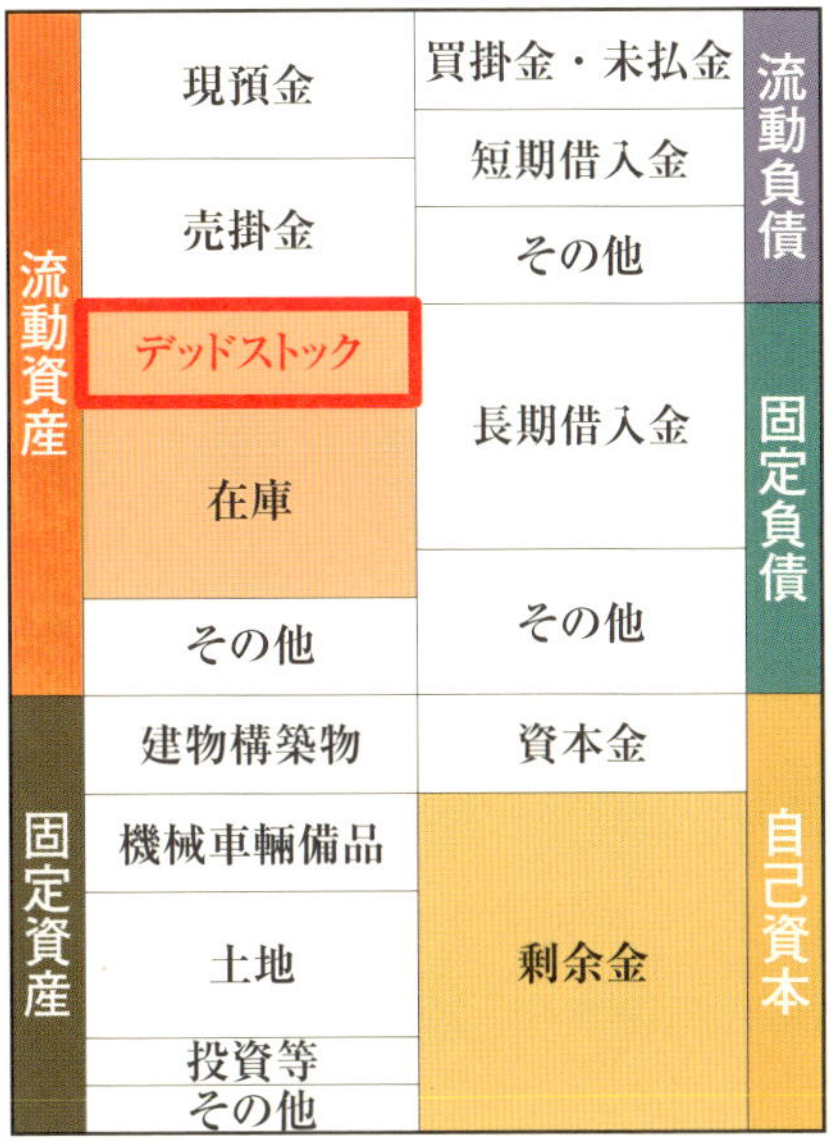

棚卸資産の管理は十分か

【評価のポイント】

「腐った棚卸資産はないか？」

（たくさんある・少しある・ない）

面積グラフに棚卸資産が多い場合、よくよく聞いてみると、デッドストック（不良在庫）が含まれている場合があります。（35図参照）

もう使うことがない、もう使いものにならない、といったものです。

要は、「腐った棚卸資産」があるのです。

季節もの、ブームによって作りすぎたもの、仕入れすぎたもの、消費期限が切れたもの、などなど。業種を問わず、デッドストックはあるものです。

担当者に聞くと、

「もう今さら言えないので、そのままにしています」

という返事が返ってきたりします。

とくに季節商材の残りなどは、毎年必ず発生します。そのような在庫を、毎年あるいは半期毎に処分することを習慣化してほしいのです。

そうすれば、現場からもデッドストックが正直に申告されてきます。

そして処分する際には、棚卸資産除却損として、特別損失で計上すればよいのです。

デッドストックを処分する際、ここがポイントですが、経営会議や取締役会などで、処分することが承認された、という記録を残してください。

「不良在庫処分の件」などの案件でかまいません。少額ならともかく、数十万円を超えるようなものなら、承認の記録を残しておくことが重要です。

そしてそのデッドストックを集めて写真にとり、廃棄業者に依頼して廃棄してもらい、廃棄証明をもらう。ここまでしてください。併せて、廃棄在庫の明細も残してください。

デッドストックを廃棄処分で除却した場合、面積グラフでいえば、左側の在庫の内、デッドストック分が縮まり、右側は剰余金が縮みます。総資産が縮むので、自己資本比率、総資産回転率などが良くなります。

さらに、特別損失を計上しますから、税引前利益が小さくなって税金が減り、キャッシュアウトを減らすことができるのです。

「わが社には不良在庫などない！」と、言い切れますか？

デッドストックのほかに、「スリーピングストック」という棚卸資産もあります。

「売れるけど、在庫が多すぎてなかなか減らない」

「不定期だけれども、ぼちぼち売れる(出荷はある)」

「ある特定の時期まで、しばらく寝かせてある」

そのような在庫を、スリーピングストックといいます。

これも、在庫の回転率を悪化させ、総資産を膨らませてしまう大きな要因のひとつです。

面積グラフに棚卸資産が目立つ場合、デッドストックに加えて、このスリーピングストックも、よく見かけます。

まず、考えるべきは、

「どうにかして現金化できないか？」ということです。

例えば、安売りしてしまえばいいのです。なかなか出荷されず、いつまでも現金化できないよりマシです。余分な在庫があると、倉庫の場所をとり、それだけ余分なコストがかかるだけです。

原価割れで売らなければ売れないなら、マイナス分を特別損失で計上すればよいのです。

その次に考えるのは、そもそも、動きの鈍い商品に多いのですから、ならば、その商品をやめればいいのです。そうすれば、デッドストックとして簡単に処分できます。

他にも、考えられる対策はあります。

①仕入先に引き取ってもらい、新しい商品との交換を交渉する
②関連会社や子会社に引き取ってもらう
③仕入価格の50％以下で引き取ってもらう
④消化仕入方式や販売委託商品の扱いにしてもらう

このような方策があるのに、思い切りや決断がなかなか進まないのです。

「これを欲しいと言ってくれるお客さんがいるんです」

「損をするのはもったいない！」

なんだかんだ言って、担当者が自分の仕入ミス、発注ミス、商品戦略ミスを、表に出したくないだけなのです。棚卸資産の除却損を出して、特別損失にしてしまえばよいのです。

そうすれば、そのぶん、総資産は縮み、鮮度の良い在庫ばかりの棚卸資産となるのですから。

〈36図〉　外国債券が半分の値段になってしまった…

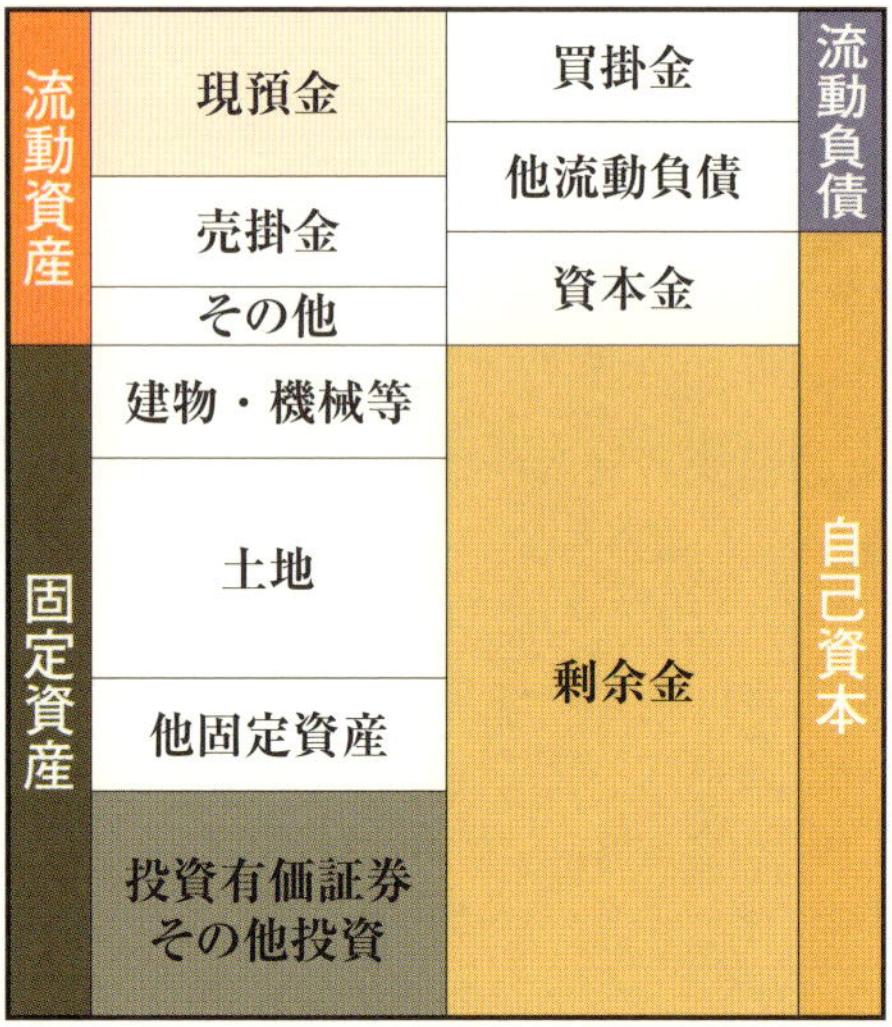

投資有価証券の含み益・損はあるか

【評価のポイント】

「投資有価証券の含み益があるか？　含み損があるか？」

（含み益がある・含み損がある）

固定資産でよく見かけるのが、投資有価証券です。多くの場合、本業とは関係のない、上場企業の株式や金融債券です。とかく社長はお金儲けが好きです。とくにその匂いが強い社長のところには、儲け話がよく来ます。で、あれやこれやと買ってしまうのです。しかし、うまい話ばかりではありま

〈37図〉特別損失を計上すると…

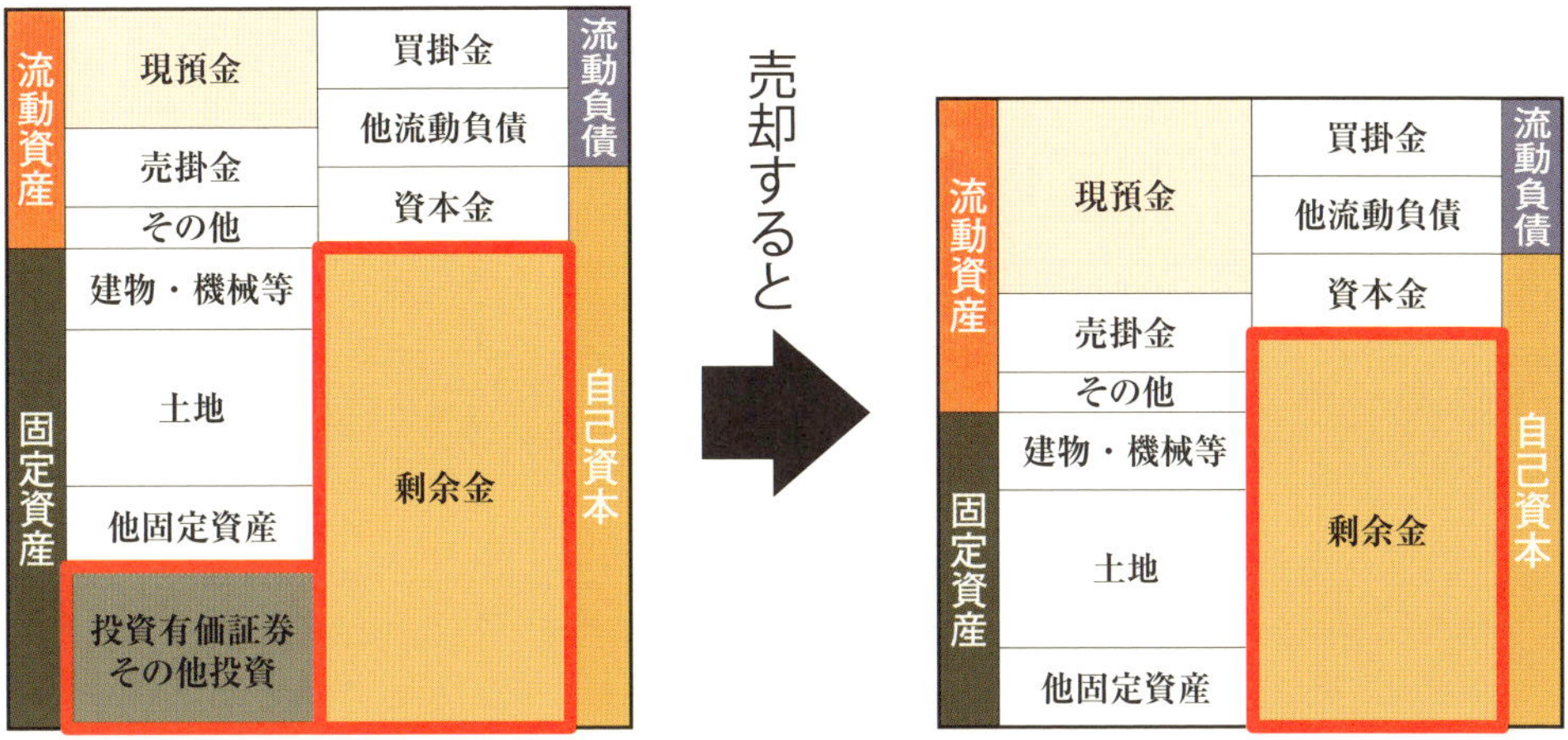

せん。買って益が出る場合もあれば、損が出る場合も、あるのです。

36図をご覧ください。

ある会社でのことです。それは、とある国の外国債券でした。銀行から、

「この国の経済はこれからどんどん伸びますよ！」「上がりますよ！」などとそそのかされ、購入したものです。

しかし、多くの場合がそうですが、その通りにならず、半分くらいの価値になっていたのです。

それでも、売れば半分は現金になり、残りの半分は評価損の特別損失を計上できます。しかも、その特別損失に相当する経常利益が、その年度末には予測できていました。これはもう渡りに船で、即座に売却したのです。

すると、面積グラフは37図のようになりました。

投資の半分は現金化され、現預金が増えました。残りの半分は売却損となり、剰余金がそのぶん、縮まりました。

経営者は最初、

「今売ったら損するじゃないですか！」と反対しておりましたが、

「赤字が出るからいいんじゃないですか！」と言うことでその意味を説得し、売却にいたりました。


その結果、総資産は縮まり、税金のキャッシュアウトは減り、売却の現金は手元に入り、いいことずくめだったのです。

そのとき、その経営者はこう言いました。

「あの…実は、個人でも同じ外国債券を買っているんですけど、それも売ったほうがいいですよね？」

すぐに売却したのは、言うまでもありません。

あるいは、利益が出る有価証券をもっているなら、それも売却し、利益の相殺に活用すればよいのです。

そもそも、なぜ借金してまで、中身のよくわからない有価証券を会社で購入するのでしょうか？　しかも、取締役会の承認など得ていないケースがほとんどです。それだけでも、取締役としての忠実義務に反する、背任行為にあたるのです。（会社法第３５５条）

こんなケースもあります。例えば、「取引先の上場会社の株をもっています」というケースです。

前掲の37図のように、貸借対照表では、投資有価証券として表記されます。しかも、若干の含み損が出ていました。売却して現金化すれば、借入返済に使えるのです。

「いやぁ…、これは売るわけにはいかないんです」

「えっ？　どうしてですか？？」

「この株をもっているから、取引に応じてもらえるんですよ」

と、こんなやりとりになります。本当にそうなのでしょうか？

売却してよいかどうか、おそるおそる先方に尋ねたところ、

「どうぞお売りください」と、あっけなく言われたのです。結局、こちら側の一方的な思い込み、なのですね。この株があるから、取引に応じてくれる、無理を聞いてくれる。でもそれは、遠い過去の思い込みで、今はそのときの担当者さえおらず、こちらが株を保有していることさえ先方は知らなかった、などということもあるのです。

それに、売却したところで、先方が困るほどの株式を保有しているわけでもありません。買うなら、社長個人が買えばいいのです。

それでは、売却後の37図をもう一度ご覧ください。投資有価証券を売却し、剰余金が少なくなっています。そのぶん、現預金が増えていますね。そうです、なんだかんだいっても、売れただけのキャッシュが入ってくるわけです。株価が上がろうと下がろうと、もっているだけでは、キャッシュは増えないのです。

まずは自社で保有している株式を確認してみてください。複数の企業の株式を保有している場合も多いでしょう。その場合、売りやすい株式と、ちょっとためらう株式があると思います。少なくとも、売りやすい株式は、売却を検討してください。売却損が出るなら、なおのことといいです。特別損失が計上され、法人税のキャッシュアウト抑制に役立ちます。それなりの含み益があるなら、本業の利益が出たときには売却せず、何らかの損失が出るタイミングで売却し、マイナスを相殺することに利用すればいいのです。

いずれにせよ、資産は本業で稼ぐためのものです。ファンドでないかぎり、本業に無関係な投資有価証券は、もたないでほしいのです。余計な投資有価証券をもつ社長ほど、あれが上がった、これが下がった、と、株のことが気になり始めます。結局、本業に注ぐ力をそがれてしまうのです。

仮払金・短期貸付金の中身は？

【評価のポイント】

「仮払金・短期貸付金が、こげついていないか？」（いる・いない）

流動資産の中に、「短期貸付金」といった勘定科目を見かけることがあります。過去5年分の貸借対照表を見てみます。すると、残高がまったく変わっていないケースがあるのです。

社長に聞きます。

「この短期貸付金の8千万円、この5年間、残高がまったく減っていませんが、どういうことですか？」

「いやあ、その…、それは、会長に貸してるんですよ…」

「会長は借りていることをわかっているんですか？」

「覚えているはずですが…」

「これだけの金額、何に使われたんですか？」

「株ですね」

「返してもらわないと、この短期貸付金、消えませんよ。税理士はなんて言ってるんですか？」

「いや、まあ、とりあえず、短期貸付金で寝かしておこうと…」

といったようなことが、実際にあるのです。

「短期貸付金」とか「仮払金」などという勘定科目で処理したまま、完全にこげついているのです。まったく返済されない「短期貸付金」であり、まったく清算されない「仮払金」なのです。

こんなものは、資産に計上されていても、何の役にも立ちません。いわゆる不良資産です。

ないほうがいいのです。先の例の場合、会長への退職金支給と相殺する形にして、清算しました。２億円の退職金を支給することとし、８千万円の短期貸付金を清算したうえで、会長の口座に振り込みました。

「会長はなんて言ってましたか？」社長に聞きました。

「いつか清算しないといけないと思っていたと言ってました」

この場合、顧問税理士には真っ先に相談していたのです。しかし、そのまま放置するという結果になりました。それは、多くの税理士には、このようなことを解決する方法がおわかりにならないのです。だから、「寝かしておきましょう」などという無策になり、放置されてしまうのです。

こげついた「短期貸付金」や「仮払金」は、銀行もチェックします。５年分の貸借対照表を見て、金額に変化がなければ、こげついていることはすぐにわかります。このようなことがあると、

「この会社の財務はずさんだな」

「貸借対照表なんて、まったく気にしていないな」と、簡単に見抜かれます。

銀行交渉を進めるうえで、銀行を優位にしてしまいます。貸借対照表に気を配っていない社長だ、ということがわかると、そのつもりで、銀行に有利な条件を、さも会社にとってメリットがあるように笑顔で進めてきます。そして、まんまと銀行のいいようにされてしまうのです。

「短期貸付金」「仮払金」といった、勘定科目は、貸借対照表に載せないようにしてください。少なくとも、決算時には清算してほしいです。ムダに資産を膨《ふく》らませるだけで、何の役にも立たないのですから。

「仮」や「貸付金」がつく勘定科目は、銀行や税務署にとって、目をつけやすい科目です。しかもその残高があまり変化していなければ、それだけで、その会社は管理がずさんであると示しているようなものです。

減価償却資産の償却は十分にされているか

【評価のポイント】

「機械設備、備品など、償却資産の中に、除却できる資産はないか?」(ある・ない)

固定資産には、機械設備や建物附属設備、器具備品など、減価償却できる資産が含まれています。いわゆる、償却資産と呼ばれるものです。その減価償却できる資産の内訳明細を、「**償却資産台帳**」といいます。

その中身をひとつずつ、じっくりと見たことがあるでしょうか? ぜひ一度、見てほしいです。

なぜ見てほしいかというと、そこには、もうすでにない資産など、除却できる資産が潜んでいたりするからです。

要は、償却資産の中に、除却できる資産がないかどうか、チェックしてほしいのです。

例えば、次のようなことがあります。

「あの機械は新しいものに買い替えたので、もう処分した」

「あの設備は、商品が変わってから、もうまったく使っていない」

「あの設備はグループ会社に送ってしまった」

「あの小売店舗は大改装したから、その時点で古い建物附属設備は消えているはず」

などなど、要は、もう社内に存在しない、あるいは、まったく使っていないのに、償却資産台帳には載ったままになっているということが、意外に多いのです。

どうしてそんなことになったのか聞いてみると、

「そういえば、会計事務所に、あの機械がなくなったことを言ってなかったです」などとなるケースが多いのです。


だいたい、メーカーであれば、償却資産台帳の内訳も膨大《ぼうだい》です。それも、機械の品番やメーカー名で書かれているから、どの機械のことやら、わからなくなってしまっていたりするのです。定期的に少しずつチェックをすればできますが、一度に全部チェックしようと思えば、その膨大《ぼうだい》な量と記載されている名称の意味不明さかげんに、嫌気がさしてしまいます。だから、1年の中で順次チェックをしてほしいのです。

機械設備だけではありません。固定資産には、美術品も含まれます。

ある会社で、こんなことがありました。

「固定資産に書画骨董ってありますね。何か美術品があるんですか？」

「えっ？　美術品ですか？　あったかなぁ…」となり、社長に調べてもらいました。連絡が来ました。

「わかりました。社員食堂に飾ってある絵でした」

「それ、著名な画家の作品ですか？」

「いやいや、私の嫁の親戚が趣味で描いた絵です。それを50万円で買ってあげたんですよ。もうずっと以前の話です」

「趣味で描いた絵なんて、美術品でもなんでもないですよ。美術品というのは、美術年鑑に掲載されるレベルの作家の作品ですよ」

「そうなんですか！　購入時に、会計事務所が美術品で処理したんだと思います」

というやりとりがあり、結局、その社長が安値で買い取り、ようやくその絵画は、固定資産から抹消されたのです。

とにかく、除却できる資産が見つかったなら、それはもう、埋蔵金と同じです。特別損失に計上し、税引前利益を下げる要因として活用すればよいのです。

税引前利益が下がれば、法人税の支払いを、少しでも減らすことができます。稼いだお金を残すことに役立てられるのです。

「そんなことをして、税務調査で調べられたらどうするんですか！」とおっしゃる方がいます。しかし、社長が見ても、内容がわからないような資産台帳を、税務調査員がいちいち事細かに調べることなどありえないのです。

もちろん、確実にあるものや、使っているものまで、除却することは許されません。しかし実際にない資産を、いつまでも資産台帳に記載しておく必要はないのです。

〈38 図〉　土地に含み益があるか？　含み損があるか？

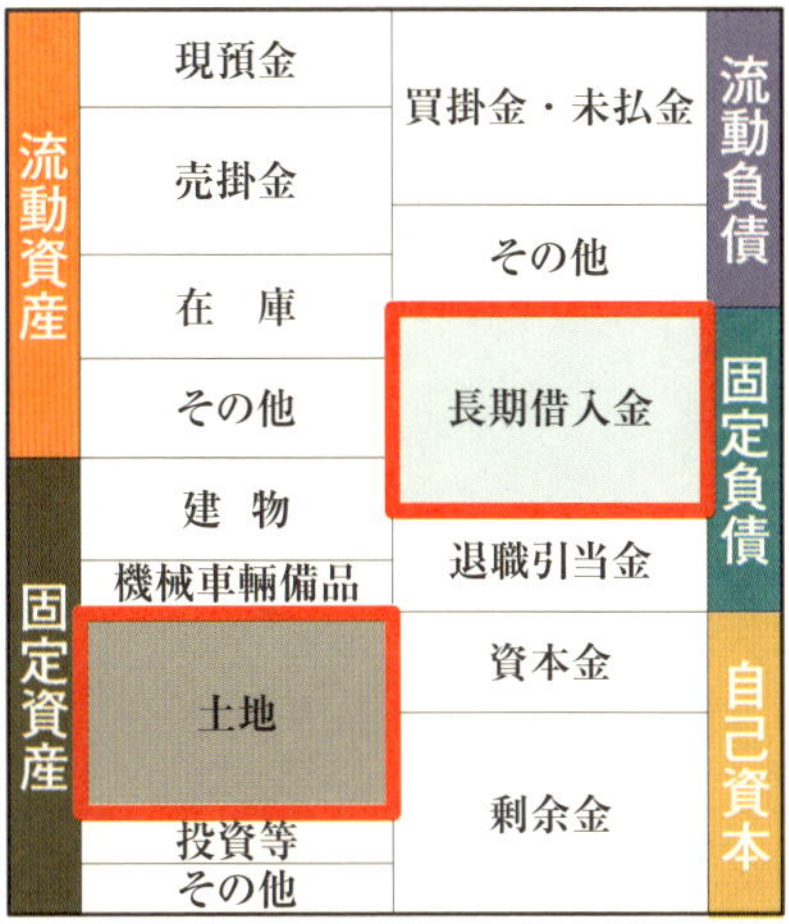

土地の含み益・損はないか

【評価のポイント】

「土地に含み益があるか？　含み損があるか？」（含み益がある・含み損がある）

まず、自社の貸借対照表に、土地があるかどうかを見てください。

土地があるならば、その土地には、含み益があるのか、含み損があるのか、ご存知でしょうか？

１０年以上も前に購入した土地であれば、都心部やきわめて利便性のいい場所でないかぎり、含み損を抱えているはずです。バブル期に買った土地なら、かなりの含み損になります。ちなみに、土地の路線価は、インターネットで検索すれば、簡単に調べることができます。

加えて、土地があるなら、次は、5年間の面積グラフを通して見てください。5年前から土地が増えているのか、減っているのか、変わらずなのかです。

いずれにせよ、含み損があるならば、その損を吐き出してしまいなさい、売却してしまいなさい、と言いたいのです。

何より考えてほしいのは、土地を自前でもたなければいけない商売かどうかです。借りてすむなら、借りたほうがいいです。

「いやあ、それでも、家賃を毎月払うくらいなら、10年も払ったら、その土地を買えるじゃないですか？」

とおっしゃる社長が必ずいます。

土地をもってほしくない最大の理由、それは、

土地は減価償却ができない

ということです。

減価償却できないということは、大きくふたつの悪影響を及ぼします。

ひとつは、「減価償却費を計上しないため、返済原資を生まない」です。（39図参照）

土地や建物・機械など、金額の大きな設備投資の場合、中小企業なら銀行から資金調達をするケースが多いです。要は、借金して土地を買ったり、建物を建てたりするのです。しかし、借金ですから、返済していかねばなりません。その返済原資となるのが、減価償却費なのです。

減価償却費を計上できるということは、お金の出費を伴わない費用を計上できるということです。つまり、そのぶん、お金が残ります。減価償却できる建物や機械は、減価償却費を計上したぶん、お金を残すことができるのです。銀行から資金調達しているならば、そのお金を返済原資の一部として、考えることができるのです。

返済原資と考えられるのは、「**税引後利益＋減価償却費**」なのです。

〈39 図〉　借入返済原資はどこにある？

返済原資として使用可能なおカネは、減価償却費と純利益だけです。

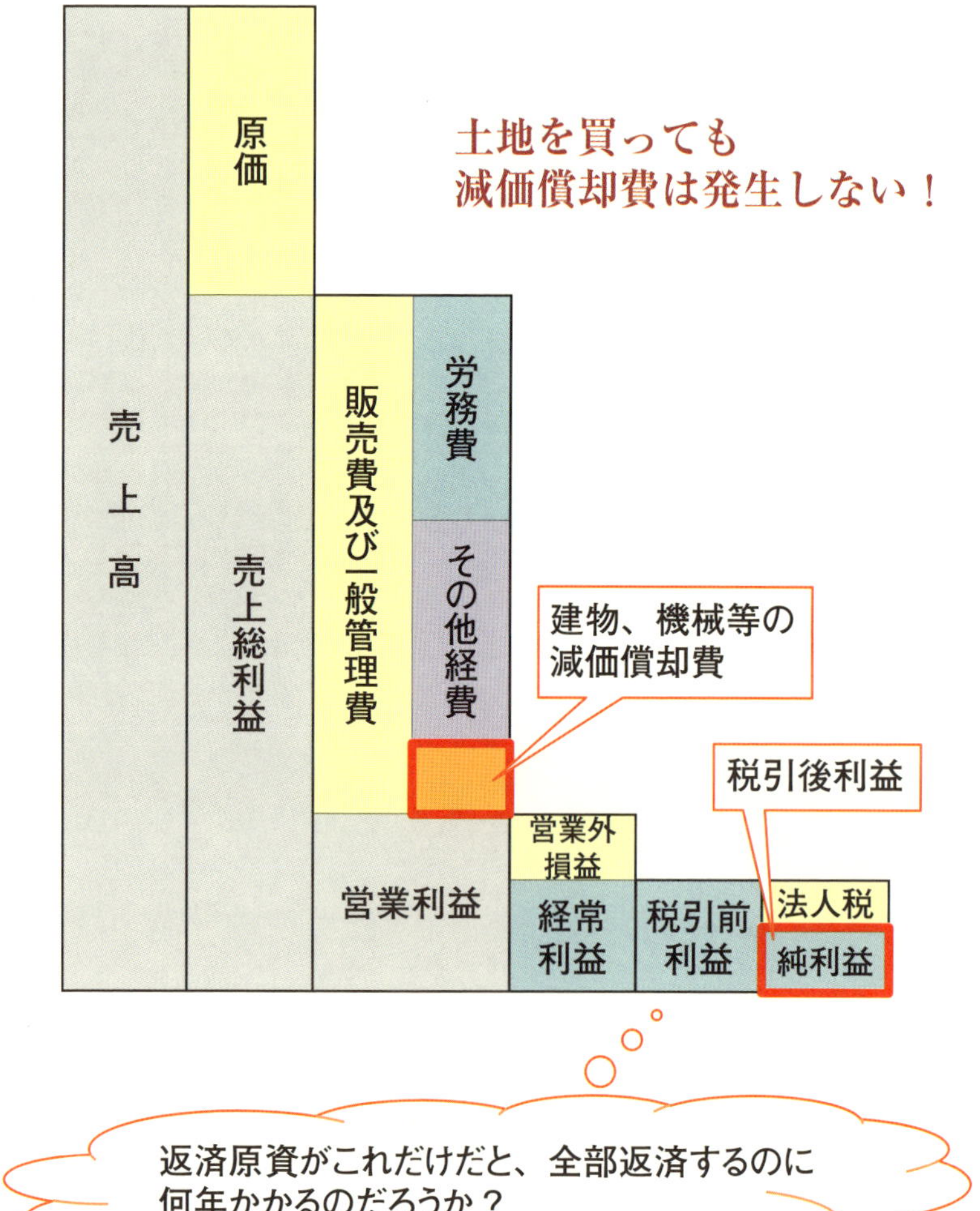

ところが、土地は減価償却できないのです。減価償却費という返済原資の要因がないのです。ということは、「税引後利益」だけが返済原資です。法人税を支払ったあとに残ったお金が、返済原資となるのです。

「家賃を10年も払ったら、その土地を買える」と言う社長は、ほぼ全員、法人税のことを考えずに計算しています。しかし実際には、お金を借りて買ったら、完済するのに20年くらいかかるのです。

土地を買ってもいいのは、銀行借入をしなくても、手元の現預金で買える会社だけです。通常の運転資金や機械などの設備投資の返済だけでも、資金繰りが楽でないところに、土地の借入返済が加わると、資金繰りは一気に悪化するのです。土地を自前でもってほしくないのは、このためです。

土地が減価償却できないことによる、もうひとつの悪影響は、銀行の格付け（スコアリング）を下げる要因になってしまうということです。

買ってしまえば、売却しないかぎり、固定資産からその姿は消えません。減価償却できないということは、その金額がじわじわ縮まることもないのです。買ったときの金額のまま、そこに居座ってしまいます。

つまり、総資産を膨《ふく》らませたまま縮まらないのです。となると、自己資本比率、総資産回転率、総資産経常利益率など、総資産が関連する経営指標に、いつまでも悪影響を及ぼします。そのぶん、銀行交渉にもマイナス要因となります。

銀行は、決算書の数字をもとに、さまざまな経営指標を計算して点数を算出し、会社を格付け（スコアリング）します。

その点数を悪化させるのです。となると、格付け（スコアリング）は下がります。結果、金利や担保・保証などの条件交渉にとって、マイナスとなるのです。

だから、必要もないのに土地を自前で抱え、総資産をむやみに大きくすることを避けてほしいのです。

「土地は、不動産子会社を設立して、その会社に売却しなさい！」と言うと、

「土地を子会社に売却しても、今は税法的に特別損失を出せなくなったのではないですか？」とおっしゃる社長がいます。

その通りです。２０１０年に施行されたグループ法人税制により、子会社への土地売却に

よる特別損失計上に待ったがかけられました。

しかし、その条件は、「１００％子会社への売却時には、特別損失を計上できない」というものです。１００％子会社でなければ、特別損失の計上は今も可能なのです。

借金をして土地を自前でもつことは、避けてほしいのです。不動産業など、その土地を自前で抱えることで、ビジネスが長く有利に働く商売であれば、自前でもってもかまいません。

しかし、そうでなければ、借りてすませるのなら借りる、という目線で考え、自社の総資産をチェックしてほしいのです。

電話加入権はまだあるのか

【評価のポイント】

「電話加入権がないか？」（ある・ない）

固定資産には**有形固定資産**と、**無形固定資産**があります。

〈40図〉 電話加入権が放置されていないか

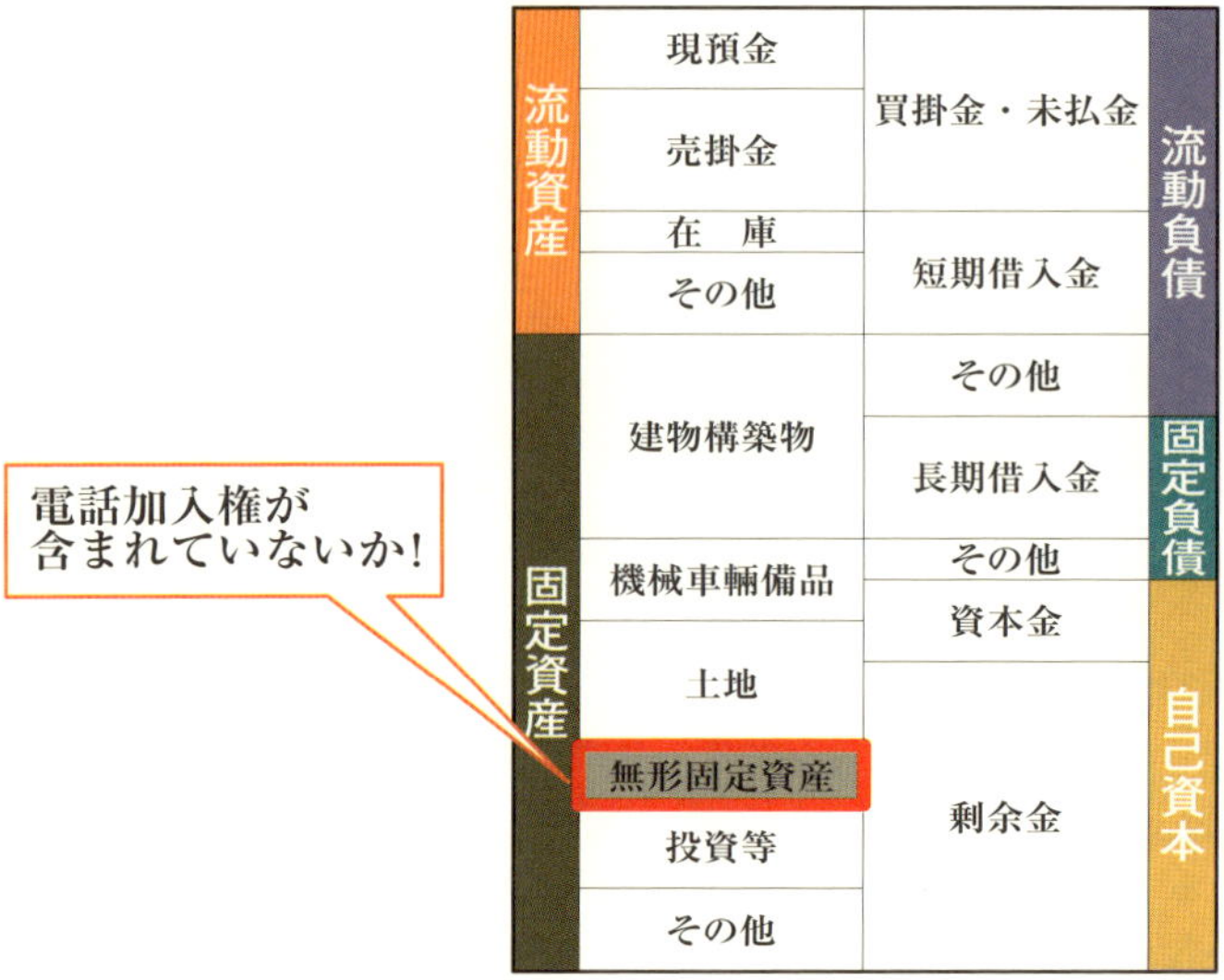

その無形固定資産の中に、「電話加入権」という科目がないか、確認してください。もし、直近の貸借対照表にあるならば、過去5年間を遡《さかのぼ》っても、おそらく同じ金額で計上されているはずです。

電話加入権が総資産に占めるウエイトは、さほど大きくありません。微々たるものです。しかし、ウエイトが小さい割に、簡単にはなくなりません。その代表選手が、電話加入権です。

そのまま放置されている企業がまだまだ多いです。

この電話加入権、回線を解約したからといって、返金もされません。

面積グラフ上では、ただ居座っているだけ

です。買ってくれる業者も、いまやほとんどないでしょう。

M＆A（企業買収）で資産を査定する際、電話加入権は0円で計算します。資産としての価値がないことは明白なのです。

ならば、経営者や第三者に、売却すればよいのです。譲渡契約書を作成し、経営者が回線1本を1000円で買うという方法で良いのです。

その詳しい手順は、9章「電話加入権を除却・売却する」の項で述べます。

総資産に占める電話加入権の額は、微々たるものです。しかし、私たちが決算書を拝見する際には、必ずこの電話加入権の有無をチェックします。

電話加入権がなければ、この会社の経営者は、

「総資産を縮めることを意識している」と読みます。

電話加入権があれば、

「総資産を縮めることに無関心、あるいは、真剣に取り組んでいない会社だな」と読みます。

ちなみに、多くの税理士は、電話加入権の除却に反対します。

「売却したら電話が使えなくなりますよ！」

「同族の者が安く買って除却するなんて、税務調査で行為計算否認の指摘を受けますよ！」

「こんな微々たるものを除却するのに、危ない橋を渡ることはない」などという声を、何度聞いたかわかりません。

電話加入権の除却などやったことがないので、やりたがらないのです。だから、そんな言いかたになるのです。

資産とは、稼ぐものです。しかし、電話加入権は、何の役にも立たない資産です。電話加入権があるなら、総資産を削る要素が見つかったと思えばいいのです。ぜひ、9章でやり方を確認して、除却を実行してください。電話加入権の除却は、決算書を磨く、第一歩なのです。

小さな手間を面倒くさがらず、電話加入権を貸借対照表から消してみてください。全体に占めるウエイトは小さいものの、案外、スッキリするものですよ。

生命保険の簿外資産はあるのか

【評価のポイント】

「会社で加入している生命保険の内容を知っていますか？」（知っている・知らない）

ここでいう生命保険の内容とは、経理処理のことです。

「死んだらいくらもらえる」といった、受取金額のことではありません。

その経理処理は大きくふたつのタイプにわかれます。

①全額損金計上タイプ（保険料の全額を経費で計上）

②半分損金半分資産計上タイプ（保険料の半分は資産、半分は経費で計上）

自社で生命保険に加入しているのなら、①か②の、どちらのタイプで加入しているか、把握していますか？　ということです。

会社で生命保険に加入する場合、大きくふたつの目的があります。ひとつは、事故や大病など、経営陣に万一のことがあった場合に備えるものです。本来の保険機能です。

もうひとつは、貯蓄や節税を意識して加入するものです。保険に加入して、5年~7年後に解約して、解約返戻金を受け取るタイプです。中小企業が生命保険に加入する場合、このことを目的にしたケースが多いです。

決算を間近に控えて、思った以上に利益が出ている場合に、顧問税理士に相談すると、「生命保険にでも入っておいてはいかがでしょうか?」というパターンが多いとお聞きします。

しかし、その保険内容や経理処理の取り扱いまで気にされている方が、意外に少ないのです。目の前に迫った節税ありきで、中身にかまわず保険加入してしまうのです。

会社に出入りしている保険代理店のおばちゃんなどにお願いすると、あれがいい、これがいいと、進められるままに、加入してしまいます。これが一番よくありません。あとで調べたら、結局、保険屋のおばちゃんへの手数料の実入りがいい保険ばかりに入らされていた、ということが多いのです。

先の①か②のタイプであれば、おすすめするのは、①の全額損金タイプでしたが、残念ながら高額の保険料を全額損金できるタイプの商品は2019年、国税庁のメスが入り、撲滅されました。現存するのは、一人当たり年間30万円までの全額損金保険と、それ以上となると、最高で4割損金の商品(解約返戻率85％未満)となりました。ただ、販売停止になる前に加入している全額損金保険の商品は、そのままです。変わらず毎年、全額損金にて費用計上できるのです。

もし、会社で加入している生命保険がすべて①の全額損金タイプなら、貸借対照表には、「保険積立金」などの勘定科目がありません。全額経費で計上済みだからです。その場合、保険会社に預けるという形で、帳簿の外に、現預金を貯蓄していることになるのです。

「でも、全額損金だと、解約時に全部利益になるから、同じじゃないですか?」とおっしゃる方がいます。しかし、保険を解約するのは、会社の事情によってコントロールできるのです。利益をいつ出すのか、決められるのです。ならば、役員の退職金を出すタイミングなどに、ぶつければよいのです。保険料を全額損金計上して帳簿外に貯蓄しておく、ということは、稼いで残るお金をコントロールするのに、とても役に立つのです。なので、全額損金タイプの生命保険にしか加入していない、という方は、その帳簿外にプールされている金額を、つかんでおいてほしいのです。

②の一部資産・一部損金タイプの生命保険に加入している、というケースも多く見かけます。これは読んで字のごとく、支払った保険料の半分が資産に積立てられます。そして残りの半分は、損金として経費計上され、帳簿外に貯蓄されていきます。1千万円の保険料を払って、半分資産・半分損金なら、その半分の500万円が、資産に計上されます。あとの500万円は簿外に貯蓄されているのです。

ここで改めて、自社の面積グラフで資産のところを見てください。

もし、保険積立金があるのなら、帳簿外にどれだけの貯蓄分が残されているのか、確認しておいてほしいのです。それこそ、保険加入時の代理店などにお願いすれば、調べてくれます。

おそらく、複数の生命保険に加入している、というケースが多いと思います。となると、①のタイプや②のタイプが、混在していることが多いです。そうであればなおのこと、保険解約時に戻ってくる貯蓄資産が、どのようになっているのか、確認しておいてほしいのです。

中身がわからない資産がないか

【評価のポイント】

「中身のわからない資産はないですか?」(ある・ない)

改めて、貸借対照表の勘定科目を眺めてみてください。

中身のわからないものがないでしょうか?

「これはいったいなんだろう?」と思うものがあれば、経理担当の方や顧問税理士に聞いてください。その内容くらいは教えてもらえます。前払費用や、建設仮勘定など、内容がわからないものがあるのなら、その中身を知っておいてほしいのです。

私たちが決算書を見せていただいても、中身のわからないものがあったりします。

ある会社で「生物」という勘定科目を見ました。

「おたくの会社は資産計上するような変わった動物でも飼育しているのですか?」と社長に

尋ねました。

「ええっ？　うちに動物なんていませんよ」

「でも、ここに生物って書いてありますよ」

「本当ですね！」

となり、調べてもらいました。

「わかりました！　創立記念に植樹した植木でした！」とのことでした。

まあ確かに、生物といえばそうなのですが…。結局、帳簿の残高も数万円だったので、除却処理をしました。

またある会社では、流動資産に「不渡手形」という勘定科目がありました。

「不渡手形って、どういうことですか？」と社長に聞きました。

「えっ？　なんでしょう？　よくわからないですね…」

調べてもらい、わかりました。

「数年前に倒産した会社の手形が処理されずに残ってました」

「じゃあ、もうその会社はないんですね」

「ええ、存在しないです」となり、除却処理をしたのです。

このようなことは本来、会計事務所が処理を進めるべきなのです。が、そんな指導はまったくないということが多いのです。

結局、これらのことは、社長が資産の中身を気にしなければ、そのまま放置されてしまうことです。貸借対照表の資産をじっくりと眺めてみて、これは何だろう？　と思うものがあれば、必ず確認してほしいのです。小さな金額であっても、除却して特別損失に計上できれば、節税要因となり、残るお金を増やせるのですから。

3．負債・純資産の部の数字の読みかた

純資産の部は資本金とそれ以外でつかむ

【評価のポイント】

「純資産における、資本金以外の金額を概ね把握しているか？」（いる・いない）

「あなたの会社の純資産の額はいくらですか？」と尋ねて、おおむねの金額でも即答できる社長は、財務にかなり明るい社長です。多くの場合、

「ええっと、いくらだったか…。資本金はわかりますが…」などとなります。

資本金はわかるのですが、資本金以外の金額が、皆さんわからないのです。

改めて、自社の貸借対照表の純資産の部を見てください。

資本金の他にも、さまざまな科目が並んでいます。小計やカッコ書きなどの金額もあった

りします。要は、何が何だか、よくわからないのです。

どこを見ればいいのかわからない。書いている科目の意味がわからない。加えて、どれとどれを足せばいいのか、引けばいいのか、さっぱりわからないのです。

会社によっても、それぞれ違いがあります。顧問税理士がどう処理しているかで、記載方法が変わってくるのです。

しかし重要なのは、純資産の部の概算金額(だいたいこれくらいだな、という金額)を覚えておくということです。

そのため、社長が知っておいてほしいのは、資本金の額と、資本金以外の剰余金の額です。資本金以外の剰余金の額とは、純資産合計から資本金の額を引いたものです。計算するならば、

純資産合計額 － 資本金の額 ＝ 剰余金の額

となります。

〈41図〉剰余金の額を知っていますか？

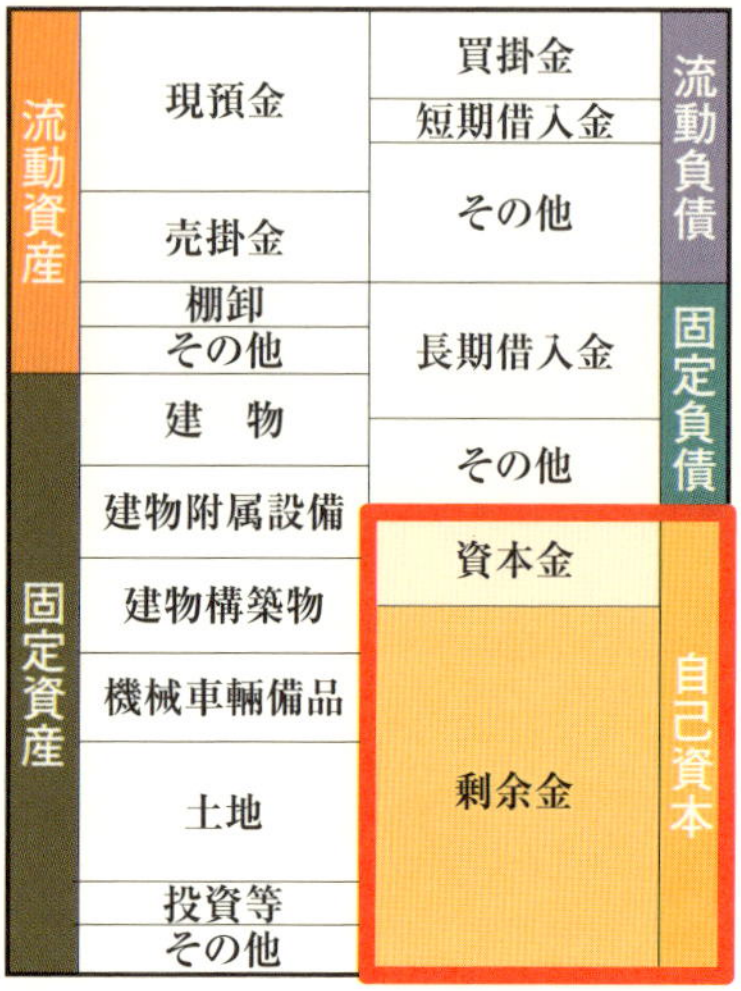

これでいいのです。中身の細かい内容まで、知る必要はありません。必要になったときに、知ればいいのです。資本金以外の勘定科目はいろいろとあります。そのいろいろをひっくるめて、「剰余金」という表現でかまわないのです。

この「剰余金」の額を知っていれば、さまざまな判断に役立つことができます。

例えば、この次に述べる、自己資本比率が暗算で算出しやすくなります。

また、株価の概算を計算するにしても、剰余金が資本金の5倍であれば、概算レベルでは、株価は額面の5倍だと、考えればよいのです。

あるいは、大きな特別損失を計上するにしても、そのマイナス要因の限度額は、剰余金の範囲までと考えることができます。剰余金を上回って利益のマイナスを発生させると、債務超過へ近づいていきます。対銀行や取引先への提出、建設業の場合なら経営審査への提出などのことを考えると、債務超過へ近づくほどの特別損失計上は、避けておきたいところです。などなど、剰余金の額がわかっていれば、何かと役に立つのです。

社長には、社長に必要な決算書の読みかたがあります。純資産の部の金額は、資本金と、剰余金と、合計の額をつかんでおけばいいのです。

自己資本比率はどれくらいか

【評価のポイント】

「自社の自己資本比率を、おおむね把握しているか？」（いる・いない）

「現状の自己資本比率は、どれくらいですか?」と尋ねて、「だいたい○○%くらいですね」と、即答される社長は少ないです。

「年間経常利益はいくらくらいですか?」と尋ねると、ほぼ皆さん即答されるのに比べると、その違いに驚きます。

それほど、損益計算書を重視するものの、貸借対照表にはあまり関心がない、よくわからない、とされている社長が多いのです。

自己資本となる純資産は、社長が長年かけて積み上げた純利益と資本金の総額です。1年にいくらの経常利益があったかを覚えている社長は多くいます。しかし稼いだ利益の積み上げである純資産がいくらになっているかを知らないでは困るのです。

自己資本比率の計算方法については、次章で詳しく述べますが、ここではまず、自社の自己資本比率をつかんでおくことの大切さを知ってほしいのです。

決算書を見るのは、税務署、銀行、取引先などです。そのなかで、自己資本比率を重視するのは、銀行です。

税務署は、単年度の税金額をチェックしますから、自己資本比率にはあまり目を向けません。ということは、顧問税理士も同じく、あまり関心を示しません。結局のところ、税務署も顧問税理士も、損益計算書重視なのです。

なので、自己資本比率を知っておくことは、「銀行対策」への社長の備えとなるのです。なぜなら、銀行は数ある経営指標のなかでも、自己資本比率を重要視するからです。

中小企業の資金調達において、銀行は大切な存在です。しかしだからといって、下手《したで》に出るのではなく、強い交渉をおこなってほしいのです。銀行との交渉には、さまざまなものがあります。

まずは、融資を受けることの交渉です。そこから金利、個人保証、担保、繰上げ返済の有無、繰上げ返済時の違約金の有無などの、条件交渉へと進んでいきます。

「うちは無借金なので、あまり関係ないですね」と、思わないでください。

振込手数料、手形取立手数料、海外送金手数料など、あらゆる手数料を下げてもらう際の交渉もあります。とかく銀行とは、交渉があるのです。それに、いま無借金だからといっても、いつまで続くかわかりません。銀行からの資金調達が必要になることも、大いにありうるのです。

まず、自己資本比率が30%以上なら、銀行交渉ではかなり強気で攻めても問題ありません。なぜなら、自己資本比率が30%以上の会社とは、銀行にとって取引をやめたくない相手先だからです。銀行は、「ここに貸していても、返済が滞る可能性は低い」という会社に貸したいし、取引をしたいのです。その目安となるのが、自己資本比率30%以上です。なのに、自分の会社が自己資本比率30%以上であることを把握できていなければ、そのような強気の態度での交渉がしづらくなります。必要もないのに、下手に出てしまうことになるのです。

「20%以上なら、どうでしょうか?」と聞かれます。

自己資本比率が20%以上あれば、強気に交渉してもかまいません。なぜなら、今、銀行を取り巻く経営環境は、我々以上に厳しいのです。貸す先もなければ、銀行過剰による過当競争で、お客となる取引先の奪い合いなのです。「御社は自己資本比率が30%を割っているから」などと強気に言っていられない立場に、銀行は追いやられているのです。

ただし、自己資本比率が20％以下なら、強気でかまいませんが、まだまだ、交渉には時間がかかります。20％以下でも、こちらの言い分が通りやすいのは、融資額の規模が10億円以上くらいの規模になっているケースです。要は、そこそこの規模があれば、自己資本比率が20％を下回っていても、銀行にとってはありがたい取引先に映るということです。

銀行交渉は、中小企業の社長にとって、重要な業務です。交渉するには、相手の考え方を知っておくことが大切です。銀行は、自己資本比率を重視することはわかっているのです。ならば、自社の自己資本比率がどれくらいなのか、つかんでおく必要があります。

「資本金を多くすればよい」という考えの過ち

【評価のポイント】

「資本金は、1億円以下か、1億円超か？」（1億円以下・1億円超）

決算書を拝見したときには、資本金の額を見ます。そのあと、社長と次のようなやりとりになることがあります。

「資本金が2億円近くになっていますが、これは最初からそうなんですか？」

「いいえ、最初は3千万円でした。少しずつ増やしていきました」

「なぜ、増やしていかれたのですか？」

「いやあ、多いほうが信用が大きくなったり、つぶれにくいんじゃないでしょうか？」

「ところで、外形標準課税という言葉をご存じですか？」

「聞いたことはありますが、くわしくは知らないです…」

聞いたことはあるけれどよくわからない、という場合、本当はまったく知らないということがほとんどです。

資本金は、その金額によって、かかる税金が異なります。資本金が多いほど、税金は多くなる仕組みになっています。パート勤務の方が、１３０万円の壁とよく言うように、資本金にも「壁」があるのです。

その最大の「壁」は、資本金1億円の「壁」です。資本金が1億円以下なのか、1億円を超えるのかで、かかる税金や使える税法の特例がまったく違うのです。

資本金１億円以下の会社が受けられる特例は、次のとおりです。（２０１７年度時点）

①法人事業税の外形標準課税の対象外になる

外形標準課税とは、当期利益の有無に関わらず、資本金額や人件費額等に対してかかる税金です。

②８００万円以下の交際費は全額損金算入できる

資本金１億円超だと、全額損金不算入となります。

③３０万円未満の少額減価償却資産を損金算入できる

ただし年間限度額は合計３００万円まで。

④即時償却制度など、各種特別償却、特別控除が適用できる

⑤同族会社にかかる留保金課税の対象外となる

留保金課税とは、その年度の内部留保（当期利益）に対して、かかる税金です。

⑥欠損金を最大１０年、全額繰越控除ができる

資本金が１億円を超えると、全額の繰越はできません。

⑦欠損金の繰り戻し還付請求ができる

欠損金が発生した場合、前年度に支払った税金を、さかのぼって還付請求することができます。

⑧所得金額800万円までは、軽減税率(15%)が適用できる

⑨法人住民税の均等割り額が少なくなる

資本金1億円超で、金額が上がります。

⑩原則、国税局管轄から外れる

年商規模などにより、国税の管轄になることがあります。

いかがでしょうか?

これだけの特例を受けられるか、受けられないかで、稼いだお金にかかる税金が大きく異なることは明白です。だから、上場会社や有名企業であっても、資本金を1億円以下にしようとする動きが出てくるのです。

2015年、お笑い界の大御所、吉本興業は、資本金を125億円から1億円に減資しました。中小企業の税制優遇を受けられるようにしたのです。減資によってかかる税金が減り、残るお金が増えたのです。お笑いを売る会社といえど、税金のことを考えると、笑ってばかりもいられなかったのです。

ちなみに、資本金の額には、他にも「壁」があります。

■資本金１０００万円の「壁」（資本金１０００万円以下）

〈受けられる特例〉

①法人住民税の均等割り額の減額優遇を受けられる

②新設法人の消費税を2年間免除される

■資本金３０００万円の「壁」（資本金１０００万円超３０００万円以下）

〈受けられる特例〉

①特定中小企業に該当し、機械等取得時に税額控除の税制優遇を受けられる

このように、資本金には３つの「壁」があります。しかし、最も注目しておきたいのは、資本金1億円の「壁」なのです。

いまや、「資本金の額が大きいからその会社は信用できる」と考えられるでしょうか？　資本金が大きい会社でも、倒産や不祥事は発生してます。

資本金の額は無関係なのです。

だから、資本金をむやみに大きくすることに力を注ぐのではなく、その「壁」を理解し、有効な資本金額に設定してほしいのです。

借入金はいくらあるか

【評価のポイント】

「短期・長期借入金など、有利子負債の総額を概ね把握しているか？」(いる・いない)

決算書を拝見する際、負債の部で気になるのは、借入金がどれくらいあるのか？　ということです。

〈42図〉借入金の残高はどれくらい？

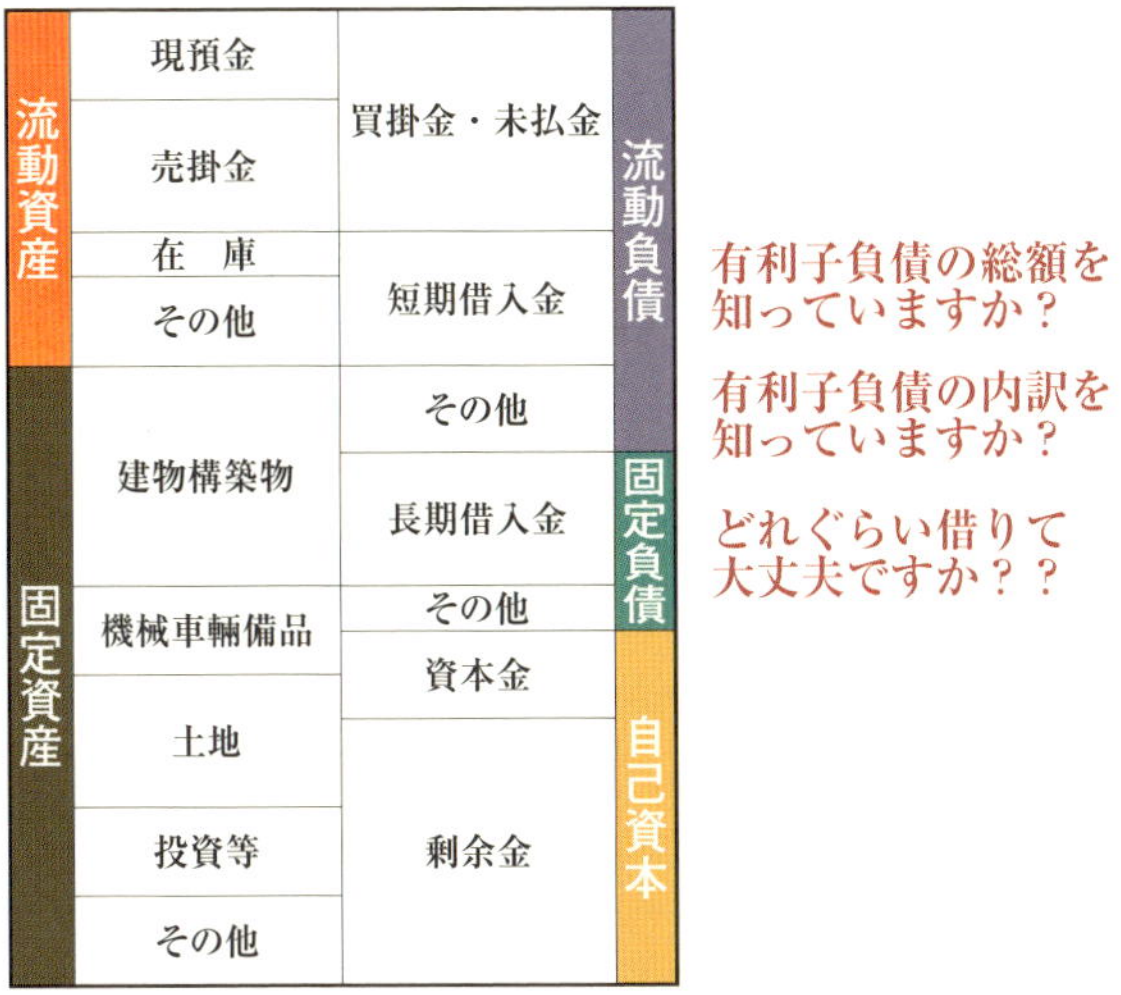

短期借入金、長期借入金、銀行引受の社債などです。いわゆる有利子負債です。

「うちは無借金です」というのなら、問題ありませんが、借入金があるのなら、それらの有利子負債をどれくらい抱えているのか、知っておくべきです。

「借入金の残高はどれくらいですか？」と聞いて、

「ええっと、いくらくらいだったか？……」と、首をかしげるようでは危険です。財務状況をまったくつかんでいないのと、同じなのです。

「うちの会社なら、どれくらいまで借りても大丈夫でしょうか？」と、聞かれることがあります。３つの考えかたがあります。

ひとつは、純資産額との比較です。

基本は、純資産と同じ額までです。これは、あとで述べる「**ギヤリング比率**」という経営指標に基づきます。

銀行も、この純資産に対してどれくらいの有利子負債があるのかをチェックしています。

しかし、純資産と同じ額を超えると即危険かといわれると、そんなこともありません。


ふたつめは、年商(売上高)との対比による見かたです。

ある銀行の元頭取に、「どれくらいまでなら貸すんですか?」とお聞きしたところ、「年商まででですね」とのことでした。ただ、年商と同じ額の借入金があると、資金繰りが大変です。

おそらく、資金繰りに追われっぱなしで、他のことに手をつけられなくなります。経常利益率が10%以上と高く、それなりの返済原資を確保できないと、資金繰りは火の車になります。

まずは、そこまでして借金をする状態にならないことです。その手前の目安としては、年商の半分です。このラインを超えて借り始めると、資金繰りは厳しくなり始めます。銀行も、警戒し始めます。

３つめの考えかたは、何年で返済できるのか、という償還年数です。

自社の返済原資となる**年間キャッシュフロー（税引後利益＋減価償却費）**で、７年以内で返済可能かどうか、が安全ラインです。借入時の計算で、返済に１０年、１５年を要するのは危険です。資金繰りを悪化させる可能性大なのです。

ここで、自社の5年間の面積グラフを見てください。

有利子負債は、どのように推移しているでしょうか？

減っているのか？　増えているのか？　増えているなら、それは左側のどの資産のために増えたのか？　また、その資産は売上や経常利益など、会社にリターンをもたらしてくれているのか？　そのリターンの額は目算通りのものなのか？　といったことを、見てほしいのです。

有利子負債があれば、金利が発生しています。金利は損益計算書の営業外費用に損金計上され、経常利益のマイナス要因となります。金利は何のリターンもない費用です。できるだけ減らしたいのです。

加えて、借入金には、それぞれ条件があります。

金利はいくらなのか？　担保・個人保証はついているのか？　など、銀行によっても異なります。

また、有利子負債がある場合、ひとつの銀行からだけの借入金というケースは少ないです。多くの場合、複数の銀行から資金調達をしています。自分の会社の有利子負債がいくらなのか？　ということに加えて、それらの内訳もおさえておいてほしいのです。

どの銀行からいくらで、それぞれの金利はどうなのか？　といったことを、社長はつかんでおいてほしいのです。それらの詳細は、貸借対照表や損益計算書には記載されていません。財務担当に、一覧を準備してもらえばよいのです。

さらに、貸借対照表の下の欄外に、「**受取手形割引残高**」という記載があれば、その金額も、借入金と同じとみなします。

そこには、「受取手形を割り引きましたが、まだ決済されていない額はこれだけありますよ」という数字が書かれています。受取手形を決済前に銀行で割り引いてもらうというのは、決済を前提に、銀行からお金を借りるのと同じなのです。だから、「受取手形割引残高」も、有利子負債とみなすのです。

有利子負債は、自前のお金ではありません。これから稼ぐお金で返済しなければいけないのです。社長は少なくとも、その額がどれくらいなのか、知っておいてほしいのです。

借入金はすべて銀行か

【評価のポイント】

「借入金はすべて、銀行からなのか？」（はい・いいえ）

先に述べた有利子負債は、銀行からの借入金がいくらあるか、ということでした。

ここで言いたいことは、資金調達は、銀行からだけではないということです。

例えば、負債に「**経営者借入金**」という勘定科目を見かけることがあります。

「これは、どなたが貸しているのですか？」とお聞きすると、

「私です」とか、「先代の会長です」などということがあります。

要は、資金繰りが厳しいときに、経営者が貸しつけたということです。ただ、詳しく聞いていくと、契約書を交わしていなかったり、金利の設定もしていなかったということがよくあります。

身内からの借入とはいえ、契約を定めて返済方法や期限を明確にしておく、金利の設定をしておくという、形式を整えておくことが、大事なのです。

そうでないと、あとの出口があいまいになり、放置されたままになったりするのです。


もうひとつ、銀行以外の資金調達としておすすめするのが、「**少人数私募債**」です。

会社が発行する「社債」です。その社債を、ごく身内の者だけで引き受けるというものです。

引受人が1人でも、かまわないのです。なので、会社が発行した少人数私募債を、経営者が1人で引受人になり、3%～5%の金利を受け取るということが可能になるのです。

加えて、大きなメリットがあります。

銀行は「少人数私募債」を、自己資本とみなしてくれる、ということです。

貸借対照表では、負債の部に入ります。しかし銀行は、決算書に「少人数私募債」の記載が

〈43図〉 少人数私募債

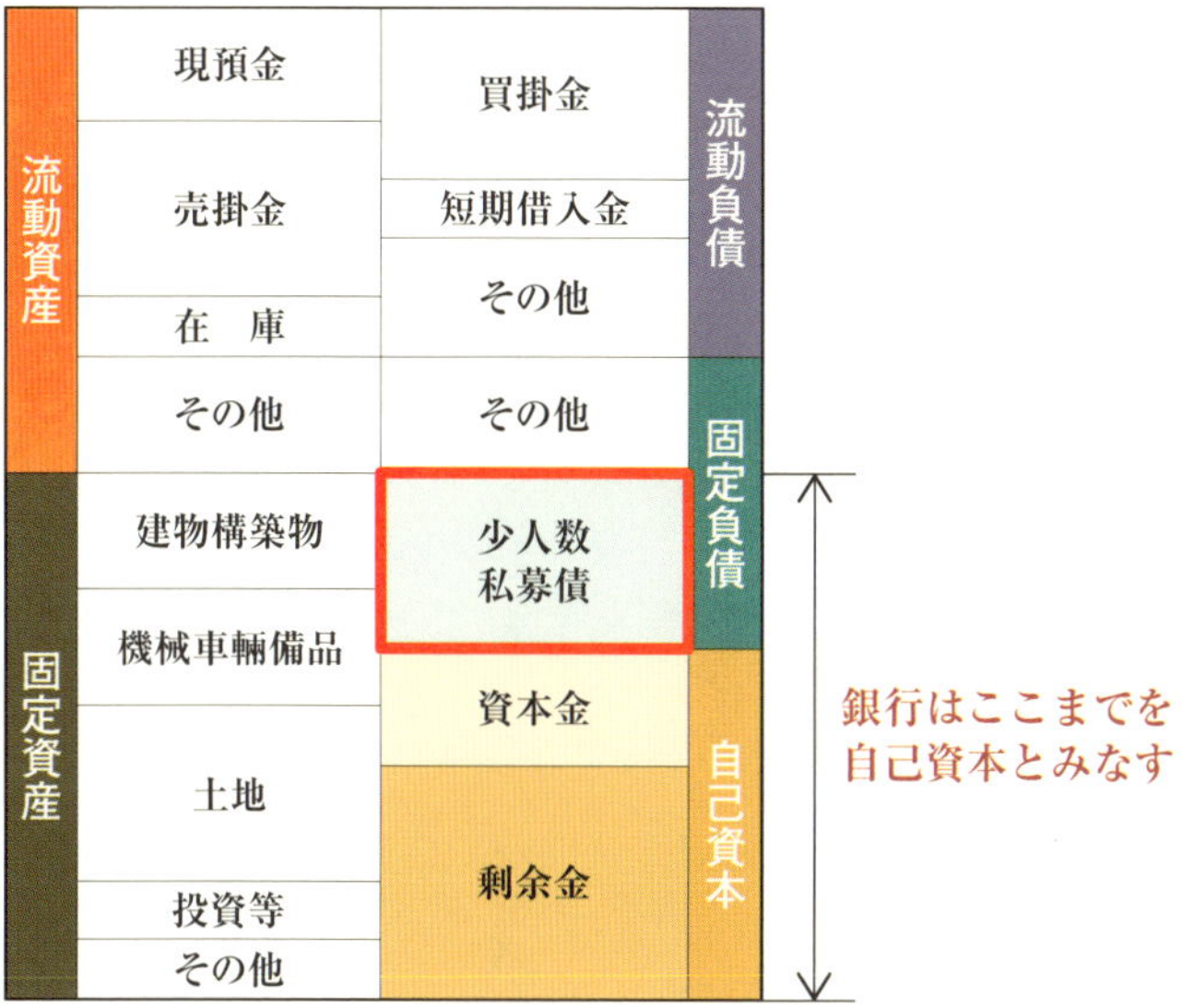

ある場合、その金額を純資産合計の額に合算したうえで、自己資本と評価してくれるのです。これは、「少人数私募債」の引受人が身内に限られているからということで、出資金同様の扱いをしてくれるということです。

　ちなみに、銀行がすすめてくる「社債」は、引受人が銀行になります。したがって少人数私募債とは、まったく異なります。銀行引き受けの「社債」は、手数料のかたまりです。「御社の財務状況なら、社債を発行して当行がお引き受けすることができますよ」「毎月の返済がないので資金繰りが楽になります」などという甘い言葉に誘われて、お願いしたら、手数料がとんでもなく高額でえらい目にあったということになるのです。

「少人数私募債」は、官公庁への提出などは不要です。エクセルやワードの文書を作成して、社内の手続きだけで、簡単にできます。

おおまかな流れは、次のとおりです。

①取締役会で「少人数私募債」発行の決議をする
②募集概要を作成する
発行日、発行総額、一口当たりの金額（49口まで）、金利、償還期間などを決める
③お声がけする人を決めて、募集案内をお渡しする（49人まで。1人でもよい）
④引受人を決定し、払込の手続きを進めていく
⑤定めた期日ごとに金利を支払う
⑥償還期日が近づいてきたら、償還して終えるのか、継続発行するのかを決める
※償還日までに、一部を償還することも、募集要項で定めれば可能です

いずれも決まったフォーマットがあります。それを活用すれば、すべての手続きは簡易にできるのです。簡易ながら、形式書類はすべて整うのです。

少人数私募債を発行する際の金利は、３％～５％くらいで設定しなさい、とおすすめしています。すると、

「いまどき、そんな高い金利にしたら、まずいんじゃないでしょうか？」と言う経営者がおられます。さらに、

「銀行金利より高いのはおかしい！」

「そんな金利は非常識だ！」

「マイナス金利の時代に高すぎるでしょ！」などとおっしゃる税理士もおられます。

しかし、少人数私募債は、出資金同様にみなされる「**資本性借入金**」なのです。通常の銀行借入金とは違うのです。だから、金利も異なるのです。

「資本性借入金」とはどのようなものか、ご存知でしょうか？

金融庁では、自己資本とみなす借入金（負債）のことを、「資本性借入金」として、その活用を推奨しています。

そこには、「資本性借入金」とする条件を、次のように記載しています。

①償還期間が5年超であること
②金利設定があること
③劣後性があること（破たん時の返済が後回し）

この3つの条件を満たすものを、自己資本として扱いなさい、として、事業者に導入をすすめ、金融機関にも指導しているのです。

そこには、「資本性借入金」とすることで、財務内容は改善され、金融機関での債務者区分が向上できると明記されています。

「少人数私募債」はまさしく、この条件を満たすものなのです。

先の3つでややわかりにくいのは、③です。

「劣後性があること」というのは、具体的には担保設定がないということが該当する、とされています。

「少人数私募債」の発行に際し、引受人に担保は差し出しません。信用のみです。法的破たん状態に陥っても、債務処理は後回しになります。資金を出す側にすれば、出資性が強くなります。

逆に、担保設定がある、というのはどのような場合かです。

返済不可能な法的破たんに陥った場合、優先的に、その担保を返済金の代わりに充てる、ということです。

通常の借入金では、銀行が担保や個人保証を要求したり、保証協会に保証料を払わせたりします。それは、不測の事態があっても、銀行は貸したお金を回収したいからです。そこには、劣後性などないのです。回収ありき、なのです。出資でないことは明白です。

「劣後性」があることと、ないこととでは、その資金を出す側にとってのリスクの大きさが、まったく異なるのです。

そもそも、銀行の貸借対照表にも、「資本性借入金」となる、劣後性のある社債は存在しています。いわゆる、銀行発行の「劣後債」というものです。

銀行は、国際業務をするうえで、自己資本比率が８％以上であることという規制が国際条約で定められています。しかしながら、資本金と剰余金という自己資本だけでは、8％以上を維持しづらいのです。なぜなら、世間の給料日や賞与日など、大量の預金が入ってきて、総資産が急激に膨らんだりするからです。なので、機動的に自己資本比率をコントロールするべく、「資本性借入金」である「劣後債」を発行しているのです。

また、金融庁の見解では、「資本性借入金」の条件である金利設定に関して、「配当可能利益に応じた金利設定」であること、と記載しています。通常の銀行借入と同程度などと、どこにも書かれていないのです。

「3％から5％なんて、高すぎる！」

「いまどきそんな高い金利は非常識だ！」

それは、その事実を知らない経営者や税理士のたんなる思い込みです。何事もやっかいなのは、本当の事は知らないのに、知っているつもりになっていることなのです。

銀行も、カードローンの金利は4％～14％で設定しています。ひと口に銀行金利といっても、さまざまなのです。そのことがわかっていないのです。

そもそも資本金であれば、その配当は10％が標準なのです。

〈44図〉　日本政策金融公庫　資本性ローンの金利

適用した貸付制度に基づき、貸付後１年ごとに、直近決算の業績に応じて、３区分の利率が適用されます。

〈新企業育成貸付または企業活力強化貸付を適用した場合〉 期間15年：5.40%、4.10%、0.40% 期間10年：5.10%、3.85%、0.40% 期間 7年：4.75%、3.60%、0.40% 期間 5年1カ月：4.25%、3.20%、0.40%
〈企業再生貸付を適用した場合〉 期間15年：5.95%、4.30%、0.40% 期間10年：5.85%、4.20%、0.40% 期間 7年：5.80%、4.15%、0.40% 期間 5年1カ月：5.70%、4.05%、0.40%

出典：日本政策金融公庫ＨＰ

例えば、「資本性借入金」は「少人数私募債」だけではありません。銀行からの借入でも、先の３つの条件に該当する、出資金とみなされる「資本性借入金」は存在しています。そして、その金利はやはり高いのです。

日本政策金融公庫が中小企業を対象に実施している、制度融資による「資本性ローン」というものがあります。これはまさに、「資本性借入金」です。（２０１７年7月時点）

そこに記載されている金利は、44図のとおりです。（日本政策金融公庫ＨＰより）

44図上段の新企業育成貸付の期間10年、のところをご覧ください。

5・10％、3・85％、0・40％

とあります。

これは、その年度の業績に応じて、3つのうちのいずれかの金利になります、という意味です。業績が悪い年ほど、低い金利になります。出資性のある融資なので、業績が良ければ、リターンとなる金利は高くなります。

いかがでしょうか？

3％、4％、5％、という数字がゴロゴロ並んでいるじゃないですか！

金融機関とて、「資本性借入金」であれば、金利は通常融資に比べて高いのです。担保・保証もなく、劣後ですから、貸す側からすれば、リスクが高いのです。

少人数私募債の金利について、「銀行金利と比べて高すぎる！」と言う税理士がいるのなら、この項を見せてください。そして、

「銀行のどの金利と比べて高いんですか？」

「資本性借入金って、ご存知ですか？」と、聞いてみてください。

その税理士はそれでも、

「少人数私募債の金利3％～5％は高い！」と言えるのでしょうか？

ただし、「少人数私募債」を運用した場合、決算書には、そのことが明確になるよう、注意を払ってほしいのです。

銀行からの借入金と同じ扱いで「長期借入金」と記載されてしまうと、決算書を見ただけでは、わからなくなります。となると、銀行は自己資本と評価するといってもわからず、通常の借入金の扱いになってしまいます。なので、会計事務所での取り扱いをチェックしておいてほしいのです。

いずれにしても、資金調達は銀行からしかできないというものではありません。「少人数私募債」という調達方法があることを、ぜひ知っておいてほしいのです。

6章　社長が見ておく〈5つの経営指標〉

この章では、会社の強さを数字で読むための経営指標を紹介します。

貸借対照表と損益計算書があれば、計算できます。損益計算書は、販売管理費の一覧表と、製造原価報告書がある会社は、製造原価報告書もご用意ください。

それぞれ、実際に計算をし、巻末に添付した45図のフォーマットに記載しながら読み進めてください。

1. 収益性

総資産経常利益率

総資産経常利益率は、投じた総資産に対して、どれだけの経常利益を上げているのかを示す経営指標です。

英語でいえば、Return On Assets、その頭文字をとって、ROAといいます。

この経営指標を最初に取り上げるのは、数ある経営指標のなかでも、最も重要な会社の収益性を示す経営指標であるからです。社長が決算書を見て読むときに、絶対に外せない経営

総資産経常利益率

経常利益高 ÷ 総資産 × 100 (単位%)

⬇ この式を展開すると…

(経常利益高 ÷ 売上高)× (売上高 ÷ 総資産)

(利益率) × (回転率)

指標なのです。

総資産経常利益率の合格ラインは8%、目標とするのは10%です。当然、大きいほど良い指標です。したがって自社の総資産経常利益率が10%未満なら、会社の収益性に課題があると認識してほしいのです。

大切なのは、この計算式を展開すると、どうなるかです。

上の図のように展開できるのです。

つまり、(利益率)と(回転率)を掛け合わせたものである、ということです。

(利益率)である、経常利益高÷売上高は、損益計算書だけの数字です。いわゆる、売上高経常利益率です。

これは皆さん、なじみがあるし、意識をおもちと思います。

ところが、もうひとつの要素である(回転率)を意識されている社長は少ないです。ここでいう(回転率)は、このあと詳しく述べる、総資産回転率を意味します。

総資産経常利益率を計算したあと、この(利益率)と(回転率)の計算結果も、じっくり眺めてみてください。

(利益率)はそこそこあるが、(回転率)が悪いのか、その逆なのか、いずれも低い数値で問題があるのか、です。

と同時に、どちらの要素を向上させやすいか、です。

昔から、「商売は、利益率と回転率を掛け合わせたものだ」と言われてきました。

例えば、問屋の商売です。失礼な言い方かもしれませんが、商品を右から仕入れて、左に販売するだけの商売です。この商売では、高い手数料「売上総利益率」は望めません。なので、(利益率)も高望みはできないのです。だから、(回転率)を高めることに、力を注いできたのです。

卸売業は固定資産を多くもつことは不要なはずです。早く仕入れて早く売る、ということが卸売業の原則なのです。

事業の特性を見抜いて商売し、(利益率)が低くとも、(回転率)で生き残る工夫をされてきたからこそ、問屋商売は、今も生きているのです。

（利益率）である「経常利益÷売上高」の数値を向上させることは、今の世の中、そう簡単には進みません。時間がかかります。ところが、（回転率）である総資産回転率は、総資産が縮めば向上します。総資産のなかにある、もちすぎた資産を減らして圧縮することで、総資産は縮むのです。

総資産を常にじっくりと見て、不要な資産を削っている社長は、まだまだ少数派です。多くの場合、総資産の中には、もちすぎた資産が隠れているのです。その不要資産をあぶりだし、取り除くことで、総資産は縮みます。結果、（回転率）である総資産回転率が向上し、総資産経常利益率も、改善されるのです。

もちろん、（利益率）も改善が必要です。が、まずは、（回転率）を改善できないか、考えてほしいのです。

総資産経常利益率こそは、世界標準の収益性を表す経営指標です。

究極、ひとつの指標でその会社の強さを表すなら、この総資産経常利益率（ＲＯＡ）に、尽きるのです。その指標が、年々良くなっているのか、悪くなっているのか、その要因は何なのか、絶対に見ておくべき経営指標なのです。

総資産回転率

売上高 ÷ 総資産 (単位：回)

※小数点第二位を四捨五入し、小数点第一位まで記載

総資産回転率

売上高に対する、総資産の回転数を見る経営指標です。

別の言い方をすれば、総資産と売上高のバランスを見る経営指標です。

先ほどの、総資産経常利益率の計算式を分解したところでも、登場した経営指標です。総資産回転率は、数字が大きいほど、売上高に対する総資産の回転が良いという経営指標です。


つまり、その数字が大きいほど良いとされる経営指標です。とはいえ、その業種業態に応じた、ふさわしい回転、バランスというものがあります。その業種にふさわしい回転数との比較を見ることが、大切なのです。


「2回転しているから回転が良い」

「1回転しかしていないから回転が悪い」というものではないのです。

基礎編の3章14図で、6つの業種別に、売上高に対する、総資産のふさわしい回転数を明記しました。

自社の総資産回転率を計算した結果、自社の業種にあてはまる総資産回転率よりも小さいのなら、例外はありますが、何か問題があるのです。

見てほしいのは、総資産回転率が、過去5年間のなかで、どのように推移しているかです。

・回転数が上がって良くなっているのか
・回転数が下がって悪くなっているのか
・横バイ、あるいは、上がったり下がったりしているのか

を見てほしいのです。

例えば、新たな設備投資をすれば、総資産は増えます。大切なのは、その設備投資をした結果です。売上高がほとんど増えていないようなら、その設備投資は、思うように売上高を伸ばすという成果を上げていないということです。なのに、負債には借入金がド～ンと増えているとしたら、これは一気に資金繰りを圧迫する要因になっていきます。

「売上高は伸びていませんが、設備投資によって人件費が大幅に減り、経常利益は増えました！」

「減価償却が多くなり、キャッシュフローが改善しました！」

というのなら、苦言は申しません。

残るキャッシュは増えているのですから、加えて設備投資の減価償却が進めば、総資産回転率は、設備投資前よりも良くなるはずです。

しかし、現状の総資産回転率が良くないなら、投資はしばらく控えるべきです。なのに、そんなことは考えず、大きな借入金をして、設備投資をしてしまうケースが多いのです。

「この投資で売上高が大きく伸びます！」

そう試算すること自体、否定はしません。しかし、それは総資産回転率が改善したタイミングでおこなうべきことです。財務状況にかまうことなく、過剰な設備投資をすることは、危険極まりないのです。大した体力もないのに、険しい登山に挑むようなものです。無謀な行動なのです。

とかく中小企業は、回転で儲けるのです。そのためには、総資産が小さいほど、ムダのない資産内容で、効率よく売上高を確保することができるのです。

なのに、総資産の中身を見てみると、回転を悪化させるムダな資産が多いです。

現預金が多い、売掛金・受取手形が多い、貸付金が多い、在庫が多い、土地・建物が多い、投資有価証券が多い、などなど…。

ムダな資産で削れる資産がないか、返して縮められる負債はないか、など、総資産回転率を向上させるには、売上を伸ばすことよりも、まず総資産を縮めることに目を向けてほしいのです。

売上総利益率

売上総利益率は、売上高に対して、売上総利益がどれだけ占めているのかを表す経営指標です。

売上総利益は、別の呼び名で**粗利**《あらり》ともいい、**粗利益率**《あらりえきりつ》、**粗利率**《あらりりつ》と呼ばれることもあります。

売上総利益は、売上高から原価を差し引いたものです。原価は、売上高に比例して増えたり減ったりする、いわゆる「変動費」と呼ばれるコストです。

小売店なら仕入原価や外注費、飲食店なら材料原価、メーカーなら原料原価、卸売業なら仕入原価などのコストです。それらのコストに、付加価値を加えた金額が売値であり、売上高です。

なので、どこにでもある商品なら、原価に対して大きな付加価値はつけられず、売値も安

売上総利益率

売上総利益 ÷ 売上高 × 100（単位％）

※小数点第二位を四捨五入し、小数点第一位まで記載

くなります。となると当然、売上総利益も多くを望めません。逆に、他になくてニーズも高い商品なら、原価に対して大きな付加価値をつけられます。その場合は、売上総利益も、それだけ大きくなります。

この付加価値こそが、売上総利益であり、会社の商品力を示しているのです。

とはいえ、業種の特性があります。

小売店や飲食店、メーカーなら、売上高に対する売上総利益率は、60％～70％くらいあります。

しかし、卸売業の売上総利益率は、せいぜい15％くらいでしょう。それは、卸売業そのものが、右から仕入れて左へ売るといった、仕入機能だけを売り物にしている業種だからです。付加価値をつけづらい業種なのです。

なのに、「うちはまだまだ売上総利益率が低い！　60％を目指す！」などと言っても、無理な話なのです。自社の業種をわきまえなければいけません。

この売上総利益率を読むには、つねに5年間の推移を見てほしいです。もし売上総利益率がじわじわ下がっているのなら、商品力が落ちてきている証拠です。お客に飽きられてきている、お客のニーズに応える力が落ちてきている、ということです。となれば、早急に手を打たねばなりません。

売上総利益率の良い商品の売上が落ちてきているのか、または、売上総利益率の良くない商品が売れてしまい、全体の売上総利益率を下げているのか。

売上総利益の全体を構成する中身の分析をし、売上総利益率の低下を止めるべきなのです。あるいは、売上総利益率の高い商品を掘り起こし、その売上構成比率を高めるべく、手を打つのです。

なかには、原価がない、という業種もあります。人材派遣やＩＴシステム、保険代理店など、サービス業なら原価はありません。不動産賃貸や仲介業でも同様です。売上＝売上総利益です。売上総利益率１００％です。病院の場合も、医薬品などの原価が発生しますが、１０％

程度です。病院の売上総利益率は、90％前後になるはずです。

損益計算書に「製造原価報告書」が含まれている会社の「売上総利益」の考え方です。

とくに、メーカーや建設業などは、製造原価報告書が含まれていると思います。その場合は、売上高に比例して発生する原材料費や外注費だけを、本来の原価として抜き出し、売上総利益の額を計算しなおしていただきたいのです。

「製造原価報告書」には、労務費や消耗品、旅費交通費など、製造部門のコストということで、原材料費以外のコストも含まれています。それは原価から外すべきなのです。

「製造原価報告書」がある会社は、10章の「製造原価報告書がある場合のつくりかた」を活用し、売上総利益を計算しなおしていただくことをお願いします。

なんなら、顧問税理士や会計事務所に頼んで、

「製造原価報告書のない損益計算書に作り直してください」

と頼めばよいでしょう。

そもそも、中小企業に製造原価報告書など、なくても問題ありません。製造原価をどこかに報告したことがある中小企業などないのです。上場企業の基準に、会計事務所が合わせて

いるだけです。なんのメリットもないのです。自分たちにとって、売上総利益を把握しやすいようにしておくほうが、よほどメリットがあります。

売上総利益率は、会社の商品力を計るバロメーターです。この数値がどうかで、次にくる営業利益や経常利益に、大きな影響を及ぼします。「利は元にあり」と言います。会社の商品力である売上総利益率を、常に厳しい目で、危機感をもって捉えてほしいのです。

営業利益率

営業利益率は、売上高に対して営業利益が占める比率を表す経営指標です。もちろん、大きいほど良いのです。

営業利益とは、先に述べた売上総利益から、販売管理費を差し引いて残った金額です。この販売管理費は、売上高を獲得するのにかかったコストですが、売上高の増減に比例するわけではありません。販売管理費に含まれる給料や家賃などのコストは、売上高が増えようが減ろうが、ある一定の額で決まって発生するコストです。したがって、販売管理費のことを「固定費」と呼びます。よって営業利益とは、

営業利益率

営業利益 ÷ 売上高 × 100（単位%）

※小数点第二位を四捨五入し、小数点第一位まで記載

売上高 ー 変動費 ー 固定費 ＝ 営業利益

となります。

「変動費」も「固定費」も、その事業で売上高を得るために不可欠なコストです。

そのことから、営業利益は俗に、「**本業の利益**」と呼ばれます。

営業利益率は、その会社が本業でどれだけの儲けを出しているのか、を示す経営指標なのです。

卸売業でも3％以上、その他の業種なら、少なくとも5％以上は欲しい経営指標です。この営業利益率を、5年間の推移で見てください。もしも営業利益率が落ちてきているのなら、本業の儲ける力が落ちてきているということです。大問題です。

営業利益率が落ちるには、いくつかのパターンがあります。

・売上総利益は落ちていないが、販売管理費が増えている

・売上総利益が減って、販売管理費も増えている

・売上高が落ちたのに、販売管理費を下げる努力ができていない

などなど。要は、売上高に占める、「変動費」と「固定費」のウエイトが高まっているのです。つまり、「変動費」と「固定費」のバランスに、崩れがないかどうか、常に確認してください。

営業利益率を語るうえで、もうひとつ、言っておくべきことがあります。

それは、銀行が最も重視する経営指標こそ、営業利益である、ということです。したがって、銀行融資に頼る必要がある会社は、営業利益の数値を重要視してほしいのです。

銀行は、融資先の会社を、決算書に基づく経営指標をもとに、格付け（スコアリング）します。そのときに、営業利益を最重要視するのです。

それゆえ営業利益率は、可能なかぎり最大限になるよう、社長自らが働きかける必要があります。

気をつけなければならないのは、会計事務所です。銀行交渉に強い決算書にするには、営業利益を最大限化させるということなど、会計事務所の職員は知らない人がほとんどです。

そのため、その年度だけ発生したようなコストでも、会計事務所の担当者は、平気で販売管理費に入れてしまうのです。そうなると、営業利益が減ります。その年度だけの費用は、特別損失に計上すべきなのです。そうすれば、営業利益を減らすことなく、対応できるのです。


「そんなことをしても、税引前利益は変わらず、払う税金は変わりませんよ」と言う税理士がいます。

営業利益を大きくしたいのは、税金を減らすためではないのです。銀行交渉対策なのです。

そのような知識をもたず、会計事務所任せにしていると、営業利益が小さくなり、もったいない決算書になってしまうのです。

そうならないよう、仮決算書の段階で、厳しくチェックしておいてください。

経常利益率

経常利益率は、売上高に対して経常利益が占める比率を表す経営指標です。数値が大きいほど、収益性が高いとされる経営指標です。

経常利益とは、先に述べた営業利益に、営業外収支を加えたものです。営業外収支には、「営業外収益」と「営業外費用」のふたつがあります。それぞれ営業外という、本業以外の「収入」（入るお金）と「支出」（出るお金）を意味します。つまり、

経常利益 ＝ 営業利益 ＋ 営業外収益 － 営業外費用

となります。

なので、営業利益よりも、経常利益のほうが大きいというケースも出てきます。営業外費用よりも、営業外収益が大きい場合です。

営業外収益の多くは、家賃収入、または受取配当金です。不動産を他社や個人に賃貸している、上場企業の有価証券を保有していて配当金を定期的に受けている、といったものです。

経常利益率

経常利益 ÷ 売上高 × 100（単位%）

※小数点第二位を四捨五入し、小数点第一位まで記載

なかには、営業利益は1%以下と微々たるもので、不動産収入や受取配当金が圧倒的に多く、経常利益は5%以上になっているなどというケースもあります。そうなると、本業は不動産業か、投資業かみたいなことになってきます。これは危険です。

「本業の儲けはほとんどなくても、家賃と配当があるからいい」という考えに流れがちです。家賃や配当金なども、いつどうなるかわかりません。本業以外に頼りっぱなしの経営は危険なのです。

一方、営業外費用の多くは、銀行への支払利息、いわゆる「金利」です。税金と並ぶ、「なんのリターンもない費用」です。なのに、金利交渉を十分にせず、銀行に言われるがままの金利を支払っているという社長が、まだまだ多いのです。それで、「貸していただいてありがとうございます」などと頭を下げたりします。

銀行を取り巻く環境は大きく変わっています。貸し先となる会社がなくて、銀行は困っているという昨今の事情を理解していないから、そうなるのです。かつて銀行に助けてもらったという記憶が抜けない、「銀行サマサマ病」なのです。

金利が下がり、支払金利が減れば、その金額ぶん、経常利益が増えます。この効果は絶大です。売上高を増やして経常利益を増やすというのが王道です。が、そんな簡単に売上高は増えません。ところが、支払利息は、銀行交渉をするだけで減らすことができるのです。しかも、銀行交渉を担う管理部門や経営者だけで、できるのです。

「管理部門は利益を産まない！」などと言われることがあります。

けっして、そんなことはないのです。

経常利益率の5年間の推移を見てください。

経常利益率は、卸売業でも3％以上、その他の業種なら、5％以上は目指したい数字です。不動産業など、総資産回転率が1回転以下で、借入金が多い業種なら、経常利益率が10％以上はないと、資金繰りに困ることが、見えてくる経営指標です。返済額が大きいのに、経常利益率が5％程度では、返済原資の確保は厳しくなるからです。

経常利益率は、稼ぐ力の大きさを計る経営指標です。5年間の推移を見て、数値が下がっ

損益分岐点操業度

損益分岐点売上高(固定費÷売上総利益率)÷ 売上高×100

(単位%)※小数点第二位を四捨五入し、小数点第一位まで記載

てきているのなら、その要因を究明し、すぐに手を打たねばならないのです。

損益分岐点操業度

損益分岐点操業度とは、現状の売上高に対して、損益分岐点となる売上高が、どれくらいの比率のところにあるのか、という数字です。

現状の収益体質が安全か、危険か、を判断する経営指標です。

ここで改めて、損益分岐点売上高とは何かです。上の計算式でいえば、(固定費÷売上総利益率)の部分が、損益分岐点売上高を示します。

損益分岐点売上高とは、損(営業赤字)と益(営業黒字)の分かれめです。

つまり、損も益もない状態です。

46図の面積図でいうと、②(左から2番目)の状態です。

売上高に対して、変動費と固定費を合わせると、営業利益がゼロの状態です。

〈46 図〉損益分岐点売上高

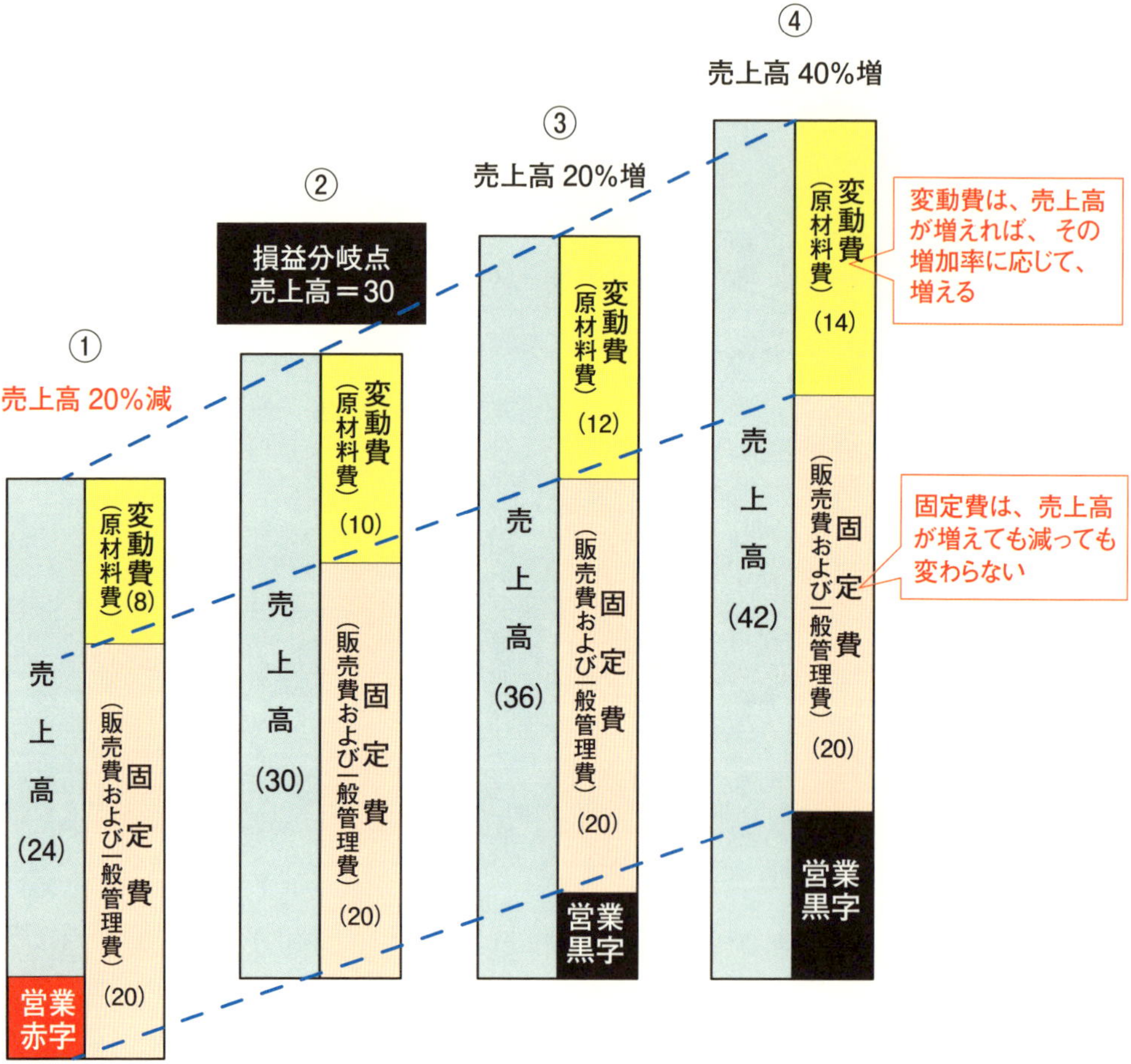

ここでは仮に、その②の売上高を（30）とし、変動費は（10）、つまり対売上高比率が33％、固定費は（20）、対売上高比率は67％としています。

変動費（10）と固定費（20）を合わせると、（30）で、売上高（30）とピッタリ合う、ということです。

変動費は、売上高が増えれば、その増加率に応じて増えます。

なので、46図では、売上高が①、③、④となった場合、売上高の増減率に応じて、変動費の大きさは変化します。

固定費は、売上高が増えても減っても、変わりません。

したがって図では、①でも②でも③でも④でも、固定費は、（20）のままです。

①の売上高（24）は、②の売上高（30）に対して、20％少ないです。

変動費はそのぶん、②よりも小さく（8）になります。売上高に対して、変動費は常に33％です。

しかし、固定費は②と変わらず、（20）のままです。①の変動費と固定費を足すと（28）になります。

売上高の（24）より、（4）大きいです。この（4）が、営業赤字と示された部分になります。逆に、③、④では、②に対して、売上高が、20％、40％と増えています。変動費はその増加率に応じて増えますが、固定費（20）は変わりません。（20）のままです。

したがって③や④では、変動費と固定費を足しても、売上高よりも小さくなり、その差となる部分が、営業黒字という部分になるのです。

つまり、売上高が損益分岐点売上高である②を上回れば、そのぶん、営業黒字は増えていきます。逆に、売上高が②より下回れば、営業赤字が増えていきます。

①、②、③、④は、その相関性を表した面積図なのです。

ここで改めて、損益分岐点操業度です。もう一度、計算式をよく見てください。

損益分岐点売上高 ÷ 実際の売上高 × 100

です。

損益分岐点売上高が、実際の売上高に対してどうなのか？　という指標です。
先ほどの46図で考えてみます。

②が、損益分岐点の売上高です。
実際の売上高も同じなら、損益分岐点操業度は、１００％です。
では、実際の売上高が③の場合、どうなるでしょう。

②の売上高 ÷ ③の売上高

が、損益分岐点操業度となります。具体的な数値では、

（３０）÷（３６）× １００ ＝ ８０％

となります。
③の売上高は、②の売上高よりも大きいです。

しかし、損益分岐点操業度は逆に、８０％と小さくなります。

つまり、**損益分岐点操業度は、小さいほど、安全性が高いという経営指標**なのです。

８０％なら、売上高が２０％下がっても、損益分岐点の売上高で、収支トントンの状態ですよ、という意味なのです。

ここのところが、皆さん、理解に苦しむところなのです。売上高との比較数値といえば、１００％を超えるほうが良い、という固定観念があります。

小さいほど良い、という感覚が、なじみにくいのです。

はっきり言って、「誰がこんな計算式を考えたんだ！」と言いたくなるのです。

だから逆に、実際の売上高が①の場合、

（３０）÷（２４）×１００＝１２５％

が、損益分岐点操業度ということになります。

売上高を25%上げてようやく、損益分岐点にたどりつくという意味です。

要は、損益分岐点操業度は、少なくとも100%を下回っていてほしい経営指標なのです。

そして、80%を合格ラインとしてほしいのです。

5年間の推移を見たときに、損益分岐点操業度がじわじわ高くなっているのなら、収益力が衰えてきているサインです。


ちなみに、損益計算書に製造原価報告書がある会社の場合、損益分岐点操業度を算出するときに使う「売上総利益率」は、材料費や外注費など、「変動費」となる原価のみを差し引いた、売上総利益の率をいいます。

つまり、先の「売上総利益率」の項目のところで、計算した率を使ってください。

棚卸資産回転期間

棚卸資産 ÷ 月平均売上高（年間売上高 ÷ 12）

（単位／カ月）※小数点第二位を四捨五入し、小数点第一位まで記載

2. 資産の回転力

棚卸資産回転期間

棚卸資産回転期間は、何ヵ月分の売上高に該当する棚卸資産があるかを示します。

この経営指標は、棚卸資産が多い卸売業や小売業の方々は、常に注意を払っている方が多い管理項目です。

47図の面積グラフを見てください。業態は卸売業です。

総資産に対する、売上高の回転率は2回転です。

パッと見ると、すごくいいように思う方がいるかもしれません。しかし、卸売業なら総資産回転率は、2・5回転以上ほしいです。それに対して、2・0回転と低いわけです。業態を考えれば、あまりよくない面積グラフなのです。

〈47図〉卸売業の棚卸資産回転期間

何がそうさせているかというと、ひと目でわかるのは、棚卸が多いということです。

年商から見ると、1・6カ月分、つまり、48日分の在庫を抱えています。

卸売業はそもそも、薄利です。回転を高めてこそ、利益が獲得できます。しかし、この状態では、思うように利益を確保できません。

保管の量や場所が広がり、移動・運搬のコストが増え、倉庫料が増えます。つまり、管理コストは絶対に増えます。

さらに、支払いから入金までの期間が長くなるので、資金繰りが悪くなります。このグラフの事例でも、右側に、短期借入金や長期借入金を多く抱えています。

在庫は諸悪の根源です。注文してから何日で商品が届くのか、いまどき３０日もかかることは絶対にありえません。

とくに卸売業態など、在庫が必要な商売の方々は、棚卸資産回転期間を気にかけてほしいのです。

前掲の47図の面積グラフでは、赤色の棒グラフで表した年商に対して、１・６ヵ月分、４８日分の在庫を抱えていました。

その状態から、在庫を半分に減らしたとします。面積グラフは48図のようになります。

在庫回転期間は、０・８ヵ月分、２４日分となりました。改善前の面積グラフと比較して見てください。棚卸が減ったことにより、総資産も縮んでいます。

なので、総資産回転率（売上÷総資産）は、2・0回転から2・3回転へと改善しています。加えて、棚卸が半分に減ったぶん、流動負債にあった短期借入金がなくなりました。そして、固定負債にあった長期借入金が小さくなっています。

〈48図〉在庫を半分に減らすと…

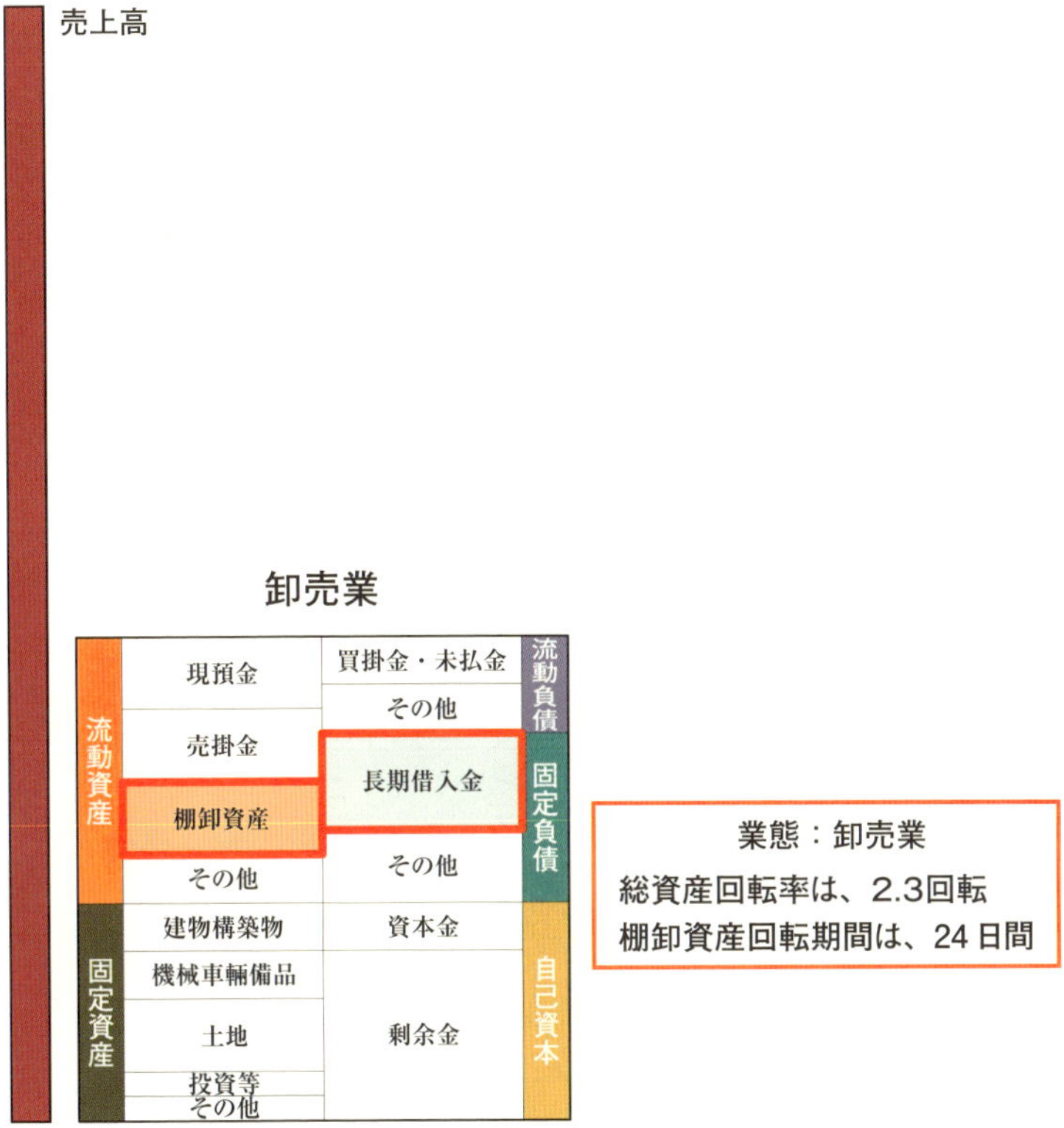

借入金が減るわけですから、毎月の返済が減り、キャッシュはより多く残ります。

しかし、卸売業という設定ですから、目指すべきは総資産回転率は2・5回転以上です。ならば、まだ課題は残ります。在庫にしても、24日分も必要なのか？　ということにまだまだ疑問があります。

ただ、在庫を減らすことによって、カネ回りが改善

売上債権回転期間

売上債権(受取手形＋売掛金)÷月平均売上高(年間売上高÷12)

(単位／カ月)※小数点第二位を四捨五入し、小数点第一位まで記載

することは間違いありません。

在庫を減らす、これにはかなりのエネルギーが必要ですが、財務改善のポイントとして、大きな要素なのです。

その状況を把握する指標として、棚卸資産回転期間を大いに役立ててほしいですね。

売上債権回転期間

売上債権回転期間は、売掛金や受取手形が、平均月商の何倍くらいあるのかということを示す経営指標です。

この数値が大きいほど、現金化されるまでの期間が長い、要は、回収が遅いということを意味します。資金繰りの良し悪しを判断できるのです。

つまり、できるだけ小さい数値であってほしい経営指標です。少なくとも、2・0カ月以下にしておきたいのです。

なのに、3・0カ月以上になっている場合があります。貸借対照表の面積グラフでいうと、49図のような図になります。

〈49図〉売掛金・受取手形が平均月商の何倍になっているか？

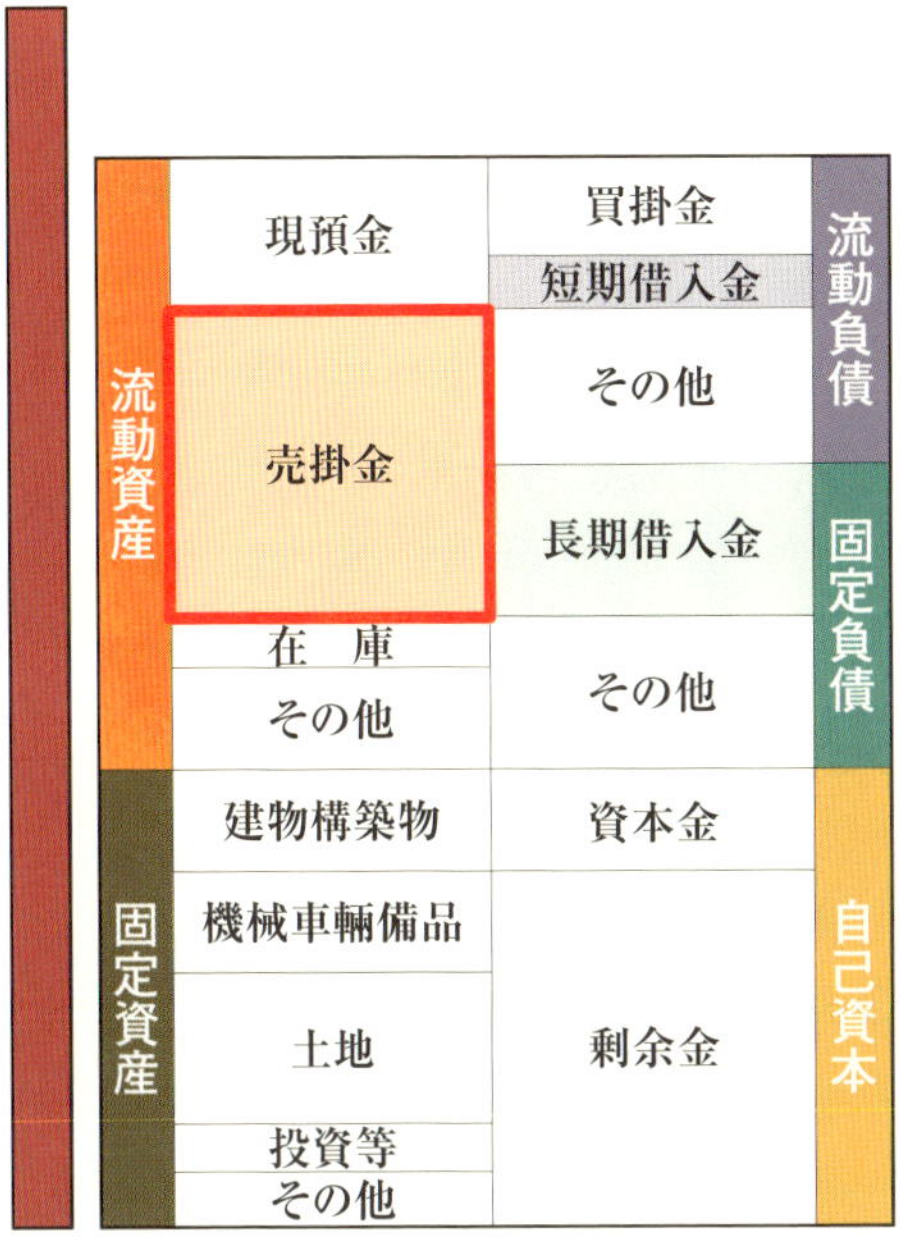

売掛金が年間売上高の約4分の1以上になっている！
この売掛金、全部現金化されますか？
焦げついた売掛金はないですか？

飲食店や小売店など、現金商売の会社なら、そもそも売掛金がありません。あっても、クレジットカードの残高くらいなので、売上債権回転期間は、0・5カ月以下になるはずです。回収が早い業種です。

ところが、他の商売になると、受取手形が発生してきたりします。その場合、発行後、現金化されるのは、3カ月後などとなります。それ以上の、期間の長い受取手形もあったりします。

そうなると、売上債権回転期間は、3カ月以上になってきます。回収が遅くなります。回収が遅くなるほど、運転資金が必要になり、銀行からの短期借入金が膨らみます。負債が増えて総資産が膨《ふく》らみ、金利も発生してきます。

また、手形ではなく売掛金でも、自社の回収ルールが不明確なケースがあります。そうなると、相手の要望に応じてしまいます。すると、回収期間が長くなっていくのです。


売上債権の回収期間が長くならないよう条件交渉している業界もあります。

例えば、個人の住宅施工を請け負う会社です。契約時に売上計上し、着手金で1／3、中間金で1／3、完成時に1／3、などと回収条件を定めます。そうすることで、完成前に代金を一部回収でき、回収期間を短縮できるのです。なのに、

「わが社は、完成時に一括払いしていただくことが、顧客サービスです」

という住宅会社がありました。ところが、

「困ったことになりました」と言うのです。聞くと、住宅の完成直前に、施主がお亡くなりになったのです。

「相続人の誰が代金を払うのか決まらず、回収のメドが立ちません！」

というわけです。回収が全額、停滞してしまったのです。回収を一部でも進めていれば、被害はもっと少なかったはずです。

売上債権回転期間の数値を改善するには、時間がかかります。取引先を1社ずつ、交渉していかねばならないからです。かといって、初めからあきらめていては縮まりません。

なのに、回収期間を縮める交渉をすすめると、

「うちの業界では厳しいです」

「前にも言ったことがありますが、断られました」

「そんな交渉をしたら、経営状態が危ないと思われませんか？」

など、何かとできない理由をもち出します。

しかし、実際に交渉を進めていくと、

「意外にすんなりＯＫいただけました！」という声を聞くのです。

そういう取引先もあるはずです。

とくに、上場会社や大手企業では、支払いが早くなってきています。支払いを手形で延ばすほど、支払債務が増え、総資産が増えます。そうしたくないのです。

それに、外国人の投資家がいれば、こう思われます。

「この会社は支払い能力が低いのか？」

諸外国には、支払手形というものが存在しないからです。

売上債権回転期間が長いほど、借金が増えやすく、倒産しやすい状況に追い込まれやすくなります。経営の生命線は、資金繰りです。この指標の数値を見るだけで、資金繰りに問題のない会社か、資金繰りが悪くお金に困っている会社か、たちまちに見えてくるのです。

労働分配率

労務費 ÷売上総利益 ×100

(単位%)※小数点第二位を四捨五入し、小数点第一位まで記載

3. 生産性

労働分配率

労働分配率は、売上総利益に占める労務費の割合です。建設業や卸売業なら、33%以下に押さえてほしい経営指標です。小さいほうが良いのです。逆に数値が高まるほど、儲からない収益体質になっていきます。

ただし、例外もあります。例えば、小売・飲食業、医療・介護業などの労働集約産業です。医療・介護業の場合、労働分配率は50%以下になれば、上出来です。

労務費の内訳は、役員報酬、給料手当、雑給、賞与、法定福利費となります。

50図の面積図をご覧ください。労務費は、〝販売費及び一般管理費〟

〈50 図〉　労働分配率は何パーセントか？

労働分配率(%)＝労務費 ÷ 売上総利益

（売上総利益に占める、労務費の割合はどれくらいか？）
→数字が小さいほど、少ない労務費で大きい売上総利益を
稼いでいることになる

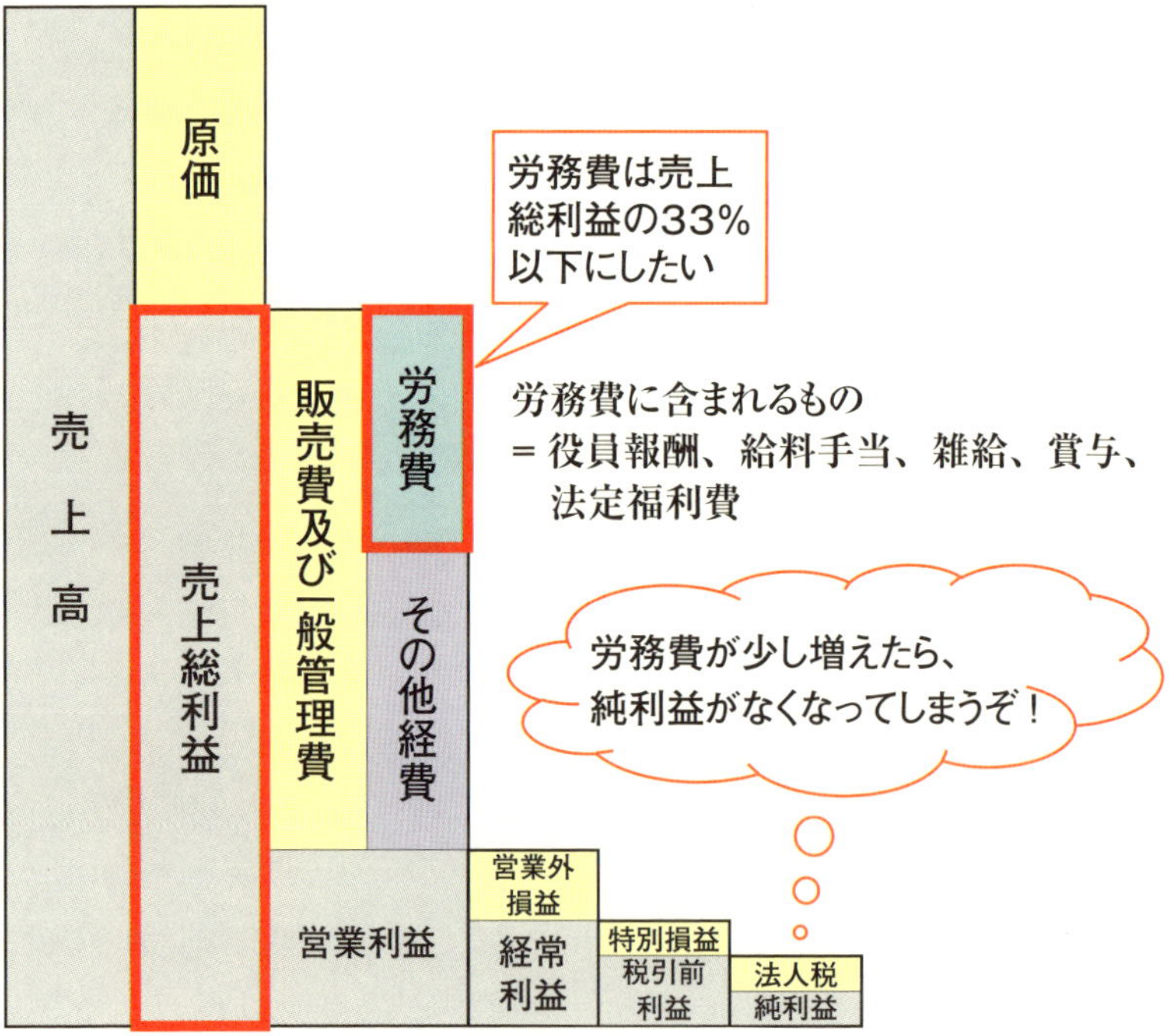

労務費は最大のコストである

の中に含まれます。その中にはいろいろなコストがあります。なかでも労務費は、もっとも大きなコストです。

売上総利益に対し、どれだけの労務費で収まっているのか、それがつまり、「労働分配率は何％なのか？」ということなのです。

50図のグラフの場合、労働分配率は３３％です。売上総利益の３分の１です。この現状の売上高、売上総利益のまま、昇給や人員増によって人件費が増えると、とたんに労働分配率は高まり悪化します。

つまり、営業利益以下の利益を圧迫していくのです。他にも、社会保険料の高騰など、労務費は今後、何もしなくても確実に上がるコストなのです。

また、人材の確保、定着、育成にも、ますますコストがかかることは容易に想像できます。

一方、この状態から、

「ＩＴ化・機械化によって人員を減らした」

「パート化によって人件費を縮めた」

「商品力を高め売上総利益を増やした」

となると、労働分配率は下がり、営業利益は増えます。

営業利益は本業の利益であり、キャッシュフロー(カネ回り)の源泉となるものです。営業利益が少額だったり、マイナスでは、節税などをしても効果はいくらもありません。適切な営業利益を確保するためにも、労働分配率は、常に下げるアクションをしてほしいのです。

労働分配率は、確保した売上総利益に対して、どれだけの労務費を使うのかという分配思考型の、生産性を示す経営指標です。使う労務費を先に考えるのです。5年間の推移を見て、労働分配率がじわじわ上がってきているなら、要注意です。

また、損益計算書に製造原価報告書がある場合、この計算式でいう売上総利益は、売上高から原材料費(「変動費」)のみを差し引いた売上総利益で計算してください。つまり、先に述べた収益性の「売上総利益率」で計算した際の、売上総利益を使ってください。加えて、労務費は、製造原価報告書にある労務費と、販売管理費にある労務費を合計した金額を、全社の労務費として、労働分配率を計算してください。

労働生産性

売上総利益 ÷ 労務費 ×100

(単位%)※小数点第二位を四捨五入し、小数点第一位まで記載

労働生産性

労働生産性とは、投じた労務費に対して、どれだけの売上総利益を上げているかという生産性を示す経営指標です。

労働分配率の労務費先行型に対して、生産性思考型です。

上の計算式をよく見ると、先の労働分配率と裏返しになっていることに気づくと思います。なので、労働分配率とは逆に、大きいほど生産性が高いということになります。

労働分配率では、

「労務費は売上総利益の3分の1（≒33%）以下を目指しなさい！」

と申し上げました。それは、裏を返せば、

「労働生産性は、労務費の3倍（≒300%）以上を目指しなさい！」

ということなのです。

つまり、労働分配率と労働生産性は、表と裏の関係にあるのです。

いずれも、労務費と売上総利益の関係から、生産性を把握するために使う経営指標です。

建設業、卸売業などは、労働分配率をよく使います。売上総利益に占める労務費を抑えるという目線が先に来るからです。確保した売上総利益から労務費をどれだけ使うのかという、労務費の分配を先に考えるのです。売上総利益ありき、です。

一方、メーカーなど、投じた労務費でいかに付加価値を高めるかという業種では、労働生産性をよく使います。こちらは、労務費に対して売上総利益をどれだけ増やせるのかという目線が先に来ます。労務費ありき、なのです。

なので、生産性ではふたつの指標を提示していますが、自社の業態に応じて、中心的に運用する指標を決めていただきたいのです。

いずれにせよ、生産性とは、できるだけ少ない労務費で、できるだけ大きい売上総利益を上げるということが基本です。

5年間の推移を見て、悪化傾向なら、まず労務費が膨《ふく》らんでいないか、売上総利益が減少していないかを、確認してください。そして、数値を改善するべく、機械化やシステム化を、進めてほしいのです。

自己資本比率

自己資本額(＝純資産合計額)　÷総資本額 ×100

(単位%)※小数点第二位を四捨五入し、小数点第一位まで記載

4．安定性

自己資本比率

自己資本は、貸借対照表で見るところの純資産合計額です。自己資本比率とは、総資本のうち、自前の資本である自己資本が、どれくらい占めているかを表す経営指標なのです。

合格ラインは、３０％以上です。

次ページの51図をご覧ください。自己資本比率が５５％の図です。

自己資本比率は、銀行が会社の数字を評価する際、最も重要視する経営指標のひとつです。

銀行は、当然ながら、倒れそうな会社にはお金を貸したくありません。貸したお金が返ってこないかもしれない可能性が高くなるからです。安定していて、倒れることのなさそうな会社に貸したいのです。

その安定性を見るのが、自己資本比率なのです。

〈51 図〉　銀行が重要視する自己資本比率

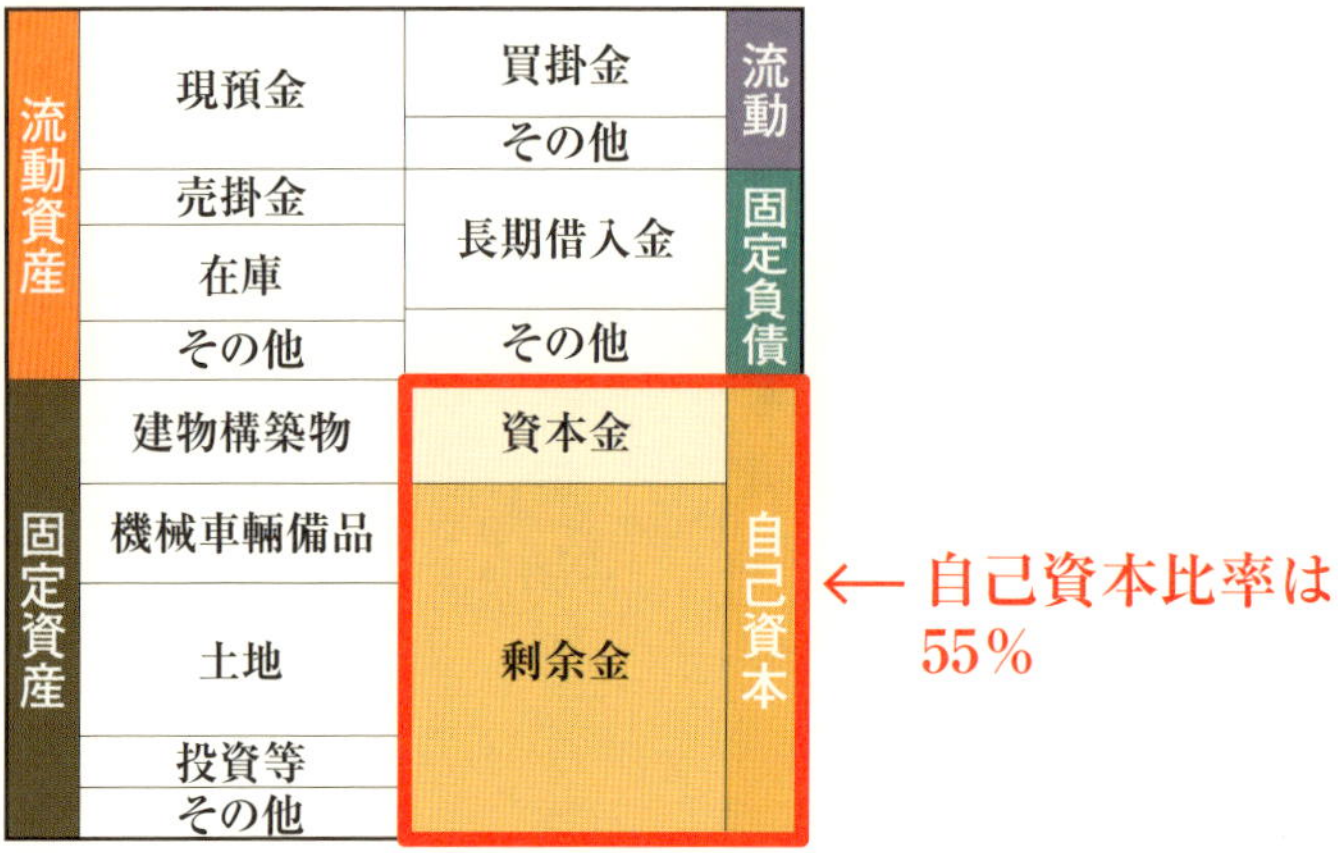

自己資本とは、資本金と資本金以外の剰余金の合計です。資本金以外の剰余金は、毎年の当期利益の積み重ねです。

剰余金が膨《ふく》らんでいれば、それだけ利益の蓄積が継続的にあるということです。当期利益がマイナスなら、この剰余金は減っていきます。

例えば、「債務超過」という言葉があります。経営危機の会社の記事で見かける言葉です。この「債務超過」とは、具体的にどのようなことかです。

「債務超過」とは、剰余金がマイナスになり、そのマイナスが、資本金をも食いつぶし、自己資本合計がマイナスになってしまったという状態です。

そもそも、「債務超過」に陥るということは、返済原資を生み出せるような利益体質ではないということです。銀行は絶対にお金を貸しません。

自己資本比率を向上させるには、自己資本を増やすのか、負債を減らして総資本額を減らすのか、のどちらかです。自己資本を増やすには、当期利益を増やし、剰余金を増やすしかありません。

「資本金を増やせば自己資本が増えます」という意見があります。

確かにそうです。しかし、資本金は、増やすほどに税制面での縛りが増えてきます。近年は、資本金が1億円以下になるよう、減資する会社が多くなりました。なので、資本金を増やすというのなら、金額の上限を考えてほしいのです。

自己資本比率を向上させるもうひとつの方法は、負債を減らして総資本を小さくするということです。こちらのほうが、簡単にできるケースが多いです。要は、不要な資産を減らし、総資産を縮めるのです。その最たるものは、過剰な現預金です。返済に回せるだけの現預金があるなら、銀行に遠慮することなく、返済すればいいのです。それだけで、総資産は縮み、自己資本比率は若干でも上がるのです。

長期固定適合比率

固定資産 ÷（自己資本＋固定負債）×100

（単位％）※小数点第二位を四捨五入し、小数点第一位まで記載

自己資本比率は、会社の安定性を図る最重要の経営指標です。もし自己資本比率が３０％を超えているのに、銀行融資の条件で、

「担保・個人保証をとられている」

「保証協会に入らされている」

というのなら、それは間違いなく、銀行のいいようにされているとお考えください。

長期固定適合比率

長ったらしく堅苦しいネーミングですが、財務の安定性を示す経営指標として使われます。その計算式は、上の図のとおりで、○○％といった数値になります。

自己資本と固定負債の合計に対して、固定資産がどれくらいあるのか、といった比率の数値です。大切なのは、この指標でいったい何が言いたいのかということなのです。

固定資産というのは本来、その資産で得た利益をもとに、中長期的に回収していく投資です。つまり、自社の固定資産を、長期的な調達資金である固定負債と、自己資本の合計でまかなえているかどうか、ということを見たいわけです。

ですから安定性としては、100％以内であってほしいわけです。100％を超えるほど、不安定な状態に近づいていくのです。

というのは、獲得した利益（＝キャッシュ）で、調達資金である借入金を、返済しなければならないからです。

例えば、次ページの52図をご覧ください。

長期固定適合比率は、約115％くらいでしょうか。

右側の固定負債＋自己資本よりも、左側の固定資産が大きくなっています。自己資本と長期資金の範囲内でまかなえていないのです。

では何でまかなっているのか？　流動負債の中に、短期借入金があります。この短期資金でまかなっているのです。

しかし、これが財務の安定性を崩すクセ者です。

長期借入金に加えて、短期借入金の返済も重なるからです。短期ですから、毎月の返済金

〈52図〉　長期固定適合比率約115%

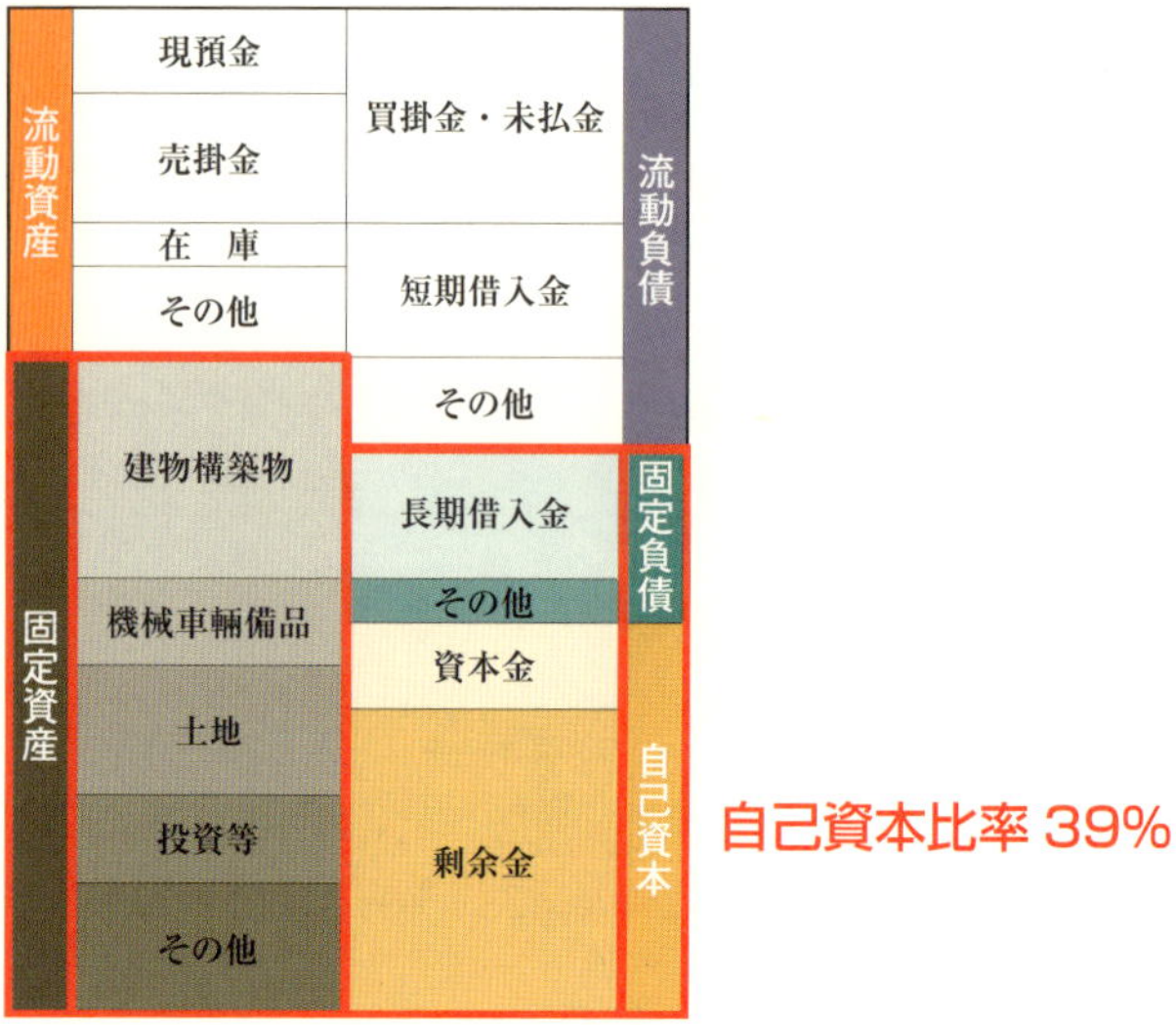

額も大きいです。どうしても、資金繰りが厳しくなってくるのです。

では、なぜそんなことになってしまうのでしょうか？

銀行にしたら、短期借入金なら、運転資金としての支店決済で、手続きが簡単です。経理担当にしても、その手続きに応じて、毎年、社長から捺印をもらうだけです。結局、資金繰りは厳しいけれど、それを一時的に回避する手続きは簡単でラクなのです。だから、そこからなかなか抜け出せないのです。

52図の面積グラフの状態は、長期固定適合比率の安定性を崩して、115%くらいになって

〈53図〉　短期借入金を返済したとすると…

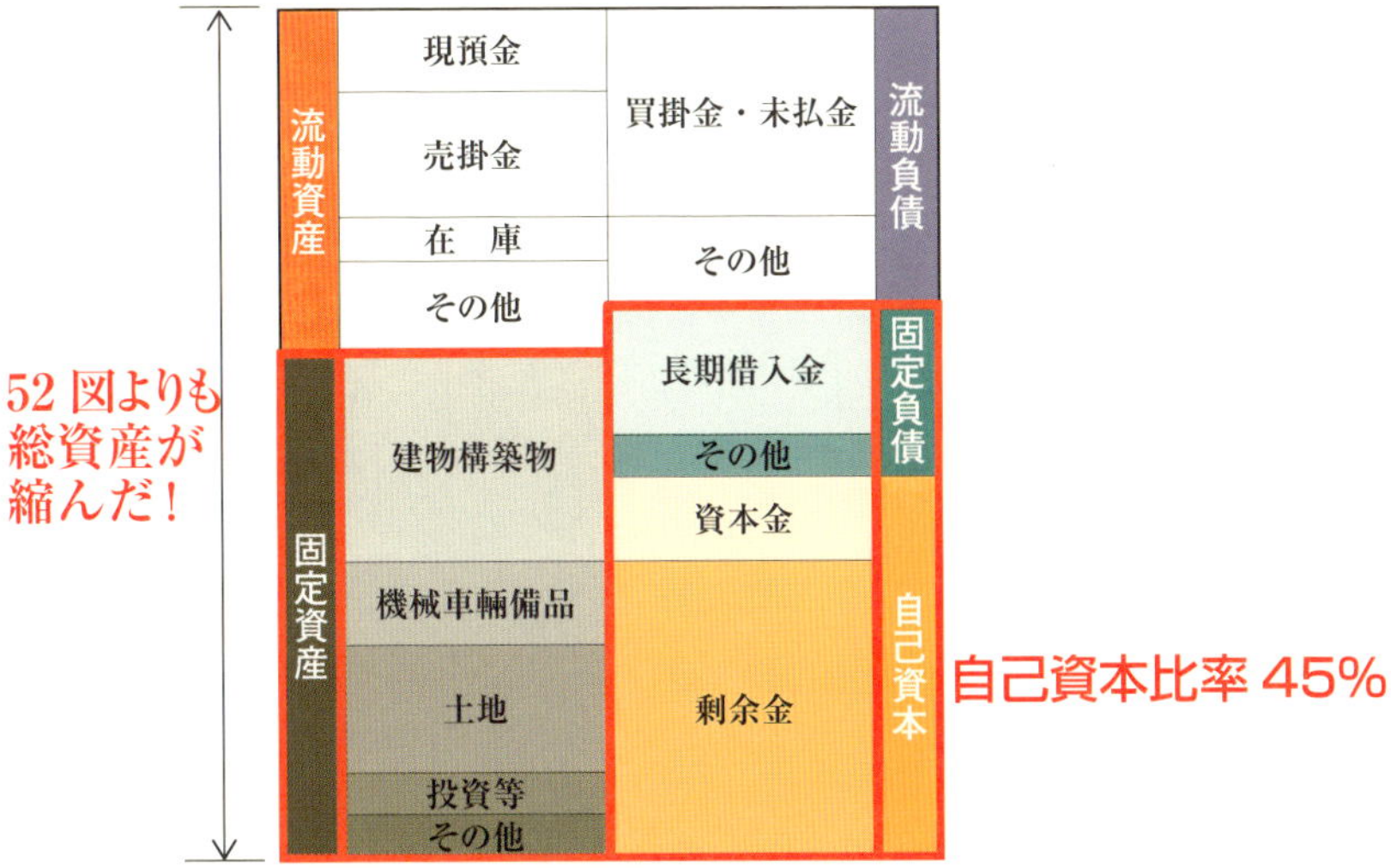

いる状態です。

固定資産よりも、（自己資本＋固定負債）が小さい状態です。

例えば、この状態から、投資やその他に含まれる生命保険を売却して、短期借入金を返済したとします。

すると、53図のようになります。長期固定適合比率は、９０％強といったところですね。

グラフの左側からは、投資とその他が小さくなり、右側からは、短期借入金がなくなりました。当然そのぶん、全体の総資産は小さくなっています。

かといって、さほど自己資本は縮みません。売却損の分が縮んだとしても、そのぶん、左側も縮むから同じことなのです。

52図と53図で、自己資本比率を赤文字で書いています。

改善前は３９％が、改善後は４５％です。安定性が高まっているのです。

短期借入金がなくなって資金繰りが楽になり、その上、自己資本比率も向上したわけです。

そうなると、銀行交渉時に使われる格付けも向上し、より有利な条件で交渉できるようになります。

借り換えで金利を下げ、長期借入金を返済するときなどに、活用できるわけです。

53図では、投資とその他を売却しましたが、要はなんでもよいのです。

建物を売る、機械を売る、土地を売る、なんでもかまいません。

いずれにせよ、売却するということは、現状の事業になくてはならない資産ではなかったということです。不要な固定資産を放出しただけなのです。

それで安定性が高まり、財務が改善するなら、そして、キャッシュフローが良くなるなら、放出したほうが何よりも得策だということです。

固定資産や固定負債の中身にもよりますが、長期固定適合比率は、まず面積グラフを見た

流動比率

流動資産 ÷ 流動負債 ×100

(単位%)※小数点第二位を四捨五入し、小数点第一位まで記載

ときに、チェックしておきたい項目のひとつなのです。

流動比率

その計算式は、上の図のとおりで、○○%といった数値で求められます。言葉で表せば、流動負債に対して、流動資産がどれくらいあるのか、ということです。流動負債は1年以内に支払うお金で、流動資産は1年以内に使えるお金を表します。いわば、1年以内に支払うお金より、1年以内に使えるお金が多いほうがいいのです。

流動比率は、近々発生する支払いに対して、どれだけの使えるお金や、お金にすぐ変わるものをもっているのかということです。

一般的に、100%を下回れば危険、120%~200%未満なら健全といわれています。

しかし本当に健全かどうかは、その中身次第です。

例えば、54図の面積グラフを見てください。

〈54図〉　流動資産欠乏症

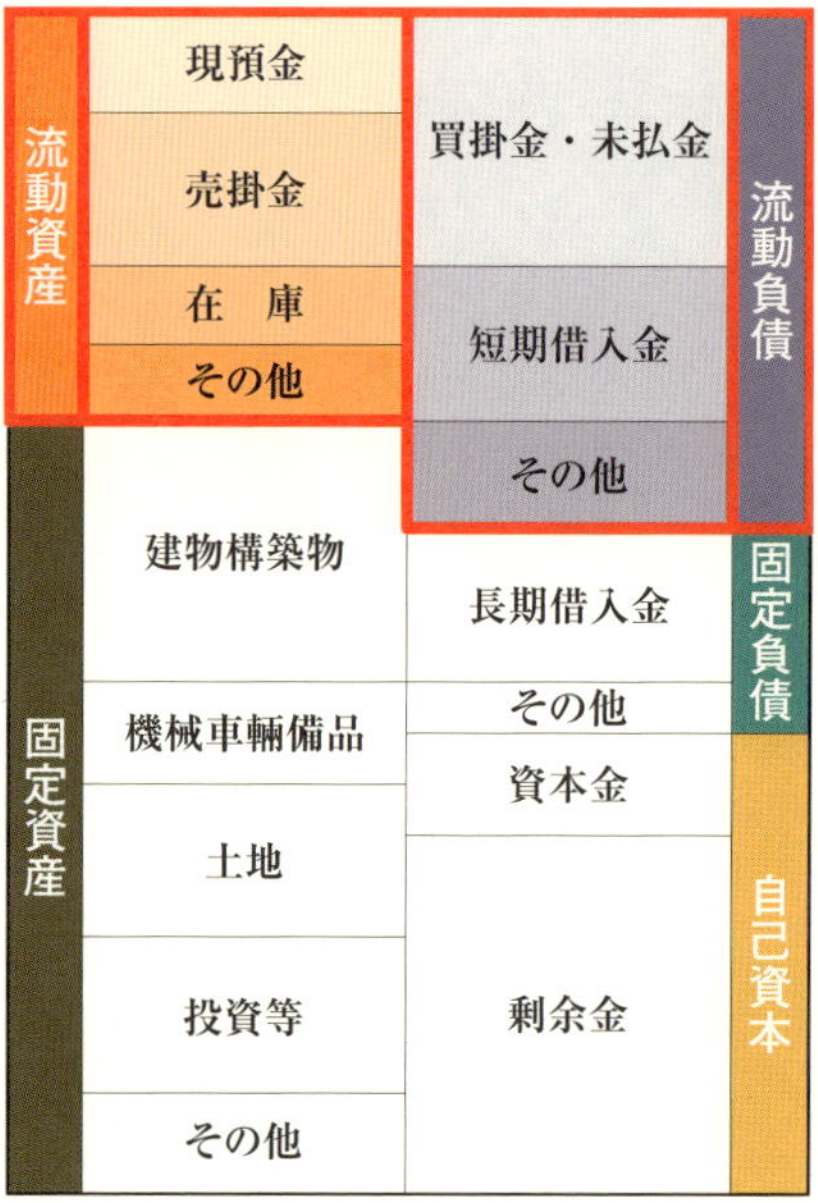

右側の流動負債に対して、左側の流動資産、つまり、流動比率は約80%くらいですね。これは、健全なバランスを欠いている状態です。

流動資産欠乏症です。流動負債に対して、流動資産が不足しているのです。

おおざっぱに言えば、短期的な支払いに対して、手元の資金が20%足らないわけです。そんな状態です。まずは、その状態に気づくことが大切です。

そして、次はその中身をチェックしていくわけです。

・それぞれの科目の中身は、正しい数字なのか？
・特殊要因はないのか？
・当面の資金繰りは大丈夫なのか？
・なぜこのような体質になってしまったのか？
・その他、とは何なのか？

その中身によって、打つ手も変わってきます。

もちろん、流動資産が少ない分、固定資産が多くなります。ここにも問題があるかもしれません。

面積グラフから流動比率を見る場合、まずは、流動資産と流動負債の見た目のバランスを見ることから、スタートすればよいのです。

続いて逆に、流動資産が流動負債よりもはるかに多い、〝流動資産肥大症〟について、です。

〈55図〉　流動資産肥大症

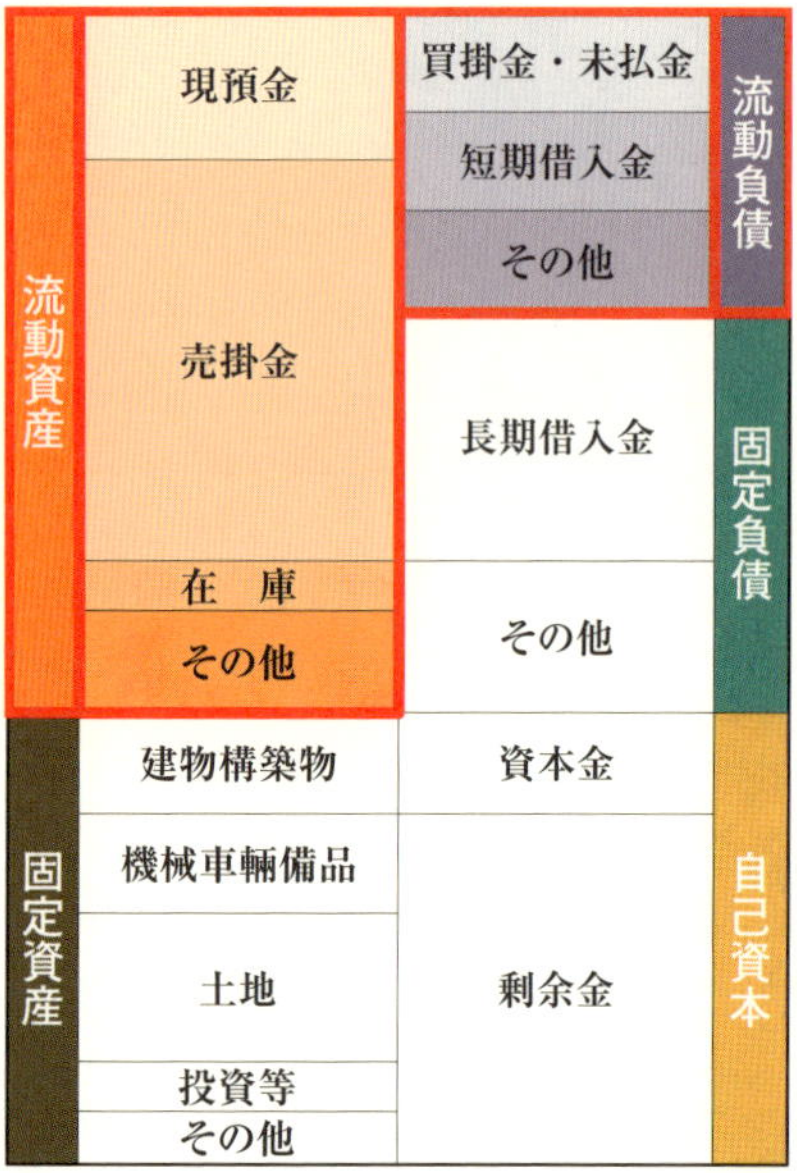

流動負債は、近々に支払わねばならない負債、流動資産は、近々にお金に変わる資産です。

ですから、流動資産が流動負債を上回っていればよいのですが、限度があるのも事実です。

55図の面積グラフをご覧ください。

流動資産が流動負債の約2・5倍、つまり、流動比率は250％です。

120％〜200％くらいまでなら、まあよしとして、250％ともなると、何か問題を抱えています。

このグラフでは、売掛金が異常に大きいことがわかります。となると、このなかには、焦げついた売掛金が滞留している可能性が高い。つまり、すぐにはお金にならない売掛金が含まれているわけです。

ならばその中身を調べ、焦げついた売掛金があるのか、あればその金額はいくらなのか、なぜそうなったのか、今後そうならないようにどうするのかを決めて、売掛債権除却損を特別損失に計上すればよいのです。

売掛金ではなく、在庫や未収金であったとしても、大きな流れは同じです。

流動比率は大きければよい、というものではないのです。

まずは健全なバランスかどうか、見極めてください。

もしバランスに異常があれば、原因を解明し、不要な部分をそぎ落とせばよいのです。流動比率のバランスが良くなるだけでなく、総資産が圧縮され、回転率も良くなります。

ムダな資産を取り除くことは、良いことずくめなのです。

5. 金融力

実質金利率

有利子負債（短期・長期借入金＋社債）から現預金をマイナスした金額に対して、何％の金利を払っているのかということを表す経営指標です。

デフレ環境が続く低金利の現状、せめて1％以下であってほしい経営指標です。

ではなぜ、有利子負債から現預金をマイナスするのかということです。

現預金は、それを返済に使って、有利子負債を減らすことができます。なので、あらかじめ現預金を差し引き、実質的な有利子負債に対する、支払金利の率を見るのです。

「うちの借入金利は0・5％ですよ」と誇らしげに言っている社長の会社の実質金利が、計算してみれば、軽く3％を超えていたということもあります。

いまどきの金利3％といえば、高金利です。

「社長！　実質金利は3％を超えていますよ！　高いじゃないですか！」と教えてあげる

実質金利率

（支払利息－受取利息）÷（有利子負債－現預金）×100

（単位%）※小数点第二位を四捨五入し、小数点第一位まで記載

と、「ええっ！　そうなんですか！　どういうことですか？」などと言われたりします。

契約金利が0・5%であろうと、ムダに借りれば借りるほど、支払う金利の額そのものは大きくなります。ムダに借りるほど、実質的な有利子負債に対する支払金利の額は膨《ふく》らんでいくのです。

要は、借りなくてもよい借入金が多くなるほど、実質金利はどんどん高くなり、悪化していくのです。

なかには、

「実質金利を計算したら、マイナスになるんですけど…」

とおっしゃる方がいます。マイナスということは、有利子負債よりも多い現預金を抱えているということです。要は、借り過ぎなのです。だから、有利子負債から現預金を差し引くと、マイナスになり、実質金利を計算すると、マイナスになるのです。世間でいう、マイナス金利です。

負債比率（ギヤリング比率）

有利子負債 ÷ 自己資本 ×100 （単位％）

※小数点第二位を四捨五入し、小数点第一位まで記載

※有利子負債とは、短期借入金＋長期借入金＋社債です。流動負債に、「１年以内返済長期借入金」があれば、それも有利子負債に含みます。

その場合は、実質金利はマイナスで表記してください。まずは、現状を正しく認識することが大切なのです。そしてすぐに、余分な借入金を返済してください。

負債比率（＝ギヤリング比率）

まずは、上の計算式を見てください。負債比率（＝ギヤリング比率）は、○○％という数字になります。

有利子負債は、短期と長期の借入金や社債、要は、利息の有る負債ということです。つまり、計算式を詳しく書くと、

（短期借入金＋長期借入金＋社債）÷自己資本×１００

となります。

計算式からいえば、自己資本の金額に対して、どれだけの借金を抱えているのか、ということです。知っておきたいのは、この

数字で何を見るのかということです。

負債比率は、財務の安定性を見る項目として、ギヤリング比率という名前で、銀行の格付け項目に位置づけされています。しかも、その配点ウエイトは、自己資本比率と同じ、高いのです。

で、どのくらいの数字が安定の分岐点なのかというと、100%、です。

つまり、借金が自己資本の金額よりも大きいほど、銀行から見て財務は不安定になるということです。負債比率は、100%よりも小さくしておきたい経営指標なのです。

この指標が100%を超え始めると、銀行は不安に思い始めるわけです。つまり、銀行から資金調達をするための、金融力は弱いということになるのです。

次ページの56図を見てください。

自己資本に対して、有利子負債は2倍、つまり、負債比率が200%です。これはかなり不安定です。

これではかなりの営業利益が出ないと、金利がバカにならず、返済原資を生み出せません。特別損失を出そうにも、自己資本が小さく、債務超過になる危険もあるので限度があります。

〈56図〉　負債比率、約200%

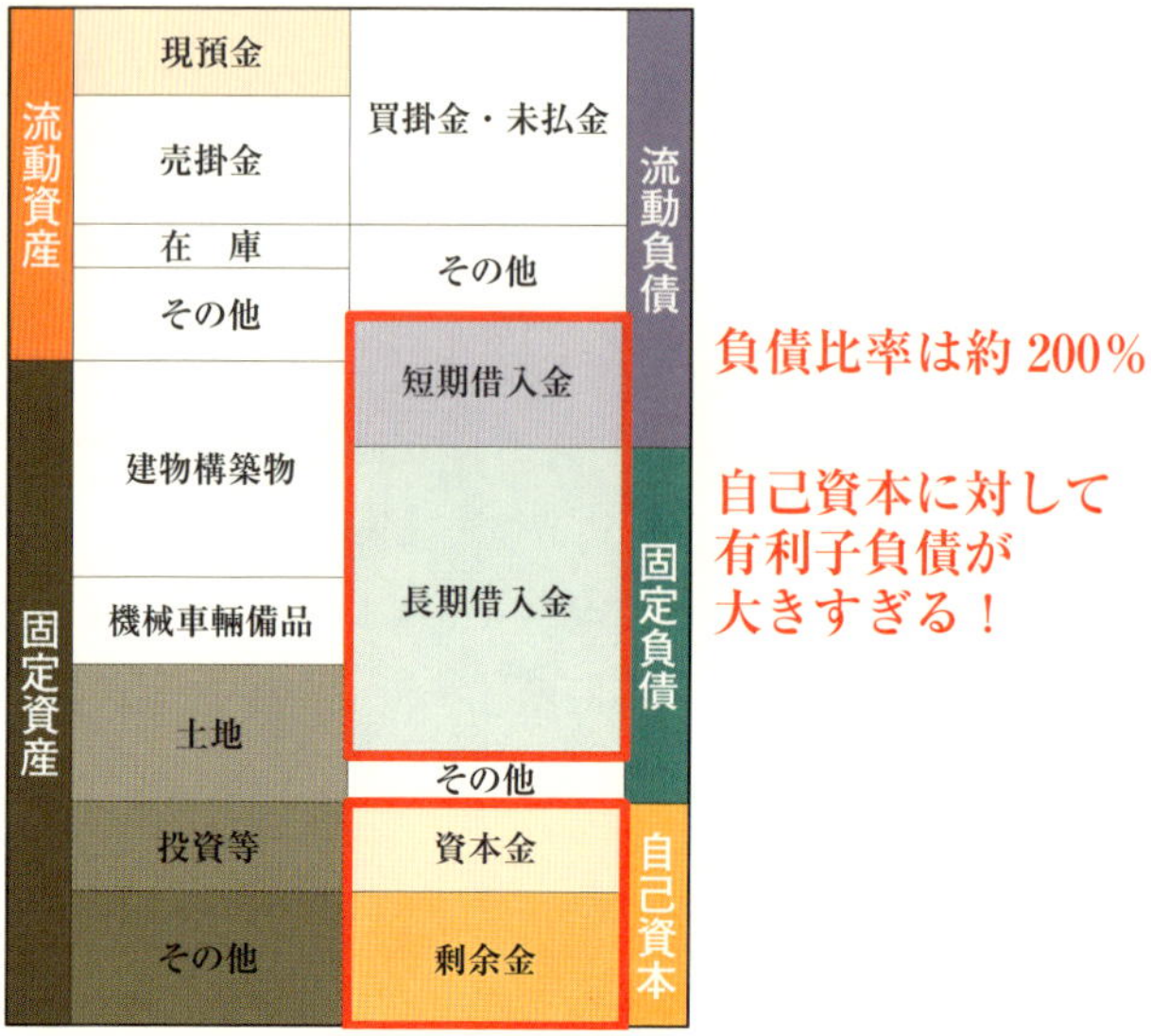

こんな状況で、○○ショックだ、円高だ、天災だ、などと予期せぬ危機が来ると、どうなるでしょう？　たちまちに資金繰りが苦しくなり、倒産の危機に直面してしまうのです。

まずは自社の面積グラフを見てください。

もし、負債比率が１００％を超えているなら、安定性は黄色信号です。

繰り返します。負債比率（＝ギヤリング比率）は、財務の安定性を見る項目で、その目安は１００％以下です。

56図の事例で、負債比率２００％の状態を示しました。

目安の１００％に比べて、とても不安定な財務状況です。

〈57 図〉 土地、投資等、その他の一部を売却すると…

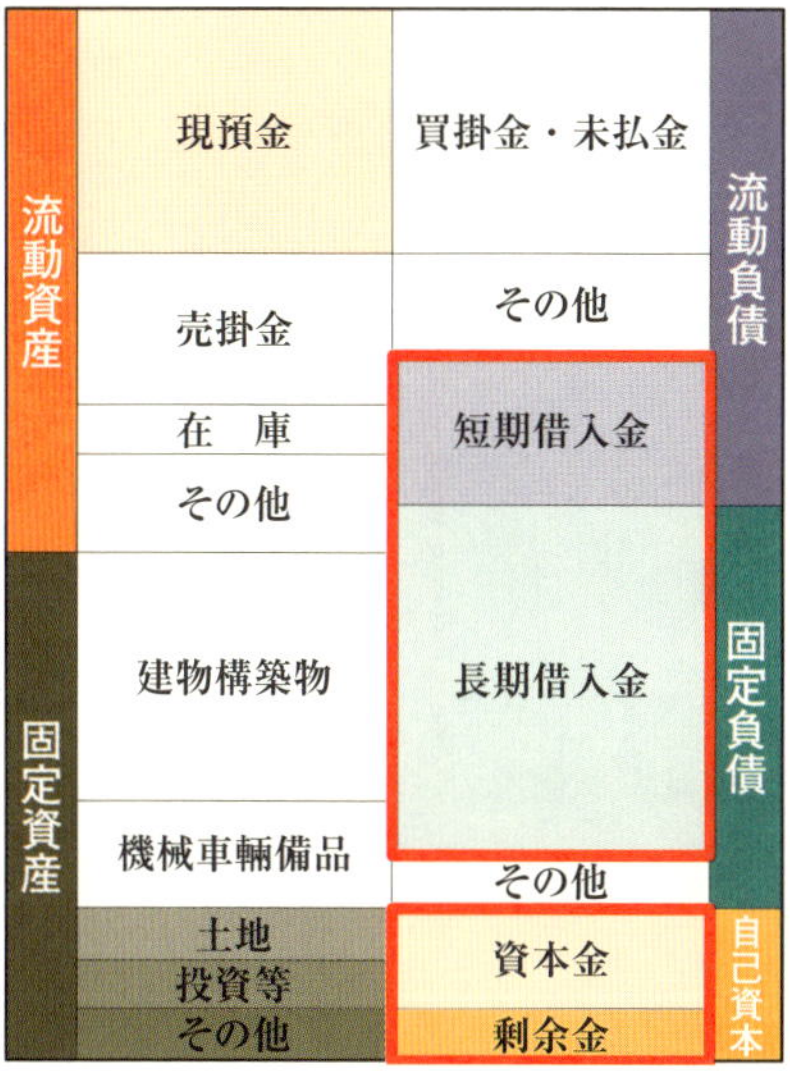

そこで、ここから、土地、投資等、その他の一部を売却するとします。

売れた金額分は現預金が増え、売却損が出た金額分は剰余金が減ったとします。すると、57図のようになります。

有利子負債は減らず、剰余金が減ったぶん、自己資本は小さくなりました。

そのぶん、負債比率は一時的に悪化します。そして、剰余金が減った分、総資産も減っています。

次に、増えた現預金で短期借入金を返済します。

すると、58図のようになります。

有利子負債は長期借入金だけになり、負

〈58 図〉　増えた現預金で短期借入金を返済すると…

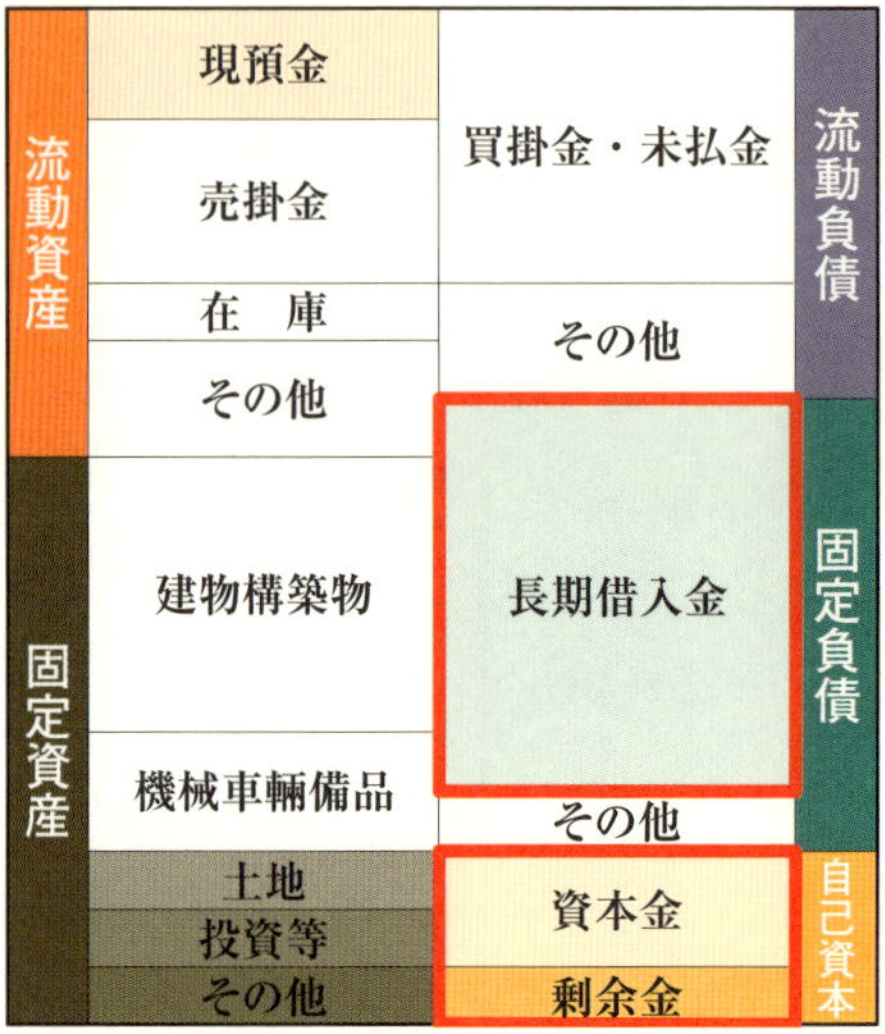

債比率は約２３３％です。

その比率の大きさは最初とたいして変わりません。

しかし、分子も分母も小さくなっていますので、資金繰りそのものは改善します。長期分のみを返済すればよいのですから。

それに、売却損が出たぶん、法人税は削減できるので、そのぶん、キャッシュは残ります。一時的に剰余金は減りますが、収益性が維持できていれば、税金でのキャッシュアウトがないぶん、すぐにもとの大きさにもどってくるのです。

世のなかには、「借金はできるだけ多くして、現預金をもち、非常時に備えよ！」と言うコンサルタントがいます。大きな間違いです。そんなことをすれば、売上高激減の非常時には、たちまち返済に追われます。そのような会社には、銀行も回収を急ぎます。一気に財務危機へと陥るのです。

結局、負債比率が100%を超えている場合、方法はいろいろありますが、借入金を速やかに減らすことを考えなさいということです。

それは、早ければ早いほど、財務の安定性に効果をもたらします。

借入金が多額であるから、社長の個人保証や担保（個人の不動産）まで、銀行におさえられるのです。

ではなぜ、借金をしてまで、財務不安定の原因となる土地や投資に、手を出してしまうのでしょうか？

結局、損益計算書だけで考えていると、そうなりがちです。銀行借入をして土地を買っても、投資をしても、損益計算書はたいして変わりません。金利の支払利息や固定資産税が増える程度だと考えてしまいます。

しかし、そこに落とし穴があります。毎月の借入返済を考えていないのです。

金利や固定資産税のぶん、経常利益が下がった中から、返済資金が出ていくのです。苦しくなって当然です。

なのに、

「あの土地を買いたい！」「あの株を買いたい！」「利益がこれだけあるなら大丈夫！」

という気持ちが先走ります。

そもそもの原因は、経営者の損益計算書思考や、土地神話による不動産思考にあるのです。

債務償還年数

銀行が見る、返済能力が高いか低いかの、2つ目の経営指標は、〝債務償還年数〟です。

計算式で書くと、次ページ上の図のようになります。

要は、借入金の残金を、何年で返せる力があるのか、ということです。

15年を越えるようだと、融資の交渉は不利に働いていきます。

20年を越えるようだと、どちらかというと貸したくない、これ以上は貸せない、ということになっていきます。

債務償還年数

有利子負債（短期・長期借入金＋社債）÷単年度のキャッシュフロー（営業利益＋減価償却費）

（単位／年）　※小数点第二位を四捨五入し、小数点第一位まで記載

したがって、債務償還年数は、5年～7年以内にしておいてほしいのです。

債務償還年数が15年くらいになると、そんな先のことはまったく読めません。不確実性がどんどん強まります。そんな財務状況の会社に、銀行は貸したくないのです。

ところで、上の計算式をご覧いただき、財務にそこそこ明るい方なら、「？」と思われたかもしれません。キャッシュフローを表す部分が、営業利益＋減価償却費なのです。

通常、キャッシュフローといえば、税引後利益＋減価償却費、で計算します。ところが、銀行評価ではなぜか、この計算式なのです。

だから、営業利益をできるだけよくするように、と言うのです。

加えて、余分な資産をもち、余分な借入がある、という状況を作らないことです。それだけで、いざ本当に融資を受けたいときに、債務償還

年数が長くなってしまうのです。そうなると、有利な金利条件を引き出せないでしょう。

それに、償還年数が短い、ということは、有利子負債が少ないわけですから、総資産が縮まります。当然、自己資本比率は高まります。

本業の利益である営業利益をできるだけ多くし、余計な負債を抱えないことが、債務償還年数を短くしておくポイントなのです。

当然、無借金なら、有利子負債がゼロなのですから、ギヤリング比率も、債務償還年数も、その経営指標そのものが計算できません。それはそれで良いことです。それでも、このような経営指標があることは、無借金の会社がいかに少ないかを物語っているのです。

現預金対月商倍率

現預金対月商倍率は、月商に対して何カ月分の現預金をもっていますか？　ということを表す経営指標です。計算式は次のページのとおりです。

基本、少なめにしてほしい経営指標です。0・5カ月、月商の半分くらいでいいでしょう、と申し上げています。お金は、支払いなどで毎月出ていきますが、売上高のお金は毎月入ってくるのです。入りと出、があるのです。そのバランスを考えれば、最低限、毎月末にどれ

現預金対月商倍率

現預金 ÷ 月平均売上高（年間売上高 ÷ 12）

（単位／倍）　※小数点第二位を四捨五入し、小数点第一位まで記載

くらいの現預金があればいいか、わかるはずです。なのに、3カ月分、4カ月分、まだまだそれ以上の現預金をおもちの会社があります。

現預金をもち過ぎの会社に限って、負債には短期借入金や長期借入金があったりします。少しでも返済にまわし、総資産を減らす、支払金利を減らす、ということに尽力すればよいのに、大量の現預金を抱えておられる会社があるのです。

「うちはお金が入る日と出ていく日のバランスが悪いので、どうしても現預金を多くもつことになります」と言う社長もいます。それなら、入金日を変えるとか、支払日を変えるとかのアクションをとればよいのです。

また、「賞与資金が要るので…」と言う社長もいます。

それなら、銀行に交渉して、当座貸越契約を結べばいいのです。当座貸越契約とは、口座の残金がゼロを下回っても、そこから1億とか、2億とか、銀行と契約した範囲内で、お金を短期的に借りることができる契約です。そして口座にお金が入ってくれれば、自然にそのぶん、返済されていきます。

過剰な現預金が減れば、総資産は縮みます。総資産が縮めば、自己資本比率も、総資産経常利益率も良くなります。銀行交渉にも有利になります。

要は、現預金対月商倍率の数字を縮めて良くするための打つ手はあるのです。それをやるかやらないかで、財務状況はまったく異なるのです。

［補足］経営幹部陣と共有したい経営指標

ここまでは、社長にはぜひ、ご理解いただきたい経営指標を述べてきました。

ここからは、社長だけでなく、部長以上の経営幹部陣にも数値を読んでおいてほしい経営指標について述べていきます。自社の経営に大きく関わる方々の共通言語として知っておきたい指標です。

1．企業体力

経営指標から見た会社の体力を示す、総まとめといってよい独自の経営指標です。
次ページの図のように、ふたつの指標の数値を掛け合わせます。
例えば、総資産経常利益率が6・5％、自己資本比率が30・2％なら、

企業体力

総資産経常利益率 × 自己資本比率

(単位なし)　※小数点第二位を四捨五入し、小数点第一位まで記載

６・５×３０・２＝１９６・３

といった具合です。

総資産経常利益率は、(収益性)です。自己資本比率は、(安定性)です。(収益性)と(安定性)を掛け合わせた数値が、私たちの考える、「企業体力」なのです。

合格ラインとしては、３００以上です。

総資産経常利益率(１０％)×自己資本比率(３０％)＝３００

です。

つまり、総資産経常利益率は１０％以上をたたき出し、自己資本比率は３０％以上の安定を維持してほしい、というわけです。それぞれに、合格ラインがあるのです。このレベルの(収益性)と(安定性)があれば、財務基盤の強い会社といえるのです。

自社の数字を計算すると、「300なんてとても無理です！」とおっしゃる方がいます。

しかし現実に、300どころか、1000や2000の企業体力をもつ会社をいくつも目の当たりにしているのです。最初から無理だなんて思わないことです。

まず、〈収益性〉と〈安定性〉の、どちらがより低い数値になっているかを見てください。

これは、企業体力が300以下であっても、300以上であっても、見てほしいのです。

300以上であっても、自己資本比率だけが80％超と極端に高く、総資産経常利益率は4％程度という場合があります。このようなケースだと、企業体力が300を超えていても、収益性に問題があるのです。

そして、5年間の推移を見ながら、〈収益性〉と〈安定性〉に、陰りが生じていないか、チェックをしてほしいのです。

いずれの体力要素も、その数値を向上させるには、総資産をむやみに膨《ふく》らませない、できるかぎり小さくしておく、ということがポイントになってきます。

だぶついた資産や使えない資産は、会社の体力を奪うことを深く頭に刻んでおいてほしいのです。

売上高増加率

今年度の売上高 ÷ 前年度の売上高 × 100

（単位％）　※小数点第二位を四捨五入し、小数点第一位まで記載

2. 成長性

売上高増加率

これは多くの社長が、なじみのある経営指標だと思います。

「昨年対比、売上高が○％増えました！」あるいは「○％減りました」などという指標です。

売上高が伸びること自体は、結構なことです。しかし、増えただけで喜んではいけない経営指標なのです。売上高増加率には、ふたつの役割があります。ひとつは、他の経営指標の増減と比較をするときに、使いたい指標なのです。

例えば、「売上高が１０％増えました！」といっても、総資産が３０％増えていたら、どうでしょうか？

売上高は１０％しか増えていないのに、総資産は３０％も増えている

のです。売上高に対する総資産の回転は悪化しているのです。

売上高が１０％増えた！　と、喜んでいる場合ではないのです。それ以上に、稼いでいない資産や、それに伴う借金が増えている可能性が高いです。

売上の伸びだけを気にする社長や経営陣は、経営危機を最も招きやすいのです。

もうひとつの役割は、何の売上高が伸びたのか？　なぜ伸びたのか？　を分析することです。売上高が昨年に比べて縮んだ場合は、何が縮んで、それはなぜなのか？　です。

例えば、たまたま世間のブームにのって売上高が伸びたという場合があります。

伸ばしたのではなく、勝手に伸びたのです。経営環境がたまたまプラスに働いただけです。なのに、「うちの商品が世間に認められた！」「営業努力が実った！」などと勘違いし、「よしっ！　今のうちに設備投資だ！」と、借金をして工場を拡張してしまうのです。

しかし、間もなくブームは去り、稼働しない工場と借金だけが残った、となると、一気に経営危機を招くのです。

スイーツブームで突如現れたフルーツ、ナタデココのデザート。

新型インフルエンザが猛威を振るったときの、マスク。

猛暑予測で急遽増産した、体の熱を冷ます、ひんやりグッズ。などなど、多くの経営陣が、ブーム後の対応に追われました。ブームが来たら、冷静になれ、と言いたいのです。はしゃいだ企業ほど被害が大きいです。

また、売上高には、売上構成というものがあります。

例えば、洋菓子なら、生菓子、焼き菓子、ギフト商品など。売上高は、いくつかの分類に分かれます。そのうちの何が伸びたのか？　さらにそのなかでも、どのアイテムが売れたのか？　それはなぜなのか？　ということを、よく考えてほしいのです。中には、売上高が縮んだものもあるはずです。

売上高＝売れ数（客数）×単価

です。これしかありません。

売上高が伸びるということは、売れ数（客数）が増えた、単価が上がった、そのどちらもあったのいずれかです。

しかし、その中身をよく見ると、伸びたものも、縮んだものも、あるのです。全体の売上高増加率がマイナスでも、そのなかには、キラリと光る伸びを示すアイテムがあるかもしれないのです。

売上高増加率は、伸びたことを喜ぶのではなく、自社の売上戦略や商品戦略を検証するために活用する経営指標なのです。

売上総利益高増加率

売上総利益高が、昨年に比べてどれだけ伸びたのか、あるいは、縮んだのか、を見る経営指標です。

収益性の売上総利益のところで述べたとおり、売上総利益こそは、儲けの源泉であり、会社の商品力を示します。その商品力である、売上総利益の伸縮を見る数字なのです。

売上総利益高増加率を計算した際に、まず見たいのは、先ほどの売上高増加率との比較です。

例えば、売上高増加率は105％で、売上総利益高増加率は103％、というケースがあっ

売上総利益高増加率

今年度の売上総利益高÷前年度の売上総利益高×100

（単位%）　※小数点第二位を四捨五入し、小数点第一位まで記載

たとします。

昨年に比べ、売上高は5%伸びたけれど、売上総利益高は3%しか伸びていない、ということです。これは、売上高に対する売上総利益率でいうと、昨年より落ちているということです。商品力が落ちているのです。大問題です。なのに、「売上も売上総利益も、昨年に比べて伸びている！」と喜んでいる社長や経営幹部がいるのです。商品力が落ちていることに気づいていないのです。これは悲劇です。

商品力の伸びに陰りが出始めているのです。であればまずは、その中身をこそ、見なければいけないのです。

- **売上高の構成に、どのような変化があったのか？**
- **商品別売上数の変化によるものなのか？**
- **材料費や仕入原価の高騰によるものなのか？**
- **値上げや値下げによるものなのか？**
- **これまでの人気商品や、新商品の不振によるものなのか？**

さまざまな要因が考えられます。

商品力の伸縮を示す、売上総利益高増加率に陰りが出るということは、自社の商品力が落ちているということです。売上総利益が落ちてくると、その他の４つの利益（営業利益、経常利益、税引前利益、純利益）すべてに影響を及ぼします。もちろん、残るキャッシュを減らす要因になります。

そのような悪い芽は、早く見つけて摘んでおく必要があるのです。

売上高増加率との比較でいえば、売上高増加率は９８％だったが、売上総利益高増加率は１００％だった、などというケースもあります。この場合なら、売上高は昨年に比べて減ったけれども、売上総利益率は上がっているということになります。

売上高に伸びはなくても、売上総利益高は伸びているのです。落ちた売上高のなかにも、より多くの儲けを生み出している商品が隠れているのです。ならばそれを早く見つけて、さらに注力していくべきなのです。

経常利益高増加率

今年度の経常利益高 ÷ 前年度の経常利益高 ×100

（単位％）　※小数点第二位を四捨五入し、小数点第一位まで記載

商品力を伸ばすには、時間がかかります。売上総利益高増加率は、商品力の伸びの良し悪しを判断する信号のようなものです。青なら進み、黄色なら注意し、赤なら止まって考える、という行動の指標なのです。信号無視をすると、あとあと痛い目にあうのです。

経常利益高増加率

経常利益高増加率は、経常利益の額が、前年度に比べて、どれだけ伸びたのか？　あるいは縮んだのか？　を示す経営指標です。

日本経済新聞の記事で、「A社が経常利益○％増加」などと掲載されているものと同じです。

経常利益は、できるだけ大きくしておきたい数字です。なので、経常利益増加率も、プラスが大きいほど良い数字です。

しかし、この経常利益高増加率も、売上高増加率、売上総利益高増加率の数値と比較して、見ておきたい経営指標なのです。

できることなら、次ページ上の図のようであってほしいのです。

売上高増加率＜売上総利益高増加率＜経常利益高増加率

例えば、売上高増加率が１０２％、売上総利益高増加率が１０４％、経常利益高増加率が１０５％、といった状態です。

売上の伸びよりも売上総利益の伸びが大きく、その伸びよりもさらに、経常利益の伸びが大きいということです。

しかし、多くの場合、そううまくはいきません。

例えば、「経常利益高増加率が１０５％です！」と喜んでも、売上高増加率が１１０％なら、喜んではいられません。

売上総利益高が下がったのか、あるいは、販売費及び一般管理費が増えたのか、またあるいは、営業外費用が増えたのか、何らかのマイナス要因があって、売上高増加率よりも、経常利益高増加率が小さい数値になっているのです。

逆に、「営業利益高は前年と同じですが、経常利益は増えました！」という声を聞くことがあります。その理由を聞くと、

「銀行交渉の結果、支払金利の率が下がり、営業外費用が昨年より大きく減りました。それで、経常利益が増えました！」といった返事が返ってきたりします。

結構なことです。売上高を伸ばして経常利益を増やすことは、なかなか難しいです。しかし、銀行交渉で金利を下げることができれば、その効果はダイレクトに、経常利益へ反映されるのです。

経常利益高増加率がプラスになれば、それだけ使えるお金が増えたということです。キャッシュフローにとって、プラスなのです。マイナスなら、使えるお金が減り、資金繰りにとっては大問題です。

経常利益高増加率は、使えるお金の増減を見る、大切な経営指標なのです。

販売管理費増加率

販売管理費増加率は、販売管理費が、昨年に比べてどれだけ増えたか、減ったのか、を見る経営指標です。

販売管理費が増えれば、それだけ営業利益は減ります。利益のマイナス要因です。なので、増加率としては、昨年に比べて、100％以下であってほしい経営指標です。

販売管理費は、いわば固定費です。売上高が5％増えたからといって、販売管理費も同じように5％増えていたということは、あってはならないのです。

販売管理費増加率

今年度の販売管理費 ÷ 前年度の販売管理費 ×100

（単位％）　※小数点第二位を四捨五入し、小数点第一位まで記載

なのに、もっとひどいことになったりします。

「新たな営業拠点を出店して、売上高が10％増えましたが、販売管理費が13％も増えてしまいました！」などということがあったりします。

売上高の増加率以上に、販売管理費が増えてしまったという、まったく笑えないようなことが、案外ありがちなのです。

そこで、いったい何がそんなに増えたのか、調べてもらいます。

「広告宣伝費を使い過ぎていました！」

「新店に伴い、消耗品費が異常に増えていました！」

「新店に伴い、採用費用や人材紹介料が膨《ふく》れました！」

などということだったりするのです。

もし、本当に出店に際して必要な費用なら、それは新店出店に伴う臨時費用として、特別損失に計上すればいいのです。販売管理費が増加しているかどうか、そんなことは、決算書を確定させる前の段階でわかるはずなのです。

販売管理費が増えると、営業利益が減ります。できることなら、営業利益を最大限にしておきたいのです。それは、営業利益のところで述べたとおり、営業利益は、銀行が最も重視する経営指標だからです。

銀行は、決算書のデータをもとに、経営指標を算出し、融資先の会社を格付け（スコアリング）するのです。高い格付けであるほど、金利などの条件交渉を、有利に導くことができるのです。銀行格付け（スコアリング）を高くしておきたいなら、営業利益をマイナスにすることは、避けたいです。

そのためには、販売管理費増加率を見て、１００％を超えているなら、その内容をチェックして要因を探ってほしいのです。そして、臨時的な費用は特別損失に計上する、というワザを使ってほしいのです。そうすれば、マイナス要素をうまくガードしたことになります。それが、経営指標を活かして会社を強く見せる、弱者の兵法なのです。

労務費増加率

労務費が、昨年度に比べて、どれだけ増えたのか、減ったのか、を見る経営指標です。

まず、労務費とは何を示すか、です。労働分配率のところでも述べたとおり、役員報酬、

労務費増加率

今年度の労務費 ÷ 前年度の労務費 ×100

（単位％）　※小数点第二位を四捨五入し、小数点第一位まで記載

給料手当、雑給、賞与、退職金、法定福利費など、いわゆる人件費と呼ばれるものを合算したものです。

したがって、労務費増加率を計算する際には、今年度と前年度の労務費がいくらになるのかを算出します。

販売管理費（販売費および一般管理費）の内訳表を見れば、人件費の各科目の明細が記載されていますので、そのなかから労務費に該当するものを抜き出し、合計すればよいのです。

その際、製造原価報告書が損益計算書に含まれる場合は、また少し計算方法が追加されます。製造原価報告書がある場合、その製造原価報告書の中にも、労務費が含まれています。その労務費も、先の販売管理費の労務費と、合計する必要があります。よって、製造原価報告書がある場合の労務費は、

製造原価報告書の労務費＋販売管理費の労務費

「製造原価報告書はありません」という会社は、販売管理費の内訳表だけを見ていただければ結構です。

この労務費増加率も、売上高増加率と比較して見ておきたい経営指標です。売上高の増減に、見合った労務費になっているかどうかを見てほしいのです。

売上高増加率が１００％なのに、労務費増加率が１０５％だとしたらどうでしょうか？売上高は前年同様なのに、人件費だけが１０５％増えているということになります。当然、営業利益や経常利益はそのぶん、マイナス要因になります。これは大問題です。

しかも労務費は昨今、何も手を打たなければ、着実に増えてしまう経費です。社会保険料アップや加入条件見直しによる法定福利費の増加、従業員の給料アップによる給料手当の増加、残業手当算出の厳格化などなど。

というこになります。

増加要因ばかりです。放っておいても増加するのです。

多くの業種において、労務コストは最大の経費です。放置していると、3％や5％の営業利益・経常利益は、すぐに吹き飛んでいきます。

せめて、売上高が増えたら、その伸び率の範囲内で労務費も増える、売上高が減ったら、その減った率以上に労務費も減る、というように、労務費を変動費化しておいてほしいのです。固定費の要素をできるかぎり減らしたいのです。そのためには、

・正社員を減らす、若返らせる
・時間給のパート、アルバイトを増やして柔軟なシフト管理をする
・機械化、システム化で人員を削減する

ということなどに、飽きることなく取り組み続けることが必要となるはずです。

ある会社の工場に、「人は8時間、機械は24時間」と書いた横断幕が壁に貼られていました。その工場では、常に機械化やロボット化が進められているのです。

必要な営業利益・経常利益を確保し続けるための現状認識として、労務費増加率は、活用

してほしい経営指標です。

7章　自社の業種から見た数字の問題点を読む

1．小売・外食業の場合

小売・外食業の場合、現金商売が基本ですから、売掛金が発生しません。在庫も、０・５カ月分以下で十分まかなえるはずです。

外食業なら、鮮度の問題からも、在庫は少ないはずです。したがって、流動資産は小さくなります。反面、店舗の内装や備品、設備など、固定資産が発生します。

客単価は小さく、利幅も大きくないわけですから、回転で儲けたいのです。少なくとも３回転はさせたいのです。

ところが、次ページ59図左のような総資産回転率が１・９回転のような場合があります。在庫が多いことと、土地が目立ちますね。赤い線のグラフが年商ですから、在庫が２カ月分以上あります。明らかに多すぎます。

そして、土地です。土地は自社でもつ必要はありませんし、減価償却できませんので、いつまでも回転を悪くさせる要因として残ります。結果、総資産回転率は１・９回転です。

しかも、土地があるぶん、長期借入金が発生しています。そのため、金利が発生して経常

〈59 図〉 小売・外食業の場合

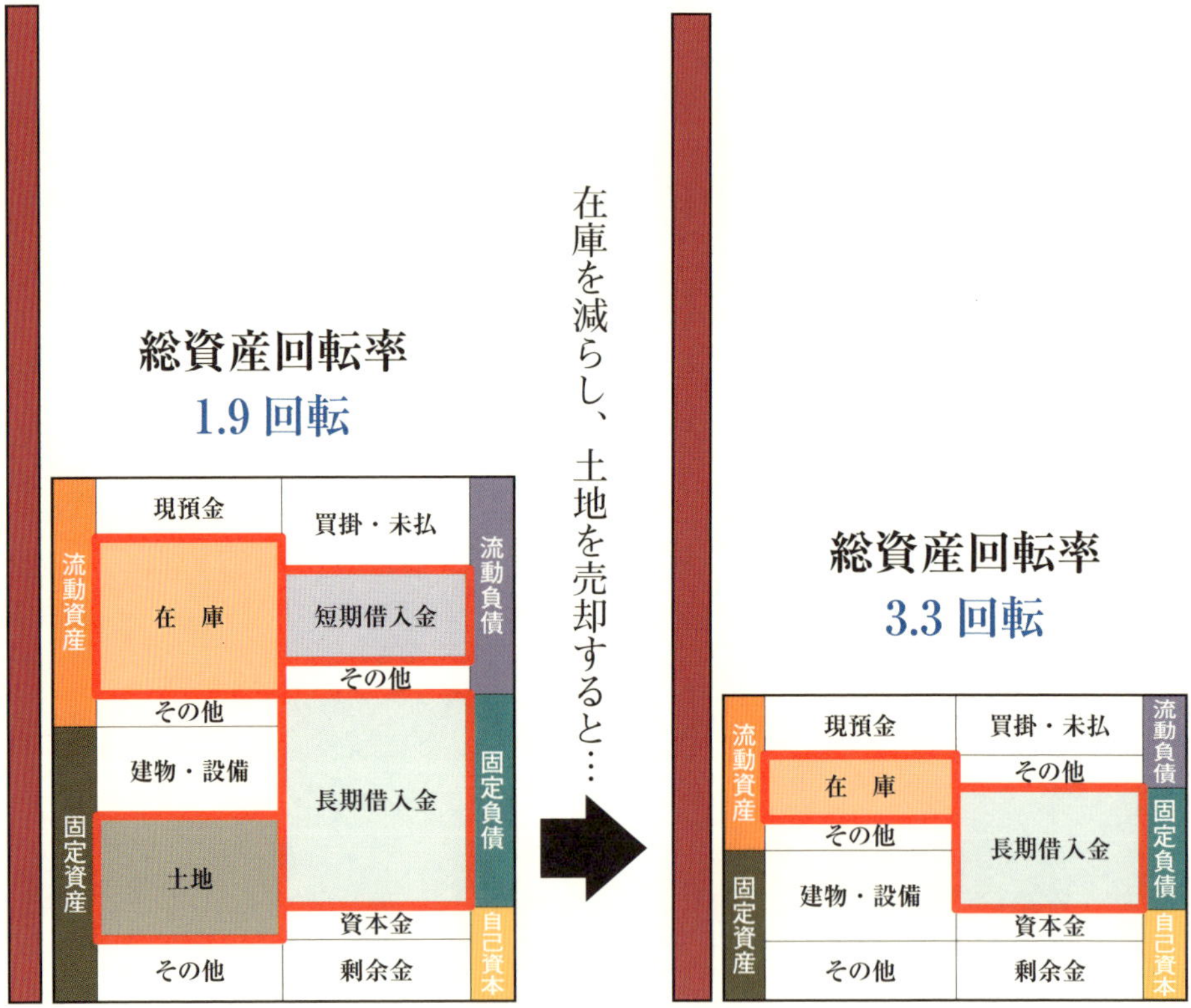

利益がそのぶん減ります。さらに、その長期借入金の元金返済も必要になります。

この状況では、資金繰りはきついです。店の内装のやり直しや、設備の更新など、後回しになってしまいます。肝心かなめの商品力を磨くことに、お金が回らなくなります。


そこで、在庫をなんとか減らし、土地を関連の不動産管理会社などに売却して、59図向かって右の面積グラフになりました。

まだまだ在庫は多いですが、総資産がぐっと圧縮され、結果、総資産回転率は3・3回転です。不動産管理会社に負債(借入金)が残っても、本体となる会社の総資産は縮むのです。

つまり、回転が良いということは、不要な資産がないのです。自前でもつ必要がないものは、もたないほうがよいのです。

不要な資産があると、必ず貸借対照表右側の調達も増えるわけですから、カネ回りが悪くなっていきます。

理想に見合った総資産回転率になっているか、確認してみてください。

2. メーカーの場合

メーカーの場合、流動資産では、売掛金や棚卸資産が発生します。固定資産では、建物や設備・機械などが発生します。そのため、流動資産と固定資産のウエイトは、半々くらいです。ただし、総資産回転率は、2回転くらいは欲しいのです。

60図の面積グラフをご覧ください。

向かって左の面積グラフは、流動資産と固定資産のウエイトは半々です。が、在庫、売掛金、土地、投資などが多すぎます。そのため、総資産と売上高のバランスが良くありません。そのため、総資産回転率は1・3回転です。

それで、総資産を小さくすることに注力しました。

流動資産では、売掛サイトを縮めて売掛金を減らし、不要在庫を処分して在庫を減らしました。また、在庫の一部は問屋に引き受けてもらうことにしました。

〈60図〉　メーカーの場合

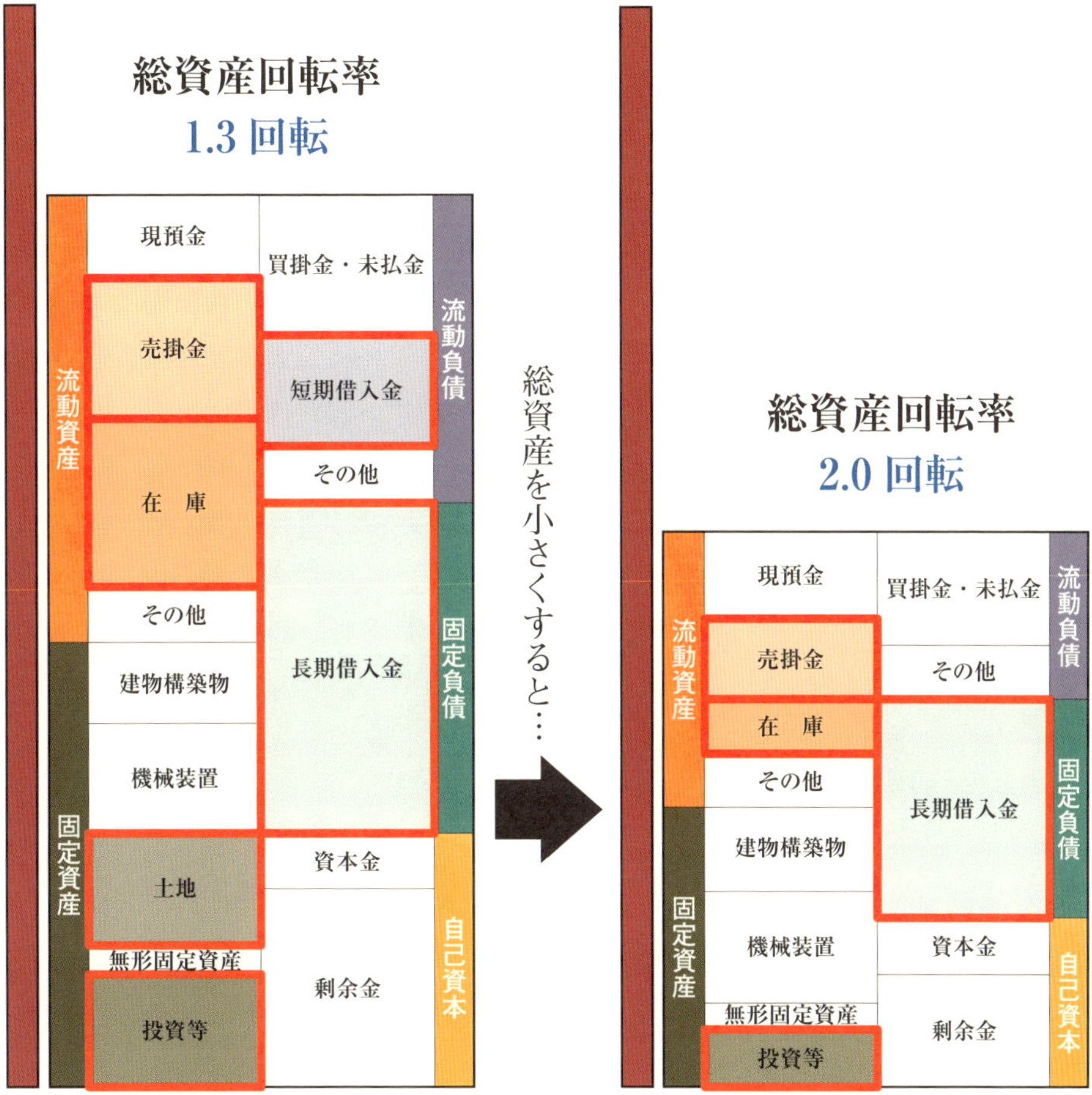
総資産回転率
1.3回転
現預金
買掛金・未払金
流動負債
売掛金
短期借入金
流動資産
在　庫
その他
その他
長期借入金
固定負債
建物構築物
機械装置
資本金
土地
固定資産
無形固定資産
剰余金
自己資本
投資等
総資産を小さくすると…
総資産回転率
2.0回転
現預金
買掛金・未払金
流動負債
売掛金
その他
流動資産
在　庫
その他
長期借入金
固定負債
建物構築物
固定資産
機械装置
資本金
無形固定資産
剰余金
自己資本
投資等

固定資産では、土地を子会社に売却し、不要な投資も売却しました。そのぶん、負債・資本の部は、除却損分の剰余金が減り、土地売却で得た資金を使って、借入金を減らしました。また、協力工場の下請会社を活用しました。

その結果、60図向かって右の面積グラフになりました。

総資産回転率は2・0回転となりました。改善前も改善後も、売上は同額です。

しかし、左の面積グラフでは明らかに、金利が余計に必要となり、毎月の返済額も多くなります。つまり、カネ回りが悪いのです。資金繰りはかなり厳しいです。

戦略うんぬんより、まずは資金繰り、という状況が続きます。

それに比べて改善後の右の図は、資金繰りが良くなり、銀行交渉にも強くなります。

建物・設備などの修繕やブラッシュアップへの、さらなる投資を積極的にできるようになります。総資産の回転を良くすると、カネ回りが良くなります。企業体力が増していきます。

そうして、ライバルに打ち勝つ差別化を素早く実現できるのです。

３．卸売業の場合

卸売業の場合、商品を仕入れて、その仕入れた商品を売る、ということが基本の商売です。したがって、必ず〝在庫〟が必要になります。さらに、売った代金は〝売掛金〟となることがほとんどです。

となると、面積グラフでいうと、どうしても〝在庫〟と〝売掛金〟のウエイトが高くなりがちです。

加えて、付加価値をつけることが難しいだけに、利幅は小さくなります。とにかく在庫を効率よく回転させ、儲けを増やさなければならない商売です。総資産回転率は、２・５回転はさせたいところなのです。

ところが、次ページの61図向かって左の図をご覧ください。

ひと目で在庫が多いことがわかります。総資産回転率は、１・８回転です。

〈61 図〉　卸売業の場合

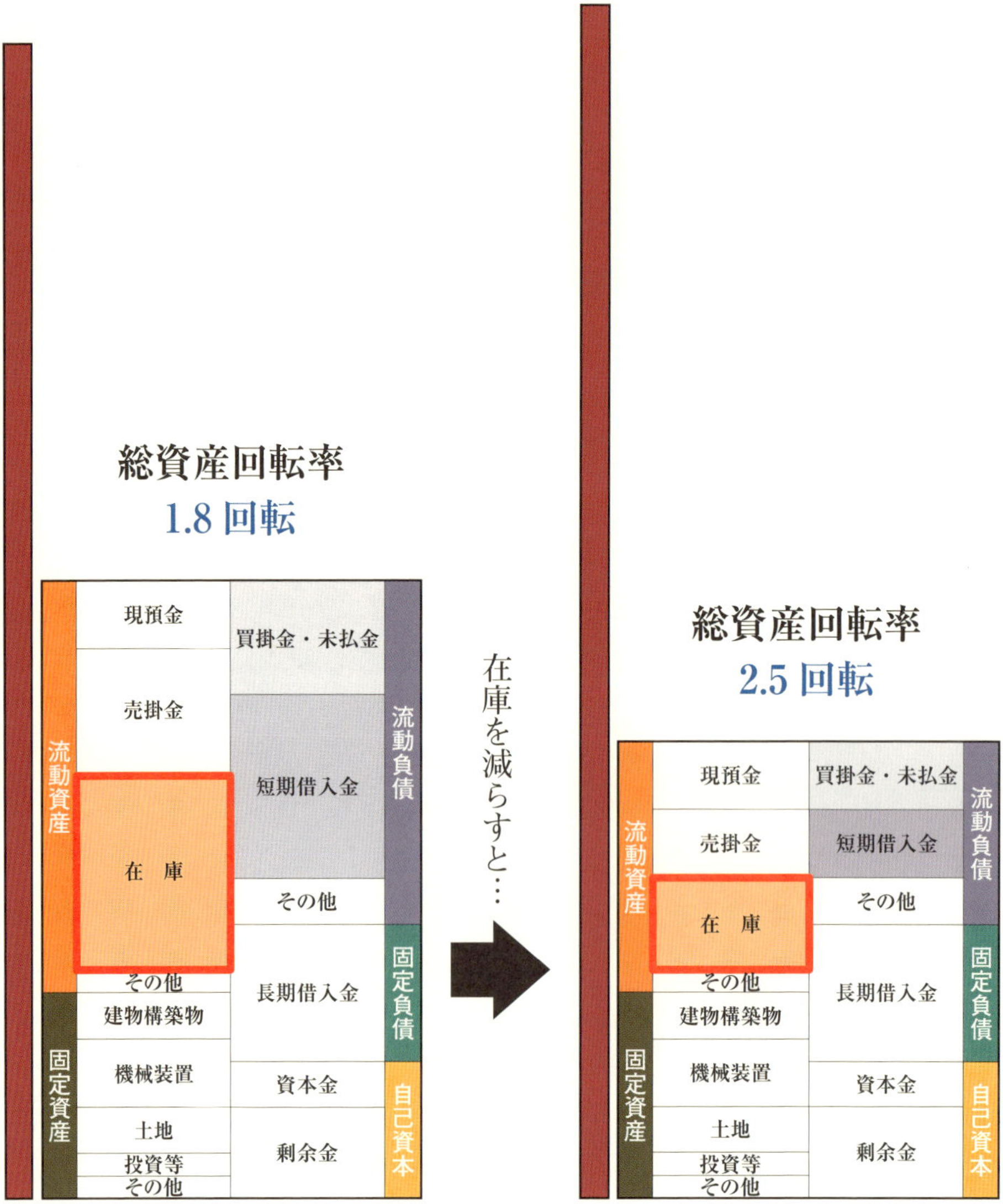
総資産回転率
1.8 回転
流動資産
現預金
売掛金
在　庫
その他
固定資産
建物構築物
機械装置
土地
投資等
その他
買掛金・未払金
短期借入金
その他
流動負債
長期借入金
固定負債
資本金
剰余金
自己資本
在庫を減らすと…
総資産回転率
2.5 回転
流動資産
現預金
売掛金
在　庫
その他
固定資産
建物構築物
機械装置
土地
投資等
その他
買掛金・未払金
短期借入金
その他
流動負債
長期借入金
固定負債
資本金
剰余金
自己資本

在庫が多いということは、たくさん仕入れるわけですから、貸借対照表右側の流動負債に、買掛金が増えてきます。そして、その支払いがどんどん前倒しで来るわけですから、短期借入金も増えてしまいます。

卸売業は、先に支払って、後で回収する典型的な業種です。在庫が増えるほど、売れる前に払う額は大きくなります。売れる前に払う額が大きくなるほど、資金繰りが苦しくなるのは、当たり前なのです。

それに、短期借入金が増えれば、金利も増えます。それでなくても卸売業の利幅は小さいのに、さらに利幅は小さくなってしまうのです。

在庫の中に不良在庫があるなら、安売りする、処分するなどして損失計上し、在庫の大きさを縮めるのです。

また、不良在庫はない、というのであれば、たんに仕入れすぎ、もちすぎです。何日分の在庫があれば回せるのかをじっくり考え、仕入を減らして、そのギリギリで回すことです。

売掛サイトが長い取引先は、縮める交渉に取り組むことです。「先方の要望事項と引き換えに、お願いし続けていた売掛サイト短縮に成功しました！」ということもあるのです。

そうして在庫と売掛金を縮めたのが、61図向かって右の図です。在庫が減り、買掛金、短期借入金も減り、総資産回転率は2・5回転になりました。

現場はとかく、在庫をたくさんもちたがります。

「在庫は多いほうが、仕事がやりやすい」

「欠品させたら、客が離れる」

などなど、資金繰りのことなど頭にありませんから、都合のいいように在庫を増やしがちです。しかし、経営者はそういうわけにはいきません。

適正な在庫で回転しているかどうか、常に目を光らせてほしいのです。

4. 建設業の場合

建設業の場合、工事を手掛けてから、現金が入ってくるまでの期間が長くかかります。他の商売でいえば、売掛サイトが長くなるのと同じです。その反面、土地や建物は自前でもつ必要がありません。なので、固定資産よりも流動資産のウエイトが高くなります、入金までのサイトが長いですから、できるだけ総資産の回転を良くしたい。総資産回転率が2・0回転は欲しいところです。

ところが、次ページの62図向かって左の面積グラフをご覧ください。

このグラフでは、土地や建物、投資があり、固定資産が膨《ふく》れ上がっています。そのため、総資産回転率は1・3回転と、低すぎます。

貸借対照表左側の流動資産の多くは、売上未計上の工事代金である未成工事支出金です。他業種でいえば、在庫にあたります。いわば、仕掛品です。

貸借対照表右側の流動負債には、着手金などとして先にいただく、未成工事受入金が計上

〈62 図〉　建設業の場合

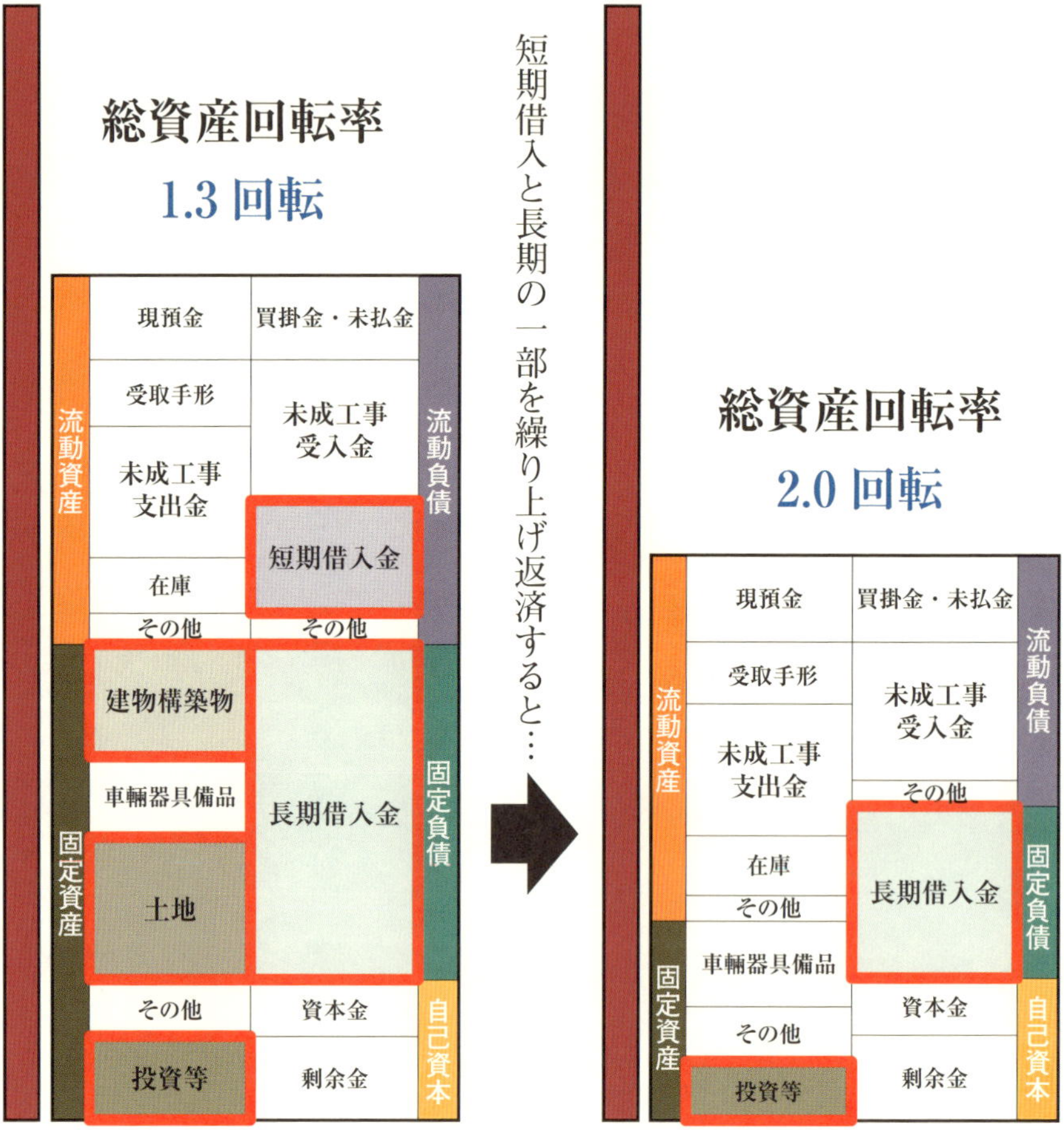

総資産回転率
1.3 回転
流動資産
現預金
受取手形
未成工事支出金
在庫
その他
固定資産
建物構築物
車輌器具備品
土地
その他
投資等
流動負債
買掛金・未払金
未成工事受入金
短期借入金
その他
固定負債
長期借入金
自己資本
資本金
剰余金
短期借入と長期の一部を繰り上げ返済すると…
総資産回転率
2.0 回転
流動資産
現預金
受取手形
未成工事支出金
在庫
その他
固定資産
車輌器具備品
その他
投資等
流動負債
買掛金・未払金
未成工事受入金
その他
固定負債
長期借入金
自己資本
資本金
剰余金

されています。建設業独自の勘定科目ですが、よくあるパターンです。

これだけでも、資金繰りはけっして楽ではありません。未完成の工事にかかわる材料費、外注費、労務費などの支払いが発生します。

そこへ土地・建物などを調達した際の、借入返済や金利が加わるのです。となると、資金繰りが厳しいので、短期借入金も発生します。

これではいつまでたっても、資金繰りは楽になりません。それで、土地・建物と投資の一部を売却し、その売却で得た資金で、短期借入と長期の一部を繰り上げ返済しました。

それが、62図の向かって右の面積グラフです。

固定資産がグンと小さくなり、総資産回転率は２・０回転になりました。

売上が急に増えるわけはありませんから、回転率を高めるには、総資産を縮める、いわば、オフバランス以外に方法はないのです。

建設業であれば、固定資産をできるだけ減らし、総資産回転率２・０回転を目指す。

そのために不要なものは、削ることに徹するべきなのです。

5. サービス業（IT、人材派遣、代理代行業など）の場合

サービス業・人材派遣業など、人がサービスを提供する業種の場合、まず固定資産が不要です。

保険代理店、システムサービス、コンサルタント業などもそうです。流動資産も、売掛金があったとしても、サイトはさほど長くありません。資産をもたずに利益を上げ、回転で儲ける業種なのです。したがって、総資産回転率としては、5回転を目標としたいところです。

63図向かって左の面積グラフをご覧ください。

左の面積グラフでは、固定資産に土地・建物が目立ちます。そのため、負債側には、短期・長期借入金が発生しています。儲かってきたら、つい自前の本社ビルや社宅などを抱えてしまうのです。

総資産回転率は2回転ですから、他業種から見れば、一見、悪くはないように見えます。しかし、毎月の借入返済や金利が重くのしかかり、これでも資金繰りを大きく圧迫してし

〈63図〉　サービス業の場合

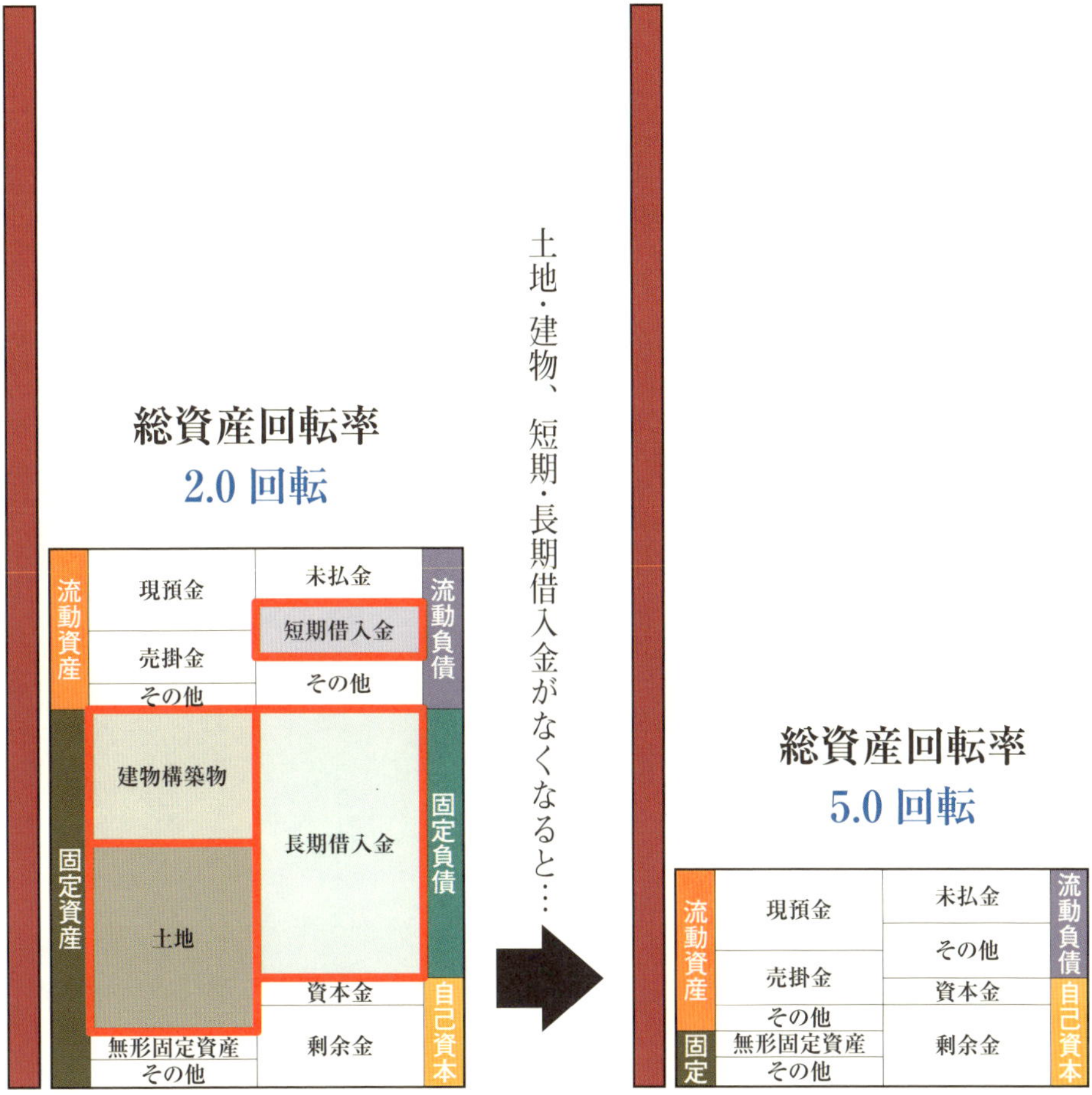

まいます。

63図向かって右の面積グラフは、土地・建物、短期・長期借入金がない場合です。総資産回転率は5回転です。サービス業・人材派遣業などの場合、土地・建物をもっているからといって、業績に貢献することは何もありません。賃貸で良いのです。資産よりも、労務費や広告宣伝などにかけるコストが必要なのです。

とくに、土地をもつと、減価償却がありませんから、その返済原資は、税引後の純利益だけになります。相当の経常利益を上げないと、返済資金が出てこないのです。となると、そのぶん、本当に使いたい経費を削り、無理やり利益を出し、なんとかして資金を回すようにします。そのような状況では、本業そのものを伸ばしていくことが、おろそかになるのは当然なのです。

固定資産がなくてもできる商売で、不要な資産を抱えると、そのための資金確保に翻弄《ほんろう》されてしまうのです。自社の業種をよく考え、甘い誘いや余計なあこがれに影響されることのないよう、判断してほしいですね。

6. 装置産業（不動産賃貸業、ホテル、病院など）の場合

病院・ホテル・不動産賃貸業など、いわゆる装置産業と呼ばれる業種があります。装置産業の場合、建物、設備、土地などの固定資産が売りモノの要素をもちます。ゆえに、どうしても固定資産が膨《ふく》らみます。それでも目安としては、総資産回転率1・0回転は欲しいのです。

次ページの64図向かって左の面積グラフをご覧ください。

左の面積グラフでは、総資産回転率0・8回転です。建物・設備・土地は事業に活用されているとして、投資は不要です。

現預金と未収金で年商の4カ月分くらいあるのも多すぎます。結局、そのぶん、貸借対照表右側に借入金が増えるだけです。

借入で過剰な現金をもって安心するような経理担当者では、資金繰り担当者として失格です。金利をマイナスだと自覚していないのです。

〈64 図〉　装置産業の場合

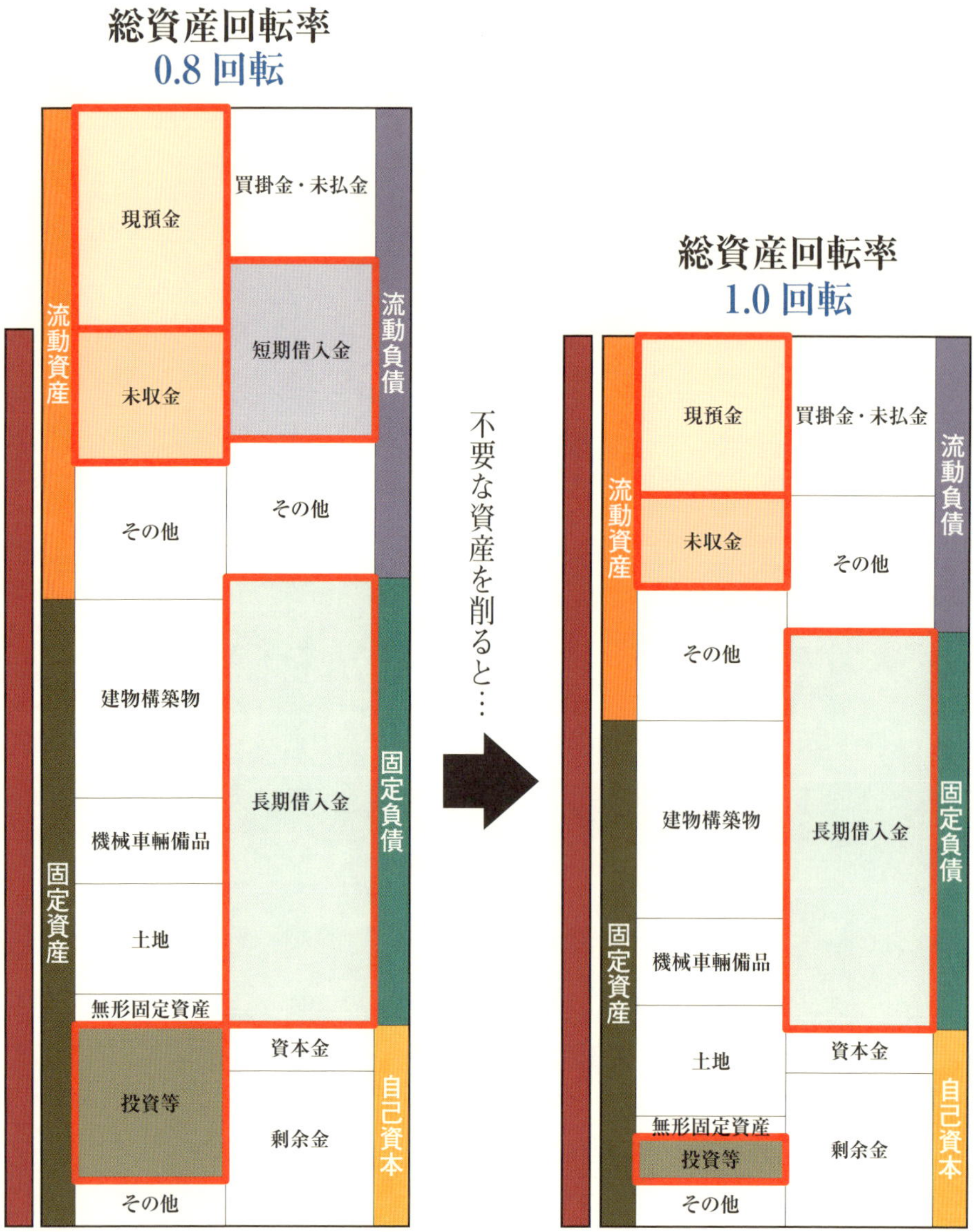
総資産回転率
0.8 回転
現預金
買掛金・未払金
短期借入金
未収金
流動資産
流動負債
その他
その他
建物構築物
機械車輌備品
長期借入金
土地
固定資産
固定負債
無形固定資産
資本金
投資等
剰余金
自己資本
その他
不要な資産を削ると…
総資産回転率
1.0 回転
現預金
買掛金・未払金
流動負債
未収金
その他
流動資産
その他
建物構築物
長期借入金
機械車輌備品
固定資産
固定負債
土地
資本金
無形固定資産
投資等
剰余金
自己資本
その他

未収金も、ホテルや病院では、こげついたまま放置されているというケースがよくあります。不特定多数の顧客ですから、個々の金額は少額が多いです。が、不良の未収金が発生しやすい環境なのです。それだけに、予防的対策や損切り処理が必要です。

繰り返し、督促の電話をし、文書を送り、その記録を残します。まずは、払ってもらうための努力をします。ここが大事です。払ってもらうことが、一番良いのです。

それでも料金を回収できない人がいるのなら、それは、除却損として、損金処理すればよいのです。

投資については、いうまでもありません。装置産業は、そんなことをして儲ける商売ではありません。それに、病院業では医療法にて厳しく規制されていることです。病院業ではむしろ、過度な建物や過剰な医療設備の投資に歯止めをかけてほしいのです。

それで、不要な資産をある程度削ったときの面積グラフが、64図右の図です。

これで、総資産回転率は1・0回転です。

この業種は、大きな借入金が発生するケースが多いです。ということは、その返済資金が残るだけの純利益が必要となります。少なくとも、８%~１０%程度以上の経常利益が欲しい商売なのです。

さらに、減価償却が多いですから、残るキャッシュも多くなります。「これだけ儲かるなら、ちょっとくらい株や投資で儲けてみよう」「ＭＲＩの機械をもう１台導入しよう」と安易に考える経営者が、余計なものにお金を使いはじめます。すると、とたんに資金繰りが厳しくなっていくのです。

残ったキャッシュは、借入返済原資と建物・設備のメンテナンス資金に運用するべきです。業種・業態をわきまえないと、とことん痛い目にあう、典型的な業種なのです。

III

3　実践編　決算書の「磨きかた」

～決算対策で強い決算書に鍛えあげる～

8章　銀行対策のための決算書の「磨きかた」

ここまで、決算書の「見かた」「読みかた」を述べてきました。

しかし、「読みかた」までがわかっただけでは、社長にとって、意味がありません。わかっただけでは、会社は何も強くならないのです。実践しなければ成果なしなのです。

「読みかた」を知り、手を打つことで、決算書はより磨かれていくのです。

この実践編では、会社をより強くするため、決算書を磨き、より強力な武器へと進化させる具体策をお教えいたします。

1．銀行は決算書のどの数字を重視するのか

銀行から融資を受けている、あるいは、融資を受けるという場合、社長は銀行に決算書を提出することになります。それは、お金を貸す側である銀行が、借りる側の会社の財務内容を確認し、格付け（スコアリング）をするためです。

提出された決算書は、銀行の審査本部に回されます。審査本部は、決算書のデータをコン

ピューター入力し、経営指標を算出します。それらの指標を点数化し、その会社を格付け（スコアリング）するのです。

その指標と配点は、65図のとおりです。

経営指標の計算式をよくご覧ください。そこに、銀行はどの数字を重視しているのか、というポイントが隠されています。

とくに配点が大きい指標を見ていくと、「営業利益」と「自己資本比率」に注目していることが見えてきます。

銀行は、この配点をもとに、会社をおおむね10段階で格付けするのです。つまり、その会社に、貸したお金を返済する能力があるかどうかをランク付けで判定しているのです。

格付けのランクが高いほど、返済能力が高い、という評価になります。高くなればなるほど、銀行にとっては、貸したい会社ということになるのです。借りる側にすれば、ランクが高いほど、融資の際の条件交渉をしやすくなるということです。

一方、現状の格付け（スコアリング）方法について、次のような質問もあります。

「しかしこの配点合計は、なぜ129点なんですか？」

〈65図〉　銀行格付け（スコアリング）評価項目と配点

	結果	配点	説　　明
1. 安全性項目			
自己資本比率	%	10	自己資本／負債・資本合計
ギアリング比率	%	10	有利子負債（商業手形除く）／自己資本
固定長期適合比率	%	7	固定資産／（固定負債＋自己資本）
流動比率	%	7	流動資産／流動負債
2. 収益性項目			
売上高経常利益率	%	5	経常利益／売上高
総資本経常利益率	%	5	経常利益／総資本
収益フロー	期連続	5	100万円未満　0点
3. 成長性項目			
経常利益増加率	%	5	（今期経常利益－前期経常利益）／前期経常利益
自己資本額		15	
売上高		5	
4. 返済能力			
債務償還年数		20	有利子負債（商手除く）／（営業利益＋減価償却費）
インタレスト・カバレッジ・レシオ		15	（営業利益＋受取利息・配当金）／支払利息・割引料
キャッシュフロー額		20	営業利益＋減価償却費
定量要因計（A）		129	

※銀行は、企業の決算書をもとにデータ入力し、上記の配点基準で各企業を格付け（スコアリング）します。配点のなかでも、返済能力や、自己資本に関わる項目の配点が高いことが、わかります。つまり、返す力があるかどうかが、最大のポイントなのです。

「えらい中途半端な点数ですね」

まさに素朴な疑問です。

もう一度、先ほどの配点表をご覧ください。

確かに、銀行が融資先の格付けを決める配点合計は、１２９点です。

「なぜ?」となります。これにはワケがあります。

本来、格付けの点数合計は、２００点満点です。その２００点の配点を、大きく2種類の点数に分けています。

「**定量要因**」と「**定性要因**」です。

「定量要因」は、決算書の数値に基づく客観的要素です。

「定性要因」は、事業性などを評価する主観的要素です。

それで、「定量要因」が１２９点、「定性要因」が７１点、合計が２００点、という内訳になっています。比率にすれば、「定量要因」が６４・５%、「定性要因」が３５・５%、です。

次ページの66図は、「定量要因」の配点表です。

〈66図〉　格付け（スコアリング）の定性要因

	定性要因項目	配点	評価
1	市場動向	10	5段階
2	景気感応度	3	3段階
3	市場規模	4	4段階
4	競合状態	7	4段階
5	業歴	5	4段階
6	経営者・経営方針	10	5段階
7	株主	5	4段階
8	従業員のモラル	3	3段階
9	営業基盤	10	5段階
10	競争力	7	5段階
11	シェア	7	4段階
	定性要因配点合計	71	

「格付けを良くするには、営業利益が多くなるようにしなさい！」

「自己資本比率がアップするようにしなさい！」と、言い続けているのは、「定量要因」の点数を良くするためなのです。

「じゃあ、『定性要因』の71点は、どうすればいいんでしょうか？」と、お思いになるかもしれません。その答えは、

「ほうっておけばいい」ということです。かまう必要はないということです。

「えっ、なんでですか？」「いいんですか？」と思うかもしれません。

その理由は、主観的評価となる、「定性要因」の項目内容と大いに関係があります。

まず、66図の「定性要因」の項目内容を見てください。

これら11項目について、各担当者が評価します。市場動向や市場規模などは、分析データの有無次第で評価できます。しかし、経営者、従業員のモラル、競争力など、きわめて主観的な要素がいくつもあります。

そもそも、主観的評価に頼ることで、バブル期に不良債権が続発したのです。現状の格付け（スコアリング）の目的は、不良債権を出さない融資をすることにあったわけです。なのに、主観的評価を加えたのでは、意味がありません。

それに、定量要因という客観的評価の導入により、銀行マンの目利き力は、どんどん衰えました。定性要因の項目を、狂いなく主観的に評価できる人材はほとんどいなくなったのです。しかも、各銀行マンが評価するのですから、時間を費やします。コストがかかるわけです。コストをかけてまで、信ぴょう性の低い評価をすることはないという方向に、流れていったのです。

もし主観的評価を加えて不良債権が出たら、「この会社に融資をする評価は誰がしたんだ！」となり、評価者は責任を問われます。銀行員はみんな責任をもちたくないのです。

つまりは、「定性要因」など評価せず、「定量要因」だけで判断すればいい、ということに、銀行側がなっていったのです。

「不良債権を出さないことが目的なら、『定量要因』の評価で、ほぼ間違いはないじゃないか」ということなのです。

だから、「定性要因」への対策は、「ほうっておけばいい」ということになるのです。

銀行は、金融庁の方針で動きます。いわば、金融庁サマサマ病です。現状は、いかにして不良債権を出さないようにするかという仕組みのなかで銀行は動いています。なので、定性要因はかまわなくても、大丈夫なのです。

銀行借入の交渉に強くなることは、会社の資金調達力を高めるためにも、経営者にとって欠かせない交渉力です。そのため、経営者はまず、銀行が融資する際の仕組みを理解し、決算書づくりを工夫するなど、先手を打つべきなのです。

銀行がとくに重視するのは、「**営業利益**」と「**自己資本比率**」です。

ならば、「営業利益」と「自己資本比率」が大きくなるよう、決算書を磨いていけばよい、ということなのです。その磨きかたをお教えしましょう。

2. 雑収入は売上高に計上する

「雑収入を売上高に？ そんなことをしても、法人税は変わりませんよ」と、税理士先生や会計事務所の担当者は言います。

しかし、雑収入を売上高に計上するのは、法人税を下げたいからではないのです。そのために、営業利益をできるだけ大きくしたいのです。そのために、営業外収益となっている雑収入を売上高に計上するのです。

なぜ、営業利益を最大化したいのか。

それは、銀行の格付け(スコアリング)点数を上げておきたいからです。

点数を上げることで、格付けが上がり、金利などの交渉を少しでも有利に進められるのです。担保・個人保証の有無、振込・海外送金などの手数料値下げ交渉にも、効果を発揮します。

その格付け(スコアリング)の際、銀行が評価する経営指標における基準の利益は、営業利益が中心なのです。税引前利益ではありません。

「なんという勘定科目で売上高に計上するんでしょうか?」

と、聞いてこられる方がいます。

「その他売上高」「その他の売上」として、雑収入を売上高に計上することが多いです。

駐車場などの、家賃収入が、よくあるパターンですね。

もし、定款《ていかん》で「不動産賃貸業」が事業目的に入っていれば、堂々と「家賃売上」と記載して、売上高に計上すればよいのです。

なのに、税理士事務所任せにしていると、本業以外はなんでもかんでも雑収入という、ハンで押したような処理をされてしまいます。これではもったいない。

そもそも、税理士事務所で決算処理を進めている担当者は、銀行格付けのことなど、ほとんど何も知りません。だから、こちらから指示しないかぎり、雑収入になってしまうのです。

雑収入があるのなら、「これは売上高にできないか」と考え、実践していただきたいのです。

そのぶん、営業利益は大きくなるのですから。

3．全額損金タイプの生命保険に加入し、特別損失に計上する

５章「生命保険の簿外資産はあるのか」の項でも述べたとおり、全額損金扱いの生命保険商品は、２０１９年、国税庁によってほぼ撲滅されました。しかし、ごく一部、残されています。

「一人当たりの年間保険料が３０万円未満なら、全額損金にできるので、いま、全額損金商品はこれしかないです」と、生命保険のプロの方々から教えてもらいました。

事業保険という種類で、災害や重度疾病による死亡時の保険となる商品です。解約返戻率は７０％未満なので、６９％~６８％くらいのピークが１０年続きます。経営者にそうお伝えすると、「３０％は戻ってこないならもったいない！」という声を聞くことがあります。

しかし、想定外の死亡に対する保険機能はあるのです。それに、若干でも利益計上をコントロールできるのです。他にこれ以上の商品がない現状であれば、この保険商品も活用を検討する余地はあるのです。

また、福利厚生の意味合いをもたせた保険商品なので、課長以上、勤続１０年以上など、

任意の条件で選定した従業員のみの加入で対応できます。取締役のみ全員、でも構いません。要はこの条件の人たち、というくくりがあればいいのです。もちろん全従業員が加入してもＯＫです。しかも個別の健康状況告知は必要なく、事業者による一括の対応で処理できます。

「うちは全従業員で３０人ほどなので、全員入ります」とおっしゃった経営者がおられました。「全員でも９００万円ほどですから、資金的に何ともありませんし、やらないより、やったほうが節税になって得かと思いますので」とのことだったのです。

今のところ、一人当たりの保険金額が３０万円未満と低いせいなのか、この商品は全額損金のまま、なんの風当たりもなく残っています。活用余地がある会社は、検討してみてください。

全額損金で計上できれば、節税効果がある上に、支払った保険料を、貸借対照表には現れない、簿外資産として蓄えている、ということになるのです。

解約返戻金のピークは長く、契約5年目から１5年目の約１０年です。解約すれば特別利益に入り、益金対象になります。しかし、いつその利益を計上するか、先延ばしにできて、一定期間のなかでコントロールできるのです。これは大きなメリットです。

例えば、解約時には、再度、新たな全額損金または4割損金の保険に加入する、あるいは、役員の退職金支給と併せて相殺する、など、時間をかけて対策を打つことができるのです。

全額損金タイプの生命保険に関しては、会社に出入りしている、保険屋のおばちゃんクラスでは、知らないことが多いです。「全額損金？　そのタイプはもう、ないですよ」と、おばちゃんに言われて終わりです。「うちはおっちゃんですけど、知りませんでした！」と言われたことがあります。おばちゃんだろうが、おっちゃんだろうが、どこかの国内生保の専属なら、ほとんど知らないのです。

特に、保険商品に関する特約事項には、経営者にとって有利なものもあります。例えば、「年金受け取り払い」という特約をご存知でしょうか？　このようなことがありました。

「生命保険の保険金が7億円、入ってくることになりそうなんです。益金になるので、とんでもない額の税金が発生してきます。何かよい方法はないでしょうか！」

という相談がありました。残念ながら、役員のお一人に、致命的な病が見つかったのです。懇意にしている、法人専門の保険会社の方に問い合わせたところ、「それなら、『年金受け取り払い』の特約契約を今から結べばよいですよ」と教えてくれました。

「どんなものですか？」

「保険金の受け取り方を、5年、10年、20年など、分割できるようにするんですよ」

「今からでもできるんですか？」

「極端な話、お亡くなりになる前日でも、一枚の申請用紙に捺印すれば、それで完了です」

「そんないいものを、どうしてみんな、その契約をしていないんですか？」

「この特約は、保険契約を締結したあとにしか申請できない、特約事項なんです。契約を取ることしか考えていない、保険のセールスマンは、この特約のことを、知らない人が多いですよ」

さっそく、年金受け取り払いの特約締結を進めました。すると、案の定、

「保険屋さんに聞いたら、そんな特約は知らない、って言うんです！」と言ってきました。

「おそらくその人が知らないだけですよ。もう一度、調べてもらってください！」とお願いしました。すると、「やっぱりあったみたいです。１０年の年金受け取り払いにできました！」との連絡が入りました。

このように、生命保険の契約を活用するにしても、誰でもいいというわけではないのです。詳しい方と、そうでない方がいるのです。複数の保険会社の商品を扱い、法人契約を専門とし、よく勉強している代理店の方がお詳しいです。

4．とにかく臨時の費用は特別損失に計上する

特別損失に計上するのは、役員退職金だけではありません。

会社側が、これは今期にかぎり、臨時的・偶発的に発生した費用です、というものは、特別損失に計上すればよいのです。

そうすることで、営業利益と経常利益をそのぶん、大きくすることができるのです。

例えば、次のような費用が考えられます。

①災害時に発生した費用

震災や台風、水害などで、工場や社屋などの復旧にかかった費用。

②裁判などで、弁護士にかかった費用

③社屋完成、創立記念など、式典関連のすべての費用

④ＩＳＯなど、資格取得時等にかかる費用

⑤時間をかけて見積作成したものの、コンペで負けた際の人件費

（所要時間を記載した業務日報など、証拠書類は必要です）

⑥事務所移転などにかかる、すべての費用

⑦震災・災害などの寄付、特別賞与などの臨時費用

⑧通常の減価償却よりも、上乗せされる特別減価償却費

少額資産の特別償却や、即時償却制度活用に関する、上乗せされる分は、特別減価償却費として計上する。

などなどが、考えられます。

これらの費用は、会計事務所任せにすると、販売管理費扱いにされるものばかりです。売却損や除却損なら、特別損失に計上されます。が、発生した費用を見て、「これは特別損失に計上しておこう」という発想は、会計事務所にはまったくないのです。

会社にとって、これは通常は発生しない費用であるならば、特別損失に計上できるのです。

特別修繕費、特別減価償却費、特別開発費、特別人件費、その他の特別費など、これまでに、さまざまな名前の勘定科目を見てきました。

その経営者たちは皆さん、いかにして営業利益を大きく見せるかということに、力を注いでいたのです。

そうすることで、銀行交渉を少しでも有利に導けるよう、備えをしておられるのです。決算書が完成してからでは間に合いません。中間決算時や決算書作成に入る時点で、会計事務所の担当者に、「これとこれは、特別損失への計上をお願いします」と、伝えておいてほしいのです。

5．売れない在庫は廃棄する

不良売掛金と同じように、不良在庫も処分して、損金に計上してください。そうすれば、法人税を抑えることができます。

不良債権と同じように、社員、部長は、不良在庫の存在を隠したがります。経営者、経営幹部が、現地、現場、現物、現品にあたることです。

期末の棚卸は、在庫の数量をカウントすることだけが目的ではありません。不良在庫の存在を明らかにするために、工場や倉庫を見て回るのです。

それには、現場社員や担当部門だけでは、チェックが甘くなります。どこかに、不良在庫と認めたくない、表《おもて》ざたにしたくないという意識が働くのです。棚卸業務には、管理部門の社員や幹部が立ち合い、不良在庫がないか、厳しくチェックすることが必要なのです。

とくに、棚の一番上、一番下、奥にしまっているものは、要注意です。

どんな会社でも、不良在庫は存在しています。しかし、現場の社員から、なかなかその情報が上がってこないのです。

とくに、季節商品、キャラクター商品、流行《はや》り廃《すた》りのある商品は、不良が大量に生まれます。

「ここしばらくは、動きが悪いですが、もう少ししたら必ず売れます」と言いますが、過去のデータを調べれば、売れるか売れないかは一目瞭然です。

「とにかく売上をあげろ」

「欠品は悪いことだ」

という売上至上主義の会社であればあるほど、不良在庫はたくさん眠っています。

不良在庫は、期末までに必ず廃棄してください。

外部の業者に廃棄を依頼した場合は、廃棄証明をもらってください。これが、ひとつの証拠（エビデンス）になります。廃棄証明をもとに、取締役会にて、「○○在庫廃棄の件」という議案で協議し、取締役会の承認を済ませます。

廃棄でなくても、陳腐化して価値が激減しているのなら「○○在庫評価減の件」とし、取締役会での承認を得ます。

評価減の額は、棚卸資産評価損として、特別損失に計上します。

不良在庫の廃棄は、もちろん「棚卸資産廃棄損」「棚卸資産処分損」として、特別損失に計上してください。

税理士さんに任せっぱなしだと、これらの損が、「売上原価」の中に入ってしまっているという会社がたくさんあります。

製造業の場合はもちろん、小売業の場合でも、在庫ロスが結構な金額で発生します。

これを売上原価ではなく、特別損失に計上するだけで、粗利率は改善します。

顧問先の小売業で、在庫ロスを特別損失に計上したところ、粗利益が数千万円単位でアップしました。

銀行担当者が、「社長！　今期は素晴らしい成績ですね！」と褒《ほ》めてくれたそうです。

6. 年度末の現預金はもちすぎない

一番もったいないなと思う決算書は、貸借対照表の資産に現預金が必要以上にあり、負債には短期借入金がドーンとあるというパターンです。必要以上に、現預金があるのです。

「銀行とのおつきあいで…」
「いざというときに備えて…」
「多いだけで安心できるので…」

など、理由はいくつかあります。とはいえ、要は、銀行のいいようにされているということです。

銀行は、預貸率確保のため、年度末に現預金を極力減らしたいし、銀行員レベルでは、そのためのノルマを達成したいのです。銀行の年度末において、現預金は、ババ抜きのババなのです。誰かに引いてほしいのです。

「すぐに返していただいてもかまいませんから」

「あって邪魔になるものではないですから」

などと言いながら、ババを引きやすい位置に提示してくるわけです。それをわざわざ引いているのと同じです。

と言うと、次のように言われることがあります。

「銀行を通じて仕事を紹介いただく場合がありますから」

「あの銀行の宴会でいつも利用いただいていますから」

「あの銀行の仕事を受けていますから」

など、何かと仕事をいただいていますから、というわけです。

しかし、そのようなコネを通じて仕事をいただくことが、本当に良いのでしょうか？

いつかそれに甘え、売りモノ磨きや売り先探しに注力しなくなり、銀行頼みになってしまう。結局、つきあいと称しての過剰借入が、いつまでもなくならないのです。

こうなると、ババ抜きのババは、もはや麻薬になります。簡単に抜け出せなくなってしまいます。

銀行借入をしてまで、現預金が過剰な状況なら、年度末までに過剰分を返済すればよいのです。それだけで、自己資本比率も、総資産経常利益率も向上します。

しかし、さまざまなしがらみから抜け出せないというのなら、断ち切っていくしかありません。

銀行に頼らずとも、仕事が来るよう商品力を磨く、

また、急な現金需要があるのなら、当座貸越契約を結んでおく、

という方法も、あるのです。

いずれにせよ、銀行頼みの営業であってほしくない、ということです。

金融庁の銀行指導においても、年度末に過度な融資をしてはいけないとなっています。

相手が銀行であろうと、正々堂々と取引をし、汚いつきあい方にならないでほしいのです。

7. 小口現金をやめなさい

ある会社で、現預金が妙に多い会社がありました。調べてもらうと、次のようなことが判明しました。

「わかりました！各事業所に小口現金があるので、現預金の残高が大きくなっていました！」

その会社は、事業所が数十カ所ありました。その事業所ごとに、小口現金をもたせていたのです。

「小口現金は何に使うんですか?」と聞くと、

「いやあ、ちょっとした材料が足りないとか、消耗品とかですね」

「立て替え払いしてもらったらいいじゃないですか?」

「それはみんな、嫌がりますから…」

などという、やりとりになります。

小口現金が数十カ所に分散していたら、現金の運用効率はそれだけ悪くなります。現預金残高が多くなるのは当然です。

しかも、小口現金がある会社でも、現金監査を定期的に、あるいは抜き打ちで実施しているという会社がまた少ないです。そうなると、不正が起こりやすくなります。

「一時的に使って月末に帳尻を合わせればよいだろう」などという思惑の不正から始まります。そして、本部にはわからないと思うと、次は、業務と無関係の領収書をもとに精算したり、架空の精算をしたりしはじめます。つまりは、横領です。

小口現金があると、横領が起こりやすくなるのです。しかも、横領に手を染めるのは、おおおむねその事業所でのリーダークラスです。そのような人材を、横領へと走らせてしまうのです。

それに、私自身かつて経理業務を担当していたからわかりますが、小口の精算で仕事の手を止められるのです。本社に顔を出したときや、会議で来たときに、突然やってきて、「小口の精算をお願いします」となります。

この忙しいときに、と思いますが、対応しないわけにもいきません。それだけでも、仕事の効率が悪いのです。数十カ所に小口現金があったので、小口管理業務だけでも、かなりの時間を要していました。それで結局、立て替え払いに変えたのです。

ある会社で、小口現金をやめて、立て替え払いに変えました。立て替えたお金は、給与時に振り込むことにしました。

すると、各事業所での現金での買い物が一気に減りました。みんな、自腹で買って立て替えるのは、避けたいのです。小口現金があるから、気軽に使ってしまっていたのです。

つまり、小口現金は、不正の温床になるだけでなく、管理業務の手間も増やすのです。そして何より、現預金残高が増えて、総資産が大きくなります。

だから、小口現金はやめてほしいのです。

やめられないなら、年度末だけ小口現金を回収し、支払いや借入金返済にあてるのです。

そして新年度に入ったら、再度、小口現金を支給すればよいのです。簡単にあきらめないでほしいのです。

8. 買掛金・未払金の早期支払いをしてしまう

ある会社の決算書を見て、驚いたことがあります。

買掛金と未払金が、ほとんどないのです。

「どういうことですか?」と、経営者に聞きました。

すると、次のような回答をいただきました。

「年度末だけ、20日と月末で、2回締めて支払ってます。20日に締めたぶんは、年度末までにいったん払っているのです」

決算書には、買掛金や未払金の残高が記載されます。この残高が少しでも小さければ、そのぶん、総資産も縮まります。総資産が縮まれば、自己資本比率は少しでも上がります。節税にはなりませんが、銀行対策や、経営審査の対策にはなるのです。その経営者は、少しでも自己資本比率を大きくするため、買掛金と未払金という負債を、一部先行して支払っていたのです。

簡単なことですが、決算対策を本気で考えていないと、なかなか出てこないアイデアです。

多くの場合、買掛金や未払金は、月末締めの翌月末払いだと思います。

だから、１カ月分の残高が決算書に残ってきます。

ならば、年度末の月だけ、２０日くらいで締めて、年度末までに支払ってしまえばよいのです。すべてが大変なら、一部の買掛金や未払金だけでもかまいません。それでも効果はあります。

なかには、２０日を過ぎたらそれ以上は発生しないような、買掛金や未払金もあるはずです。この対策は、業者に前もって言えば、ほとんど喜んでＯＫしてくれます。

支払いが早くなるのですから、業者には、ありがたい話なのです。

とはいえ、このようなことでも、業者への働きかけなど、準備をしていなければ実現できません。年度末ギリギリや、年度末を過ぎてからでは遅いのです。

結局、早めの決算対策を実行している会社が、有利な交渉が可能な決算書にすることができるのです。

それが、稼いだお金をむやみに流出させないことに繋《つな》がるのです。

9．短期貸付金や仮払金を早期に処分してしまう

決算書を見せていただくと、流動資産のところに「短期貸付金」や「仮払金」という勘定科目を見かける場合があります。

しかも、残高が100万円以上、1000万円以上という場合があります。

「仮払金がどうしてこんな大きな額で残っているんですか？」と経理担当に尋ねると、「これ、社長の分です。未精算のものが膨《ふく》らんでます」という返事がきたりします。

精算をしていないのですから、残高が増えて当然です。短期貸付金にしてもそうです。

3年分の決算書を見ると、残高がまったく減っていなかったり、逆に増えているという場合があります。

これも理由を聞くと、

「社長が…」というケースがあるのです。


決算書にこのような残高があると、銀行に対して、

「うちは管理がずさんです」と言っているようなものです。

「うちの銀行は、それでも何も言わずに貸してくれてますよ」とおっしゃることがあります。

その場合はたいがい、その銀行との取引が長く、金利も高いのです。

取引が長いので、担当者が脈々と代わっています。銀行員は、有利な条件で融資できているなら、過去から続いているものをあえて指摘などしません。

「この残高、なんとかしてください！」

と言った結果、金利交渉が始まった、他行に乗り換えられた、などということがあれば、その担当者のマイナスです。

逆に、新規の銀行と取引をする際には、不当な残高は、必ずチェックが入ります。取引開始時の決算書に不備があれば、そのマイナスは、その際の担当者について回るからです。

要は、銀行担当者の成績に不利になるのです。よって不当な残高があると、新規の銀行との取引がしにくくなります。となれば、金利の高い銀行から借り換えるということなども、しにくくなります。

不当な残高の仮払金や短期貸付金があれば、その金額をきっちり精算してもらう。あるいは、月額報酬から分割で相殺していく、退職金で一気に相殺してしまう、という手段をとってでも、処分してほしいのです。

担当者が言えないなら、後継者、顧問税理士、我々のような外部指導者がはっきり申し上げるなど、方法はいくつもあります。

処分すれば、そのぶん、総資産も減ります。銀行交渉もしやすくなります。

管理のずさんさを露呈するような決算書にはしないでほしいのです。

10．リース資産を貸借対照表に載せない

ある経営者から次のような相談を受けました。

「当社は大型の機械をリースしていて、貸借対照表をみると、何千万円単位で〝リース資産〟なるものが載っています。リース資産の合計は、５億円ほどになり、総資産が結構ふくらんでしまっています。でも、先日、リース資産は貸借対照表に載せなくてよいとご指導いただきました。

それを顧問税理士に伝えたところ、『そんなことはない、中小企業といえども、資産計上しなければいけないです！』と反対されました。本当にそうでしょうか？」

確かに、大企業の場合はリースしている機械があれば、基本的に資産として貸借対照表に載せなければいけません。

しかし、中小企業の場合は、決算書に載せなくてよい、とはっきり書いてあります。なのに記載すると、そのぶん、総資産は大きくなります。

自己資本比率や、総資産経常利益率を悪化させる要因になります。

そもそも、リース物件を資産に載せる処理というのは、結構、難しく手がかかるのです。

だから、「中小企業の会計に関する指針」では、このように書いてあります。

「所有権移転外ファイナンス・リース取引に係る借手は、通常の売買取引に係る方法に準じて会計処理を行う。ただし、通常の賃貸借取引に係る方法に準じて会計処理を行うことができる」

この〝賃貸借取引〟という方法が、リース物件を資産に計上しない方法なのです。

また、「中小企業の会計に関する基本要領」では、このように書いてあります。

「リース取引に係る借手は、賃貸借取引又は売買取引に係る方法に準じて会計処理を行う」

まだ、貸借対照表にリース資産がある会社は、税理士先生に確認してみてください。

9章　税金対策のための決算書の「磨きかた」

1．不良売掛金・不良受取手形を落とす

売掛金や手形が回収できない場合、つまり不良債権が発生した場合、「貸倒損失」として特別損失に計上してください。

「いや～、そうはいっても、顧問税理士の先生が『これは落とせません』とか、『まだ早いです。もう少し待たないとダメですよ』なんて、言われます」

「なぜダメなのか、税理士の先生に確認されましたか？」

「はい。『まだ、会社が細々とでも生きているかぎり、落とすことはできません！』と言われました」

「そんなことありません。回収の努力をしても、どうにもならない売掛金は落とせますよ！ただし、回収の努力をしてもです」

回収の努力をして、そのエビデンスを残し、それでも回収できないものは、貸倒処理をして、損金として計上できるのです。

ある会社では、営業マンの日報に、「回収への行動」という記入欄がありました。どこへ回収の件で訪問し、どのような状況だったのかを記載させていたのです。

・督促の電話を何度もする、状況をメモする
・督促状を送る
・直接訪問して、状況をメモする
・弁護士を使って催告状（内容証明）を出す

あらゆる手をつくしても、回収できなければ、「どんなに頑張っても回収できない！」と証明できるのです。

もし、税務署が、「これは回収できるでしょう！　まだ早い！」と言ってきたら、「絶対に無理なんです。当社は、これまでこういう手続をしたのですが、無理でした。回収できるというのなら、逆に、税務署さんのほうで回収できるという根拠をお示しください。どうぞ、『**更正決定**《こうせいけってい》』してください！」などと、言ってください。

『更正決定《こうせいけってい》』とは、税務署がその誤りを証明することです。一方、『**修正申告**』とは、会社が、その誤りを認めて署名し申告することです。

当然、税務署にすれば、『修正申告』で済ませたいのです。『更正決定《こうせいけってい》』にすれば、自分たちが誤りを証明しなければいけないので手間がかかります。そんな面倒くさいことは、したくないのです。

回収できない売掛金があるのなら、自信をもって「回収できない」と言えるよう、エビデンスを集めておくことが大切です。

ところが、こういう会社があります。

建設業を得意先にもつ会社で、得意先の溝口建設(仮称)の売掛金が6カ月以上回収できていないことがわかりました。

「営業部長！　この溝口建設はどんな状況なのですか？　どうして売掛金が入らないのですか？」

「はい、溝口社長(仮名)から、『来月には必ずお金を入れますので、お待ちください』という言葉をその都度もらっていました。その言葉を信じて待っていたのです」

「信じるって、毎月約束を破られているじゃないですか！　督促状とか送っていないのですか？」

「はい、送っていません。溝口社長、会うたびに『次は必ず払います』と、本当に申し訳なさそうに話すんです。そう言われて、こっちとしてもその言葉を信頼してしまっていました」

「約束を破り続けているのに、信頼も何もありませんよ！　6カ月も入金がないのに、まだ回収できるなんて思っているんですか？」

営業部長も、不良売掛金を発生させたくないので、役員に正確に報告をせずに、うやむやにしていたのです。

こういう会社の場合は、〝回収の努力〟をしていませんので、売掛金を損金に計上することができません。

〝督促したけどダメだった〟という記録をこまめに残すこと、エビデンス（証拠書類）の作成、これが一番の対策です。

逆に、下請け会社などから、早く払ってほしいと要求されることもあります。

ある建設工事会社の営業マンが社長に申し出ました。

「下請けの岡本工務店(仮称)の社長から、支払いを少し早めにお願いできませんでしょうか？　と言ってきました」

「ほう、どうして？」

「どうも、一時的に資金繰りに困っているらしいんです」

「それは大変だなぁ。それで？」

「半月早めに支払いをお願いしたいとのことで、よろしいでしょうか？」

「そうか。なら助けてあげればいいじゃない」

「そうですか！　ありがとうございます！」

「ただし、ひとつ条件がある」

「なんでしょうか？」

「岡本工務店にお願いしている工事の代金、うちはどこからいただくことになっている？」

「それは、森田建設(仮称)です」

「じゃあ、森田建設に行って今の事情を説明して、うちがいただく代金を半月早めに払ってもらうよう交渉してきなさい。それがＯＫなら、岡本工務店に早めに払えばいい」

となり、営業マンが森田建設へ交渉に伺うことは、ありませんでした。

いかがでしょうか？

要は、多くの営業マンは、資金繰りというものに無頓着《むとんちゃく》なのです。回収は厳しく言わないし、支払いにも甘いのです。自社の資金繰りのことなど、ほとんど意識がないのです。わが社のお金はいつでも困らない程度にあるものだと思っています。

相手が払えないなら待ってやればいい、すぐ欲しいなら払ってやればいい、という感覚です。浪花節のような感覚の営業マンが多いのです。

しかし、そのような営業マンの言い分や行動に任せきりになると、資金繰りは乱れます。不良の売掛金が増え、条件を無視した早期支払いが発生したりするからです。

売掛金や受取手形の不良を発生させないためには、資金繰りに対する、社長の意識と厳しい行動が何より必要なのです。

2. 売れない在庫は、焼却、売却する

「不良在庫は、処分してください」と申し上げました。
処分の方法といっても、いろいろとあります。

①廃棄する

外部の業者に廃棄を依頼して、廃棄証明をもらいます。
自社で廃棄する場合は、アイテムの写真をとっておきます。
役員会の議事録もあるとよいでしょう。

税務署は、「廃棄したと言っているけれど、本当に廃棄したのだろうか？　実は廃棄していなくて、裏で保管していて、適当な時期が来たら、売るつもりだろう」などと、常に疑っています。

だから、写真などをエビデンス（証拠書類）として、残しておくことが大切なのです。

ただし、捨てていないものの写真まで撮って、捨ててしまったことにするのはいけません！

②焼却する

アイテムを捨てるのではなく、燃やしてしまうのです。従業員を集めて、目の前で在庫に火をつけます。あるいは出棺のごとく、焼却場へ向かうトラックを送り出します。一種のセレモニーとして、不良在庫のお葬式をするのです。社長自ら、焼却される在庫に弔辞《ちょうじ》を述べると、なお効果的です。

仕入、製造、営業マンに「不良在庫をもう出すまい」と心に誓わせてください。

③売却する

不良在庫を焼却するのは、どうにも…という会社は、不良在庫をスクラップ業者等に売却してください。

売却先がなければ、グループ会社に売却してください。

ただし、損失を増やそうとして、意図的にめちゃくちゃ安くして売却すると、税務調査で指摘されてしまいます。

例えば、グループ外の会社に100円で売れるものを、グループ会社に10円で売って売却損を出せば、税務調査で指摘されます。

「なぜ、この値段で売るのか？」

値下げしないと売れない理由を、何かしら言えるようにしておいてください。

そして、それを議事録に残してください。

税務調査で、

「この値段は安すぎますね」と言われたら、

「そんなことをおっしゃるのなら、これより高い値段で売ってみてください」

「当社は、この議事録にある理由で値段を決めました。安いというのなら、どうぞ『更正決定《こうせいけってい》』してください」と言えば、よいのです。

絶対にやってはいけないのは、廃棄、焼却、売却のときの役員会の議事録に、

「これで節税ができる」「税効果は○○円」

などと、節税目的でやったということを残すことです。

在庫処分をする目的は、あくまでムダな資産をもたず、総資産を圧縮して、財務体質を健全化させるためなのです。

書類上で、〝節税〟の2文字が顔を出すと、どんなに口頭でうまいことを言ってもアウトなのです。

３．全額損金タイプの生命保険に加入し、特別損失に計上する

５章「生命保険の簿外資産はあるのか」の項でも述べたとおり、全額損金扱いの生命保険商品が新たに出てきています。

２００８年2月、逓増《ていぞう》定期保険の全額損金は廃止されました。その後、半分は損金、半分は資産計上になりました。しかしあくまでもそれは、逓増《ていぞう》定期保険の話です。

２０１３年あたりから、全額損金タイプの保険は、平準定期のタイプで復活しています。外資系保険会社が仕掛けて、今は国内生保も取り組み始めました。

経営者にとっては、逓増《ていぞう》定期であろうと平準定期であろうと、要は、どっちでもいいのです。全額を損金計上できるということに、意味があるのです。節税のための商品なのです。

それで、加入した全額損金の生命保険を、特別損失で計上するのです。初年度なら、これまでになかったものとして、計上できます。

全額損金で計上できれば、節税効果がある上に、支払った保険料を、貸借対照表には表れ

ない、簿外資産として蓄えているということになるのです。

解約返戻金のピークは、おおむね5年~7年です。解約すれば、特別利益に入り、益金対象になります。しかし、いつその利益を計上するか、先延ばしにできて、一定期間のなかでコントロールできるのです。これは大きなメリットです。

例えば、解約時には、再度、新たな全額損金の保険に加入する、あるいは、役員の退職金支給と併せて相殺するなど、時間をかけて対策を打つことができるのです。

また、生命保険はいつでも一部解約できます。保険料を下げられるのです。「今期はいいけれど、来期もこの額の保険料を払えるかどうか…」という心配は無用なのです。翌年以降、支払いがきついなら、一部解約すればいいのです。


全額損金タイプの生命保険に関しては、会社に出入りしている、保険屋のおばちゃんクラスでは、知らないことが多いです。

「全額損金？　そのタイプはもうないですよ」と、おばちゃんに言われて終わりです。

「うちはおっちゃんですけど、知りませんでした！」と言われたことがあります。

おばちゃんだろうが、おっちゃんだろうが、どこかの国内生保の専属なら、ほとんど知らないのです。

とくに、保険商品に関する特約事項には、経営者にとって有利なものもあります。

例えば、「年金受け取り払い」という特約をご存知でしょうか？

このようなことがありました。

「生命保険の保険金が７億円、入ってくることになりそうなんです！　益金になるので、とんでもない額の税金が発生してきます！　何かよい方法はないでしょうか！」

という相談がありました。

残念ながら、役員のお一人に、致命的な病いが見つかったのです。懇意《こんい》にしている、法人専門の保険会社の方に問い合わせたところ、

「それなら、『年金受け取り払い』の特約契約を今から結べばよいですよ」と教えてくれました。

「どんなものですか？」

「保険金の受け取り方を、５年、１０年、２０年など、分割できるようにするんですよ」

「今からでもできるんですか？」

「極端な話、お亡くなりになる前日でも、1枚の申請用紙に捺印すれば、それで完了です」

「そんないいものを、どうしてみんな、その契約をしていないんですか？」

「この特約は、保険契約を締結したあとにしか申請できない、特約事項なんです。契約を取ることしか考えていない保険のセールスマンは、この特約のことを知らない人が多いんです」

そこで、さっそく、年金受け取り払いの特約締結を進めました。すると、案の定、

「保険屋さんに聞いたら、そんな特約は知らないって言うんです！」と言ってきました。

「おそらくその人が知らないだけですよ！　もう一度、調べてもらってください！」とお願いしました。すると、

「やっぱりあったみたいです！　10年の年金受け取り払いにできました！」との連絡が入りました。


このように、生命保険の契約を活用するにしても、誰でもいいというわけではないのです。詳しい方と、そうでない方がいるのです。

複数の保険会社の商品を扱い、法人契約を専門とし、よく勉強している代理店の方が、お詳しいです。

4．固定資産台帳をじっくり眺める

建物や倉庫、機械、備品、これらはすべて固定資産です。

大きいものから小さいものまで、会社には本当にたくさんの固定資産があります。

・いま、固定資産がこれだけあります

・買ったときの金額は〇〇円で、いまの金額は〇〇円です

・それは、〇〇〇〇年〇月に買ったものです

・〇年かけて、減価償却しています

これら、固定資産の状況がわかるのが、固定資産台帳です。

固定資産台帳というのは、ふだん目にすることはありませんが、どんな会社でも必ず作られています。これは税理士が作っています。

私たちは、日頃から、「固定資産台帳をじっくり見てください」と申し上げています。

それは、過去に売ったもの、廃棄したものが、いまなお帳簿に残っていることがあるからです。ふつうはありえませんが、これが結構な確率で、帳簿に残ったまま、という状態になっています。

帳簿に残ったままのものがあれば、帳簿上、ゼロにしてください。

特別損失の「固定資産除却損」とか「その他特別損失」で処理してください。

顧問先で、このように申し上げたところ、

「減価償却の年数が、間違っていた！」という会社がありました。

本来、１５年で処理するものを、２５年かけて減価償却していたのです。

もうとっくに減価償却が終わって、帳簿金額がゼロになっているはずなのに、まだ数千万円帳簿に残っているのです。

経営者から質問を受けました。

「処理ミスということで、過去にさかのぼって減価償却できますか？」

この場合、残念ながらさかのぼっての減価償却はできません。かわりに、

「グループ会社に売却しましょう」

ということで、無事に特別損失を出すことができたのです。

経営者は、「まさか！　こんなことが！」とびっくりしていました。

固定資産を買ったときに、減価償却の年数を決めるのは、税理士事務所の事務スタッフです。

なかには、「減価償却期間を長くして、経常利益が大きくなるほうがいいだろう」と言う事務スタッフがいるのです。

減価償却をたくさん、早く、という発想がないと、耐用年数が知らないうちに長く設定されてしまうということが多いのです。

5. 家賃を1年分、前払いする

中小企業のなかには、建物や土地などの不動産を、子会社に売却した（オフバランス）という会社があります。

ふつうは、売却した建物や土地は、子会社から借りて、家賃を払っているという会社が多いと思います。この家賃、契約期間はバラバラです。もちろん、支払うタイミングもバラバラです。

これを、3月末決算の会社なら、3月末に1年間分支払ってしまう契約にするのです。（対象期間4月～翌3月）

つまり、1年分の家賃を前払いするのです。この場合、前払いした家賃は損金に入れることができます。

これを、『**短期前払費用**』といいます。

グループの会社ではない、第三者との賃借契約の場合は、支払い時期などを変えるのは、難しいかもしれませんが、グループ会社との取引であれば、手間はかかりません。

支払い額の全額が、損金で処理できるので、節税効果は高いです。

こうした処理ができるものは、家賃などのように、継続的に支払いが発生しているものです。グループ会社との間で、継続的に発生している取引で、かつ金額がそれなりに高いものというと、家賃になります。

この処理をすると、初年度は税金を減らすことができますので、一度も検討したことがないという会社は、ぜひご検討ください。

ただし、毎年のように年額払いと月額払いを切り換えることは避けてください。それはあまりにも、節税意図が見え見えだからです。

6．決算賞与を払う

年度末が近づくと、当期の業績を見て、従業員の頑張りに応えて、決算賞与を払う会社もあるでしょう。決算賞与を決算までに払う会社は、それをそのまま損金に計上できます。

しかし、なかには、決算賞与を払うということは決めたけれど、実際に支払うのは翌期の最初の月という会社もあると思います。（3月末決算の会社なら、4月）

この場合、実際に賞与を支払っていなくても、「未払金」ということで、損金に計上することができます。

ただし、この場合は、

○月○日に
○○○○円を支払う

ということを、年度末までに各従業員に通知する必要があります。それを証拠書類（エビデンス）として残しておくことが必要です。

ざっくりと、翌月に○○○円支払おうと思っている、という程度の資料では、損金に計上することはできません。また、役員の賞与は、損金に計上できないと思われるかもしれませんが、期の初めに税務署に、

○月に役員賞与を○○円支払います

と届け出て、そのとおり支払えば、役員賞与も損金に計上できます。

業績が良ければ、そのとおり支払い、業績が悪ければ、支払いをやめてしまえばよいのです。

ただし、届けたとおりの額を支給するか、まったく支給しないかのどちらかです。「半分にしよう」という減額支給はできないのです。

役員賞与を支払う場合のこの手順は、『**事前確定届出給与**』と呼ぶ方法ですので、気になる方は、税理士に確認してください。

7. 特別償却を活用する

減価償却を増やせば、そのぶん、税引前利益を抑えることができます。ここ最近は、「積極的に即時償却をしましょう」と申し上げてきました。即時償却とは、設備等の投資を全額一気に償却できる時限立法です。

即時償却の要件には、設備投資する機械などが、従来のタイプより生産性がアップしているということについて、工業会から証明書をもらう、あるいは、経産省に投資計画を申請して承認してもらう、といった手続が必要でした。

設備投資をしたけれど、証明書がもらえなかった、あるいは、経産省に申請をしていなかった、という会社も、なかにはあると思います。

この場合、

①中小企業投資促進税制

②商業・サービス業・農林水産業活性化税制

といった税制を使えば、３０％の上乗せ償却をすることができます。

①対象は、機械装置や器具備品が中心ですが、投資対象が２００万円以上であれば、３０％の特別償却を使えるとお考えください。

②『認定経営革新等支援機関』からアドバイスを受けて、設備投資をしたという書類を作成しておけば特別償却が可能です。

対象は、建物附属設備や器具備品です。

この『認定経営革新等支援機関』というのは、銀行であったり、商工会議所であったり、商工会であったり、いろいろなところが当てはまります。

税理士事務所でも、この認定を受けている事務所は、比較的多くあります。

自社の顧問税理士が『認定経営革新等支援機関』であれば、特別償却を活用できる幅が広がります。一度ご確認ください。

8. 期ズレに注意する

決算の数字が見え始めると、予想外に利益が多くなってしまいました。

経営者は、「税金でもっていかれるのはもったいない！」と考え、あの手この手で、急ごしらえで節税策を考えるのです。

しかし、そういう対策は、対策にならない場合が多いのです。

経営者が一番犯しやすいミスは、いわゆる〝期ズレ〟です。税務調査で最も多い指摘事項です。

つまり、今期の売上を来期にもっていき、来期の費用を今期にもってくるのです。

しかし、税務署はしっかり見ています。とくに決算日の前後の取引については、伝票などをしっかり見られます。調査する側にすれば、そこが一番の狙い目なのです。

3月決算の会社であれば、本来、3月1日に提供したサービス、出荷した商品が、4月の売上として、翌年度に計上されていないか？

翌年度の4月や5月の費用なのに、3月の費用として計上されていないか？
期ズレは一番わかりやすく、目をつけられやすいので、お気をつけください。

税務調査で大切なのは、エビデンス（証憑《しょうひょう》書類）です。
売上のエビデンス（出荷記録など）が3月31日のものを、4月1日に計上するのは脱税です。やってはいけません。

反対に、費用のエビデンスも同じです。
見積書、請求書で、

4月分　○○○代
5月分　○○○代

と書いてあるものは、翌期の費用ですので、損金で落とせません。
ただし、ひと言付け加えるなら、

3月分　○○○代

と書いてあるかぎりは、損金で落とせます。

この意味で、見積書、請求書の書き方は、とても重要なのです。

そして何より、年度末になって翌期の費用を算入させたり、売上を翌期に回したり、といったわかりやすい〝期ズレ〟をしなくてもよいように、早めの対策をしてください。

9. グループ間取引を考える

中小企業でも、本業の会社以外に、グループ会社を複数社もっているという会社が多いと思います。本業A社と　グループ会社B社の間で、取引はないでしょうか？

一番多いパターンというのは、A社とB社の間で、事務所とか土地などを賃貸借している、というパターンです。その場合、A社とB社の賃料は、見直しをおこなっていますか？

10年前と同じ、という会社も結構多くあります。

でも、他の周辺相場は、10年前に比べて、上がったり、下がったり、動いています。

その動きを、いまの賃料に反映させるのです。

あるいは、原料の仕入はいったんB社がおこない、B社が仕入れた原料をA社が仕入れる、という取引をおこなっている場合、A社がB社から仕入れるときの取引価格の見直しはおこなっていますか？　これまた、ずっと変わらない価格で、という場合が結構多いのです。

あるいは、海外に製造会社を設けているという会社もあるでしょう。海外子会社との仕入、売上取引の価格もまた、検討の余地があります。

ただし、グループ会社との間でおこなわれる取引の価格は、経営者が自由に動かすことができますので、税務署もそのぶん、目を光らせています。とくに海外子会社との取引価格は、『移転価格』といって、問題になりやすいのです。大切なのは、

①仮に、グループの会社ではない、第三者とその取引をおこなった場合に、いくらの価格で取引するか？

②自社で決めた価格について、「なぜ、その価格にしたか？」を説明できる理由を考えておく。

③グループ会社との間で、価格変更の覚書を締結し、変更理由を記載しておく。

税務調査で、価格が問題になったときに、その価格が「高いか？　安いか？」というのは、税務署は指摘しづらいのです。

こちらが、「～という理由で○○円にしました」というエビデンスをもっておけば、税務署は、それをひっくり返さなければいけません、手間がかかるのです。

グループ会社との取引を上手に活用して、社外流出を抑えてください。

10. 修繕費は見積書と請求書をエビデンスにする

修繕費のつもりが、「気がついたら会計事務所の処理で、資産計上されていました！」という声を聞くことがあります。

「どうして資産計上したのか、聞いてください」

と言うと、次のような回答が多いのです。

「請求書を見て、資産計上にしたそうです！」

それで、どんな請求書だったのか、実際に見せていただきます。

すると、例えば、空調機器内の洗浄作業なのに、「空調工事一式」とか、建物の塗装しなおし作業なのに、「建物塗装工事一式」などと、記載されているのです。

実際の内容など知らない、会計事務所の処理作業者は、それらの請求書だけを見ます。

それで、「建物附属設備にしておけば間違いないだろう」

といった具合に、資産計上で判断してしまうわけです。

空調の洗浄も、数が多ければ、数百万円になります。建物の塗装しなおしにしても、軽く数百万円レベルになります。金額が大きいので、余計に、無難に処理しておこうと、資産計上されてしまうのです。

つまり、見積書や請求書に、どう記載されているかで、会計事務所の判断が変わってくるのです。

税務調査時においても、請求書や見積書に、「空調工事一式」と記載されていると、「これは、実際には洗浄作業なんですよ！」と言っても、「『工事一式』と記載があるじゃないですか！」となり、証明するのがやっかいになります。

つまり、請求書や見積書は、後々の調査時には、証拠書類(エビデンス)となるのです。ならば、見積書や請求書の時点から、「空調機器の修繕洗浄作業一式」とか、「外壁塗装修繕作業一式」などと、「修繕」であることを、明確にしておけばよいのです。

備えあれば、憂いなし、なのです。

見積書や請求書は、後からでも、業者に言えば、その記載内容を訂正してもらえます。大きな金額で、修繕費にするべき内容のものがあるならば、あとからでも、見積書や請求書の記載内容を点検しておいてください。

できるかぎり、「○○の修繕作業」などと、「修繕」という文字を、入れておいてほしいのです。損金扱いの計上がしやすいよう、仕込むことも、決算対策のひとつです。

11. 設備投資の際には「値引き」の対象に注意する

建物など、大きな減価償却が発生する投資をした際、請求書の値引きは、償却期間が長いものを対象にしていることを明確にしているでしょうか？

例えば、新規で建物を建てた場合、見積書には必ず、「お値引き」「出精《しゅっせい》値引き」というものが発生します。

見積書の明細には、建物そのものもあれば、空調や照明など、附属設備にあたるものもあります。

しかし、見積書や請求書の表紙を見ると、67図のA図のようになっていたりします。

このような記載だと、「出精《しゅっせい》値引き」は何に対する値引きか、会計処理をする人にはわかりません。なので、会計事務所まかせだと、間違いなく、建物と附属設備(空調・照明)の金額の比率に、値引き額を按分《あんぶん》して計算するでしょう。

減価償却は、できるだけ早期に大きくしたいのです。であるならば、値引きの対象は、償

〈67図〉減価償却は、早期に、大きく

A図			B図	
建物施工工事一式	円		建物施工工事一式	円
空調施工工事一式	円	→	空調施工工事一式	円
出精値引き	円		建物施工工事出精値引き	円
請　求　額	円		請　求　額	円

却期間の長いものを対象にしておいてほしいのです。

先述の場合なら、建物のほうが償却期間が長いです。なので、B図のように全体に対する値引きではなく、建物施行工事一式の部分で値引きを反映してもらうということを、明確にしておいてください。

そうすれば、償却期間の短い附属設備の金額ウエイトを、大きくすることができます。ウエイトが大きくなったぶん、早期の減価償却が大きくなります。

減価償却が大きくなれば、残るキャッシュも大きくなります。それだけ、直近の資金繰りにとってはプラスになります。

何に対して値引きをするのか、業者にこだわりはありません。お願いすれば、そのような見積書や請求書に直してくれます。

何も悪いことではありません。お値引きの対象を、明確にしてもらうだけなのですから。

建物以外であっても、異なる耐用年数のものが入り混じる見積書や請求書はあります。

そのような場合、その値引きは、耐用年数が長いものを対象にしてもらうということが、キャッシュをより多く残す、決算対策となるのです。

12．仕掛品の計算方法を見直す

3月決算の会社では、3月31日に棚卸をおこなうという会社も多いと思います。

棚卸＝在庫を数える、ですが、ひとくちに在庫といっても、いろいろとあります。

原材料、仕掛品《しかかりひん》、商品、製品……このうち、原材料、商品、製品は、決まった単価に、数えた数量をかけて計算できます。

ですが、仕掛品だけは、そういうわけにはいきません。

仕掛品とは、まだ完成していない、ハンパな完成品なのです。そして、このとき、この仕掛品をどのように計算するかが、問題になるのです。

仕掛品の計算は、原料や材料費に、加工賃を上乗せして計算します。

原料や材料費は、はっきりとわかるのですが、これに上乗せする加工賃の計算は、決まりきった計算方法がありません。

会社によって、この計算方法は違います。

あらかじめ加工費を決めておき、このラインまで来たら、加工費を20％上乗せする、ここまで来たら、加工費を５０％上乗せする、というふうに計算している会社もあります。

ずいぶん前に決めた計算方法を、何の疑いもなく続けているという会社が多いのです。

でも、それは、本当に今の実態に合っているのでしょうか？

加工費の金額や、上乗せする割合は、見直さなくてもよいでしょうか？

労務コストはどんどん上昇しています。今の計算方法で問題ないでしょうか？

仕掛品の計算方法を見直しすると、仕掛品の金額が変わります。

仕掛品の棚卸金額が増えれば、利益は増えます。

仕掛品の棚卸金額が減れば、利益は減ります。

一度、社内で検討されてはいかがでしょうか？

13. 資産計上しているが、損金計上できるものはないか？

会社は、1年間でいろいろなものに投資します。

・機械を買った
・備品を買った
・消耗品を買った
・修繕した

投資した内容は、それぞれですが、それらは、どこに計上されていますか？
財務に弱い会社は、すべて資産に計上しています。
しかし、

①特別償却を活用する

・投資したものが、即時償却の対象外だった！
・即時償却のための証明書をとっていなかった！

という場合でも、30%の上乗せ償却は可能です。(本章「7．特別償却を活用する」の項を参照)
証明書は、とくに要りません。決算のときに、税理士に処理をしてもらうだけです。

②30万円未満なら損金計上可能

10万円以上の固定資産は、基本的に資産計上しますが、中小企業の場合は、例外的に、1点で30万円未満のアイテムは、購入時に全額損金に計上できます。(ただし、年間300万円までです)
45万円の備品なら、20万円と25万円の2点のアイテムに分解できれば、(見積書、請求書を分ける)45万円が損金で落とすことができます。

③毎期、同じくらい使う消耗品を、資産計上している会社がありますが、これは損金処理できます

貸借対照表上で「貯蔵品」と計上されているものが、これに該当しますので、チェックしてみてください。

ただし、年度によって、コロコロと処理方法を変えるのはNGです。

④建物、床、壁を修繕した場合、税理士先生は、すべて資産として処理してしまいます

「修繕することで、資産の価値が上がるものは、資産計上しなきゃいけないんですよ」と言われるのです。

しかし、長年使っている資産を修繕した場合、長年使って傷んでしまった状態を、もとの状態に戻す、つまり、〝原状回復〟としての修繕も必ずあります。

この場合は、修繕費として計上可能です。

何も考えないと、すべて資産として計上されてしまいます。

今一度、見直してください。任せきりにしないことです。

このようなことがありました。

「店舗の壁紙を貼り替えたんですが、うちの会計事務所の担当が、それは建物になるって言うんです！　そんなことあるんでしょうか？　私は建物附属設備だと思っていたのですが」と、ある経営者から連絡が入りました。

「えっ？　建物？　それはおかしいですよ」

で、その会計事務所の担当者に連絡すると、こう言うのです。

「建物に付随するものは全部、建物で処理しています」

「じゃあ、空調設備は？」

「建物です」

「照明設備は？」

「建物です」

「なら、建物と建物附属設備の違いは？」

「……」

明確に答えられないのです。

「建物と建物附属設備は、まったく違いますよ！　それに、壁紙の貼り替えで建物にしたら、償却年数が30年以上に長引くじゃないですか！」

などというやりとりがあり、結局、建物附属設備扱いになったのです。

会計事務所で働いている人のすることだから、間違いないと思うと、大間違いなのです。

なかには、この事例のように、知識の乏しい人がいるのです。そのような人は、「こう処理すれば絶対に当局からのおとがめはないだろう」という方法で処理しがちです。

だから、附属設備であっても、建物で処理するのです。依頼主の要望など、考えていないのです。

この事例では、社長が疑問を感じる知識をもっていたから、会計事務所の間違いを正すことができたのです。

やはり、社長自身に税務の知識が必要なのです。

14．電話加入権を除却・売却する

「電話加入権は除却しなさい！」

「NTTの116へ電話して、電話加入権譲渡承認請求書を提出して、経営者が1本1000円で買い取りなさい！」と、言い続けています。

電話加入権は、貸借対照表の無形固定資産に計上されています。

電話加入権を除却する具体的な手順は、次の通りです。

①NTTの116に電話をして、「電話加入権譲渡承認請求書」をもらい提出する

どの番号の加入権を誰に譲渡するのかを記入して、NTTの承認を受けるための書類です。その際、通話料の支払いはこれまでどおりの方法でおこなう、請求書はこれまでどおりの住所に発送するなどといったチェック項目もあります。

（この書式は、NTTのホームページからダウンロードもできます）

②譲渡承認が完了すれば、会社と譲渡先とで、簡単な譲渡契約書を締結します

譲渡金額は、1本1000円でかまいません。電話加入権の財産評価額は、都道府県ごとに定められています。おおむね、1500円か2000円です。1000円で譲渡したからといって、〝安すぎる！〟といって指摘をしているほど、税務署はヒマではないのです。

「譲渡することで、何が変わりますか？」NTTの方に聞いてみました。

「電話料金が不払いの際に、加入権をおもちの方に連絡します」

「保証人みたいなものですね」

「そうですね」とのことでした。

それより、電話加入権を除却することでの一番のハードルは、頭の固い税理士です。

「そんなことをしたら、資産を不当に安く処理したと、否認されますよ！」

「電話が使えなくなりますよ！」

「譲渡を受けた人が電話代を払うことになりますよ！」

「そのくらいの金額なら、あえて危ない橋を渡るのはやめましょう」

などなど、電話加入権にまつわる税理士迷言録は尽きないのです。

そのような発言があるなら、顧問税理士を代えたほうがよいということです。


また、次のようなこともありました。

「言われたとおり、116に電話して調べてもらったら、『電話加入権はもうありませんよ』と言われたんです」と、ある経営者からお聞きしたのです。

「えっ？　どういうことですか？」と尋ねました。

「『以前に、ひかり回線に契約変更されているので、その時点で電話加入権はもう消滅していますよ』と、言われたんですよ」

そうです。ひかり回線の契約にはそもそも、電話加入権というものがありません。ひかり契約に切り替えた時点で、電話加入権はその存在が消滅していたのです。

「この場合、どうすればよいでしょう？」と言うので、

「譲渡の必要もなく、固定資産除却損の伝票1枚、処理するだけで完了ですね」と、返答し

ました。

「うちの顧問税理士は、何と言うでしょうか?」

「聞いてみてください」ということで、聞いてもらうと、

「除却してかまいません」とのことでした。

とはいえ、聞いたからその返事を受けたものの、聞かなかったら、そのままです。その会社の電話加入権は、約80万円でした。除却損の伝票1枚で、約25万円の節税ができるのです。コピー代や電気代をこまめに節約するより、即効性が大きいのです。

電話やネットも含めて、通信料金が安くなるからと、従来の回線契約をひかり契約に全面的に切り替えたという会社は多いはずです。

そのような場合、電話加入権そのものが消滅しています。

なのに、貸借対照表にはおそらく、加入権がそのまま残っているということがほとんどだと思います。考えてみたら、消滅すること自体、おかしな話です。何の価値もないことを、実証しているようなものです。

いずれにせよ、儲けの役に立たない電話加入権は、不良資産です。まだ資産計上されているなら、早めに処分してほしいのです。

※

いかがでしたでしょうか？

自社でできる、決算書の「磨きかた」は見つかりましたでしょうか？

改めて、次ページ68図の「決算書対策一覧表」をご覧ください。

強い会社の決算書へと磨き上げるため、一項目ずつチェックをしてください。

〈68図〉　決算書対策 一覧表

銀行対策のための決算書の「磨きかた」		
✓	No.	項　　目
□	1	雑収入は売上高に計上する
□	2	役員退職金は、当別損失に計上する
□	3	臨時の費用は特別損失に計上する
□	4	売れない在庫は、廃棄する
□	5	年度末の現預金はもちすぎない
□	6	小口現金をやめなさい
□	7	買掛金・未払金の早期支払いをしてしまう
□	8	短期貸付金や仮払金を、早期に処分してしまう
□	9	リース資産を貸借対照表に載せない

税金対策のための決算書の「磨きかた」		
✓	No.	項　　目
□	1	不良売掛金・不良受取手形を落とす
□	2	売れない在庫は、焼却、売却する
□	3	一部損金タイプの生命保険に加入し、特別損失に計上する
□	4	固定資産台帳をじっくり眺める
□	5	家賃を１年分、前払いする
□	6	決算賞与を払う
□	7	特別償却を活用する
□	8	期ズレに注意する
□	9	グループ間取引を考える
□	10	修繕費は、見積書と請求書をエビデンスにする
□	11	設備投資の際には「値引き」の対象に注意する
□	12	仕掛品の計算方法を見直す
□	13	資産計上しているが、損金計上できるものはないか？
□	14	電話加入権を除却・売却する

※この表の拡大版を巻末に添付しています。

Ⅳ

4 面積グラフのつくりかた

10章　自社の面積グラフをつくってみよう！

貸借対照表をグラフにしよう！

貸借対照表は、グラフにすることで見やすくなります。

新聞を見れば、毎日、何かしらのグラフが掲載されています。あれがすべて、漢字と数字だけだと見る気がしません。グラフだから、見る気になるし、「なるほど」と理解もできるのです。数字は、グラフにすることで、見えやすくなるのです。

決算書の「見かた」を支える第一歩として、貸借対照表をグラフにしてみましょう。

面積グラフを作成したことがない方は、自社の貸借対照表と損益計算書を手元に置き、以下の手順で作成してみてください。

また、財務を勉強させたい経営幹部の皆さんにもぜひ、グラフを作成させてみてください。

【準備するもの】

①自社の損益計算書と貸借対照表　過去5年分

②電卓

③定規

④色鉛筆（10色程度）

1．貸借対照表（ＢＳ）を面積グラフにする方法

（1）数字は最大４ケタまでに減らし、基礎データを作成する

まずは、貸借対照表です。

自社の直近年度の貸借対照表を、手元においてください。ここでも、グラフを作成するための基礎データが必要になります。

その基礎データを、69図の「貸借対照表グラフ化による経営分析」の上部左右の「簡略集計」のところに記載していきます。

ただし、自社の貸借対照表の数字を、いきなり69図に記入するのではありません。その前に、貸借対照表の数字をまとめて、基礎データをつくる作業をおこないます。

なお、69図は拡大版を巻末に添付してあります。基礎データをつくったら、巻末添付の69図をＡ３用紙に１４１％拡大コピーして、その用紙に数字を記入していってください。

ここで大事なことは、数字は上３ケタか４ケタだけ見ればいい、ということです。

〈69図〉　貸借対照表（BS）面積グラフをつくるチャート

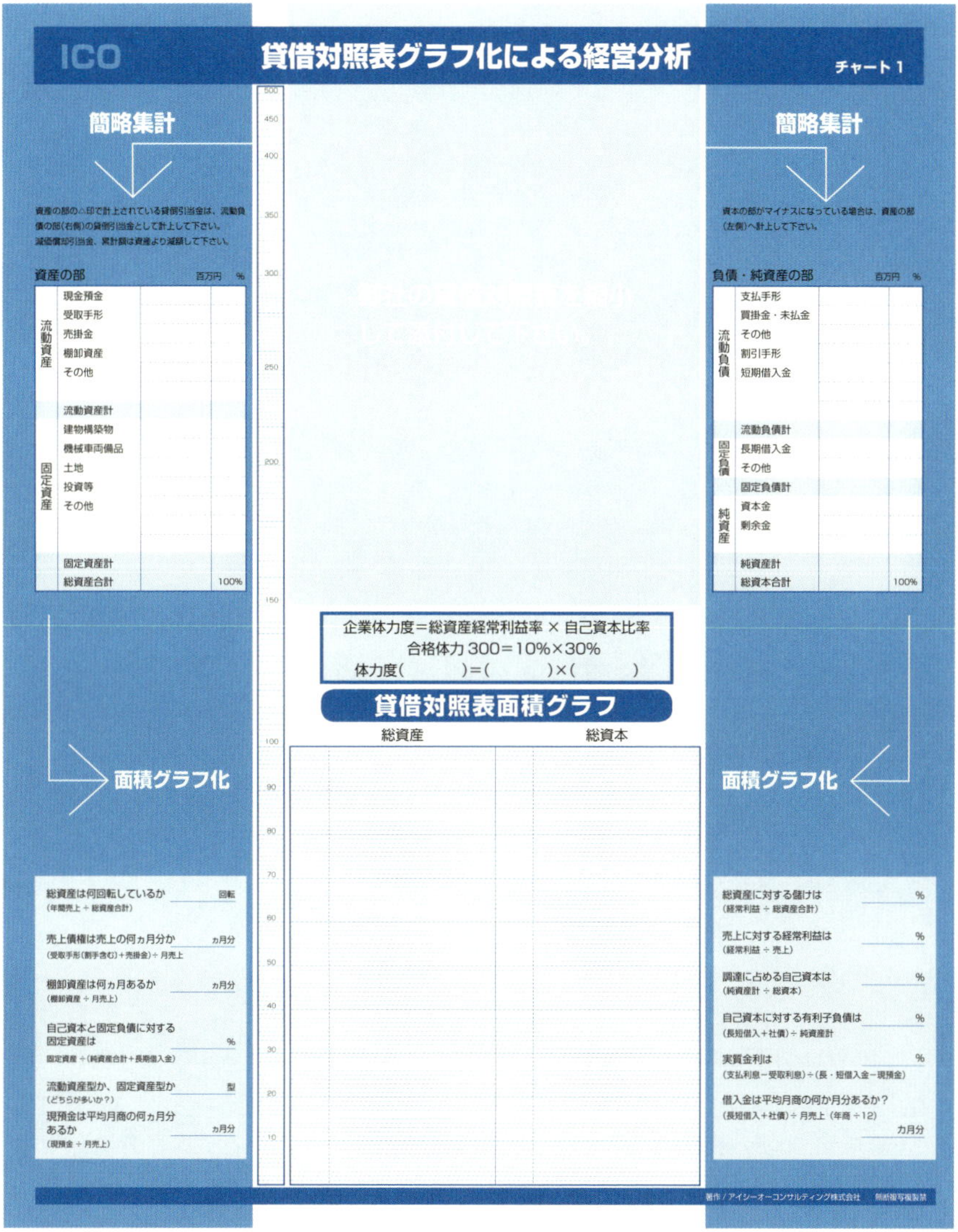

※実際に自社の数字を記入する際は、巻末に添付した同図をA3用紙に
141%拡大コピーしたものをお使いください。

損益計算書も貸借対照表も、1円単位です。しかし、社長にとって、1円単位なんて、どうでもいいのです。大わく、概算《がいさん》でつかむことが大事なのです。

したがって、数字は上3ケタか4ケタだけ見ればいいということです。最大でも4ケタでおさまるように、数字を記載していきます。

加えて、もうひとつポイントがあります。

まとめられる科目はまとめてしまう、ということです。貸借対照表には、科目がたくさんあります。極端な話、1円でも残高があれば、ひとつの科目になります。しかし、少なくとも、上3ケタで記載した際に、10以下となるような小さな数字を、単独で把握する必要はありません。同じような項目にまとめてしまえばよいのです。

では、自社の貸借対照表を見ながら、貸借対照表の左側「資産の部」を、上から順番に、「現預金」から「総資産合計」までを、拡大コピーした69図の左上の「簡略集計」に記載していきましょう。次ページの図は、69図の左上の「簡略集計」の部分を拡大したものです。

まずは、その金額欄に、数字を最大、上4ケタで書いてみてください。「流動資産計」と「固

下の図は69図の左上にある資産の部の簡略集計表を拡大したものです

資産の部

		百万円	%
流動資産	現金預金		
	受取手形		
	売掛金		
	棚卸資産		
	その他		
	流動資産計		
固定資産	建物構築物		
	機械車両備品		
	土地		
	投資等		
	その他		
	固定資産計		
	総資産合計		100%

定資産計」も、もらさず書いてください。
面積グラフ作成時に必要となります。

【資産の部／数字のまとめ方】

①**「受取手形」**

「受取手形」とは別に、「電子債権」があある場合、「受取手形」にまとめてください。

②**「売掛金」**

「売掛金」とは別に「未収入金」がある場合、「売掛金」にまとめてください。
ただし、「未収入金」の額が目立つ大

きさの場合は、まとめず、空白欄に「未収入金」と記載してください。

少額の「貸倒引当金」がマイナス表記である場合は、この「売掛金」にまとめてください。

③「**棚卸資産**」

会社によっては、「材料」「仕掛品」「資材」「製品」など、科目を分けています。それは全部合計して、「棚卸資産」とまとめればいいです。

また建設業であれば、「未成工事支出金」、不動産業であれば、「販売用不動産」という表現で棚卸資産が表記されています。その場合も、「棚卸資産」にまとめてください。

④**流動資産の「その他」**

「前払費用」「仮払金」「貸付金」「有価証券」などは、「その他」としてまとめてください。

ただし、巨額な「貸付金」などがある場合は、空白欄に別途記載してください。

⑤「**建物構築物**」

「建物」「建物附属設備」「構築物」は合計して「建物構築物」にまとめてください。

⑥**「機械車両備品」**

「機械設備」「車両」「工具・器具備品」などは合計して、「機械車両備品」にまとめてください。「減価償却累計額」として、「減価償却費」が別途表記されている場合は、「建物構築物」と「機械車両備品」の比率に合わせて「減価償却累計額」を按分《あんぶん》し、それぞれからマイナスしてください。

⑦**「投資等」**

「投資有価証券」「保険積立金」などは、「投資等」としてまとめてください。

⑧**固定資産の「その他」**

「無形固定資産」「保証金」の類、「繰延税金資産」などは、「その他」としてまとめてください。

いずれにせよ、総資産合計に対して１０％以上を占めるような大きな金額の科目は、空白欄に別途記載してください。

下の図は69図の右上にある負債・純資産の部の簡略集計表を拡大したものです

負債・純資産の部　　　　百万円　%

		百万円	%
流動負債	支払手形		
	買掛金・未払金		
	その他		
	割引手形		
	短期借入金		
	流動負債計		
固定負債	長期借入金		
	その他		
	固定負債計		
純資産	資本金		
	剰余金		
	純資産計		
	総資本合計		100%

次に、自社の貸借対照表を見ながら、貸借対照表右側の「負債・純資産の部」を、上から順番に、「支払手形」から「総資本合計」まで、拡大コピーした69図右上の「簡略集計」に記載していきましょう。

まずは、その金額欄に、数字を最大、上4ケタで書いてみてください。

「流動負債計」「固定負債計」と「純資産（自己資本）計」も、もらさず書いてください。面積グラフ作成時に必要となります。

【負債・純資産の部／数字のまとめ方】

①**「買掛金・未払金」**
　「買掛金」「未払金」とは別に、「未払費用」がある場合は、「買掛金・未払金」にまとめてください。ただし、「未払法人税」「未払消費税」は、「その他」でまとめます。

②**「短期借入金」**
「短期借入金」とは別に「1年以内の長期借入金」という科目がある場合は、「短期借入金」にまとめてください。

「1年以内の長期借入金」とは、長期借入金のうち、1年以内に返済する予定の金額です。その金額を、「流動負債」に入れているのです。

③**流動負債の「その他」**
「未払法人税」「未払消費税」「預り金」「前受金」などは、「その他」でまとめてください。

④「長期借入金」

「長期借入金」とは別に、銀行が引き受けている「社債」があれば、「長期借入金」にまとめてください。

「長期借入金」の中に、経営者が貸し付けているお金があれば、それは、「経営者借入金」として、空白欄に記載してください。

⑤固定負債の「その他」

固定負債に、「退職給与引当金」「長期預り金」などがある場合は、「その他」にまとめてください。

⑥剰余金

純資産の部における資本金以外の項目は、「剰余金」としてまとめてください。

簡略集計表の金額が埋まれば、その右隣にある「%」を計算して記載します。

「資産の部」は、各科目の数字、各小計の数字を、総資産合計で割り、率を計算してください。

「負債・純資産の部」は、各科目の数字、各小計の数字を、総資本合計で割ってください。

例えば、現金預金であれば、

現金預金の数字 ÷ 総資産合計 × 100 ＝ %

となります。

その際、小数点第一位を四捨五入して記載してください。つまり、小数点以下まではいらないということです。計算した結果、「10・4」なら、「10」でかまいません。グラフにする際に、小数点以下の数字は、小さすぎて、グラフにしようがありません。だから、小数点以下は不要なのです。

これで、貸借対照表を面積グラフにするための基礎データが整いました。

最後に確認のため、総資産の数字と総資本の数字が同じになっているか、見てください。違っていたら、どこかに間違いがあるはずです。

このデータを元に、いよいよ貸借対照表の面積グラフを作成します。

（２）貸借対照表の面積図を作成する

ここからは、貸借対照表の「簡略集計」をもとに、面積グラフを作成します。
面積グラフ作成の手順は、次の①～④です。

①「資産の部」を２つの箱に分ける
②「負債・純資産の部」を３つの箱に分ける
③５つの箱のそれぞれの内訳を書く
④売上高の棒グラフを書く

では、詳しく進めていきましょう。

拡大コピーした69図の「貸借対照表(ＢＳ)面積グラフ」の中央下に、グラフを書いていきます。

①「資産の部」を２つの箱に分ける

簡略集計の左側「資産の部」の「％」の数字から、面積グラフの左側を、「流動資産」と「固定資産」の箱に分けます。
例えば、簡略集計で、「流動資産小計」が40%、「固定資産小計」が60%なら、70図のように分けます。（箱全体の大きさは100%です）
2つの箱に分けたら、それぞれの箱の左に、「流動資産」「固定資産」と、その箱の名前を書きます。
各箱の上下の順番を間違わないよう、お気を付けください。

②「負債・純資産の部」を3つの箱に分ける

簡略集計の右側「負債・純資産の部」の「%」の数字から、面積グラフの右側を、「流動負債」と「固定負債」、「自己資本」の3つの箱に分けます。

例えば、簡略集計で、「流動負債計」が30%、「固定負債計」が30%、「純資産計」が40%なら、70図のように分けます（箱全体の大きさは100%です）。純資産計の%が面積グラフの自己資本となります。

3つの箱に分けたら、それぞれの箱の左に、「流動負債」「固定負債」「自己資本」と、その箱の名前を書きます。各箱の上下の順番を間違わないよう、お気をつけください。

③5つの箱のそれぞれの内訳を書く

「流動資産」から順に、箱の中の内訳を面積グラフにし、それぞれの科目名を書いていきます。

簡略集計の項目の「%」の数字に基づき、その大きさでグラフを書きます。

例えば、「流動資産」の内、「現金預金」が15%、「売掛金」が10%、「棚卸資産」が10%、「その他」が5%という内訳なら、70図のようになります。

「固定資産」「流動負債」「固定負債」「自己資本」も、同様に、箱の内訳の「%」をもとに、グラフを書いていきます。

それぞれグラフに書いた後、色を塗ります。その際、上下が同じ色にならないようにだけ、気をつけてください。

④売上高の棒グラフを書く

ここでは、総資産に対して、どれだけの売上高を上げているのかを示すグラフを書きます。

まず、次の計算をしてください。

〈70図〉　貸借対照表の面積グラフを書こう！

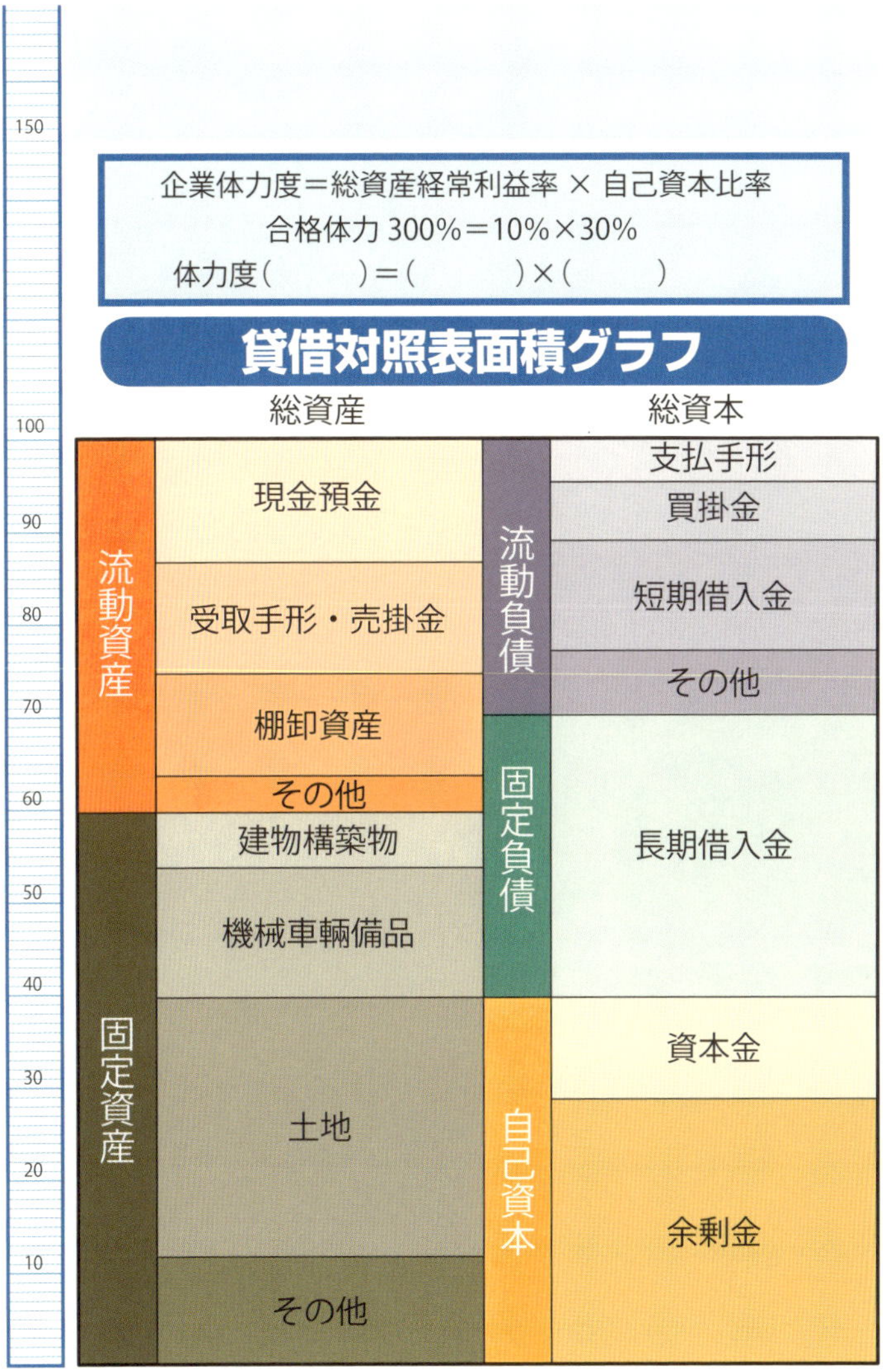

年間売上高 ÷ 総資産 × 100 ＝ 　%

小数点以下は、四捨五入してください。

結果の数字から、「資産の部」の面積グラフの左側にある、縦長のところに、棒グラフを書きます。例えば、先の計算の結果、２００%なら、次ページの71図のようなグラフになります。この売上高を示すグラフは、赤色で塗ってください。

貸借対照表の面積グラフが、うまく書けましたでしょうか？

とはいえ、グラフ作成時には、イレギュラーなこともあります。そのことについて、次に述べていきます。

〈71 図〉　売上高のグラフを書こう！

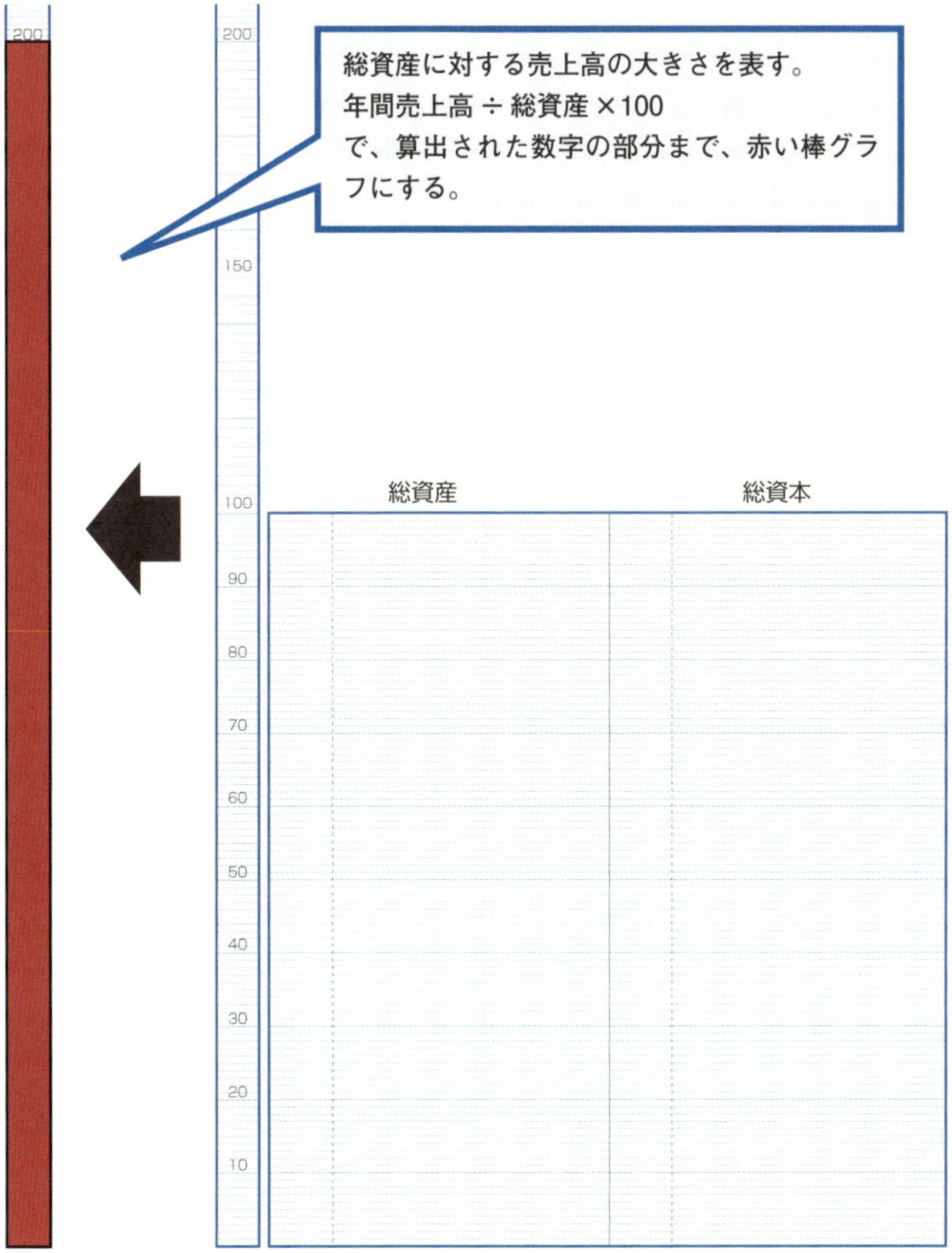

売上の棒グラフを赤色で示すことで、総資産回転率が一目でわかるようになる
投じた資産で、どれだけの売上高を計上したのかがわかる。

(3) 簿外債務がある場合のつくりかた

簿外、つまり、貸借対照表の枠の外に、注意書きがされている場合があります。

多くの場合、〝割引手形残高○○○○円〟のような記載です。(72図参照)

これは、受取手形を銀行で割り引いて現金化し、その手形がまだ落ちていない場合に記載されます。そもそも、「手形を割り引く」とは、手元の受取手形を差し出して、銀行から現金を借りるのと同じです。割引料は、金利と同じなのです。

そして、もしその受取手形が落ちなかった場合は、その金額を自社が負担しなければなりませんが、受取手形はいったん銀行に差し出していますから、自社の帳簿からは外れます。

しかし、万一の場合に債務を抱えることがあるので、その金額を、貸借対照表の枠の外に記載しているのです。

この記載がある場合、貸借対照表の面積グラフでは、総資産と総資本にその金額も含めて計算します。なぜなら、その金額分、借入金があるのと同じだからです。

〈72 図〉　簿外債務がある場合

流動資産			流動負債	
	現金 売掛金 在庫 前払費用		買掛金 未払金 短期借入金 未払消費税	
固定資産			固定負債	
	有形固定資産 建物 土地 無形固定資産 電話加入権 有価証券		長期借入金 社債	
			純資産	
			資本金 資本準備金 利益剰余金	
資産の部　合計		200,000,000	負債・純資産の部 合計	200,000,000

割引手形残高●●●●●●●円

貸借対照表の枠外に債務が記載されている場合がある

	資産の部	百万円	%
流動資産	現金預金		
	受取手形		
	売掛金		
	棚卸資産		
	その他		
	売上債権	●●●●	
	流動資産計		
固定資産	建物構築物		
	機械車両備品		
	土地		
	投資等		
	その他		
	固定資産計		
	総資産合計		100%

	負債・純資産の部	百万円	%
流動負債	支払手形		
	買掛金		
	その他		
	割引手形		
	短期借入金		
	割引手形	●●●●	
	流動負債計		
固定負債	長期借入金		
	その他		
	固定負債計		
純資産	資本金		
	剰余金		
	純資産計		
	総資本合計		100%

簿外債務を貸借対照表内に加算するので、
総資産・総資本の合計はそのぶん大きくなる

流動資産の空白部分に、〝**売上債権**〟として数字を記載してください。
そして、流動負債の空白部分に、〝**割引手形**〟として数字を記載してください。

割引手形残高が簿外にある場合、面積グラフの大きさは、貸借対照表の総資産金額よりも、大きくなります。そうなると、自己資本比率など、さまざまな経営指標も、悪化させる要因となるのです。

（4）純資産（自己資本）の部がマイナス（債務超過）の場合のつくりかた

資本金はプラスだが、資本金以外の剰余金が大きくマイナスになっており、純資産（自己資本）合計がマイナスとなっている場合。（**73図参照**）

つまり、債務超過となっている場合に、面積グラフはどう書けばよいかわからない、ということがあります。

〈73 図〉 純資産の部がマイナスの場合のつくりかた

資産の部		百万円	%
流動資産	現金預金		
	受取手形		
	売掛金		
	棚卸資産		
	その他		
	流動資産計		
固定資産	建物構築物		
	機械車両備品		
	土地		
	投資等		
	その他		
	損失	●●●●	
	固定資産計		
	総資産合計		100%

BS の純資産 (自己資本)合計がマイナスの場合、資本金以外のマイナス分を資産の部に“損失”としてプラスで記載する。
こうすることによって、左と右のバランスが取れた状態になる。

グラフにすると、こうなる

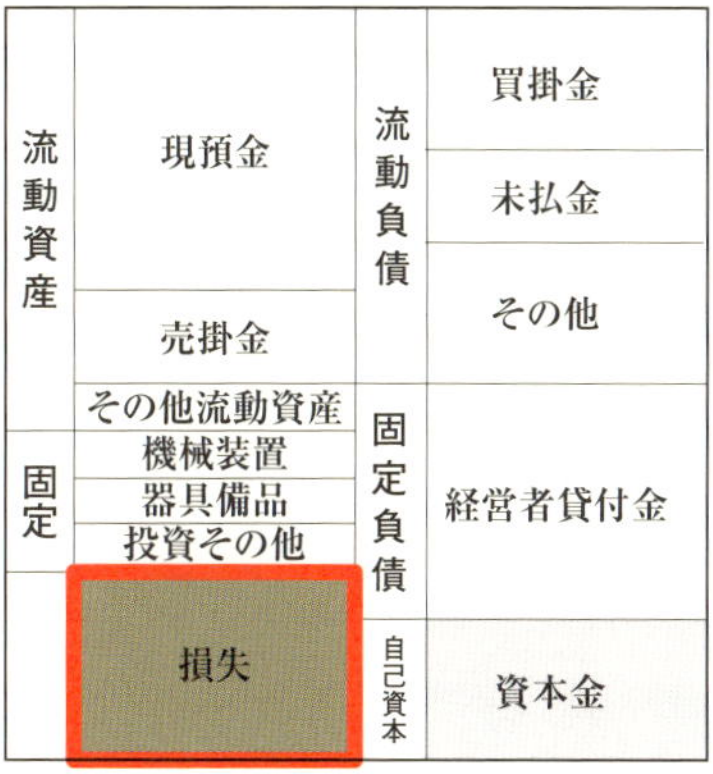

債務超過といっても、意図的な場合と、そうでない場合があります。なので、ここではまずその是非はさておき、面積グラフの書き方について解説します。

①純資産のうちの「資本金」

資本金は、その金額をそのまま「資本金」の欄に記載してください。

②純資産のうちの「剰余金」

資本金以外の純資産がマイナスとなっている場合、面積グラフ上では、左側、簡略集計の「資産の部」の空欄に、「損失」と記載して、その数字を記入します。記入場所は、〃総資産合計〃の2行上の部分でOKです。

数字がマイナスのままでは、グラフが作成できません。よって、そのマイナス部分を純資産から取り出し、資産の部に「損失」として合算することで、全体のバランスを取るのです。当然、面積グラフの総資産と総資本の金額は、貸借対照表の金額よりも大きくなります。

純資産における、資本金以外の項目名は、企業によってさまざまです。資本準備金、別途積立金、当期純利益、などなど。

要は、マイナスになっている純資産合計から、資本金の額をさらにマイナスした数字を、「損失分」として、左側にプラス計上するのです。

株価を下げるためなど、意図的に損失となっている場合ならともかく、たんに経営がうまくいかずに債務超過となっているのなら、早期改善のため、緊急手術が必要となります。

債務超過を解消するには、マイナスとなっている剰余金をプラスに転じさせることです。ということは、単年度の当期利益を積み重ねていくしかないのです。容易ではありませんが、覚悟を決めてとりかかることです。

（5）過去5年分の貸借対照表を面積図にして推移を見る

貸借対照表の中身が、どのように変化しているのかを見やすくするには、過去5年分の貸借対照表を面積図にします。

年度ごと、総資産の金額や、その内訳の金額に応じて、面積図にしていきます。そうすると、この5年間、資産や負債・純資産の何が増えて、何が減ったのかが、見やすくなります。

5年分の面積グラフを作成する手順は次のとおりです。

①5年分の「貸借対照表5カ年グラフ化基礎データ」を作成する

1年分の貸借対照表をグラフ化する際にしたのと同じものを、過去5年分、作成します。

74図をご覧ください。

巻末に同図の拡大版を添付しています。その拡大版をさらにA3用紙に141%拡大した用紙に、直近の期の貸借対照表データを、下の段の右側に書きます。その左隣には、2期前を書きます。上の段は、左から順に、5期前、4期前、3期前、を書きます。

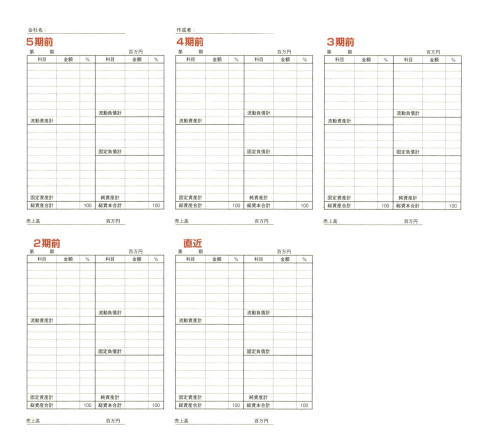

〈74 図〉 貸借対照表５カ年グラフ化　基礎データ

会社名：

作成者：

5期前

第　　期　　百万円

科目	金額	%	科目	金額	%
			流動負債計		
流動資産計					
			固定負債計		
固定資産計			純資産計		
総資産合計		100	総資本合計		100

売上高　　百万円

4期前

第　　期　　百万円

科目	金額	%	科目	金額	%
			流動負債計		
流動資産計					
			固定負債計		
固定資産計			純資産計		
総資産合計		100	総資本合計		100

売上高　　百万円

3期前

第　　期　　百万円

科目	金額	%	科目	金額	%
			流動負債計		
流動資産計					
			固定負債計		
固定資産計			純資産計		
総資産合計		100	総資本合計		100

売上高　　百万円

2期前

第　　期　　百万円

科目	金額	%	科目	金額	%
			流動負債計		
流動資産計					
			固定負債計		
固定資産計			純資産計		
総資産合計		100	総資本合計		100

売上高　　百万円

直近

第　　期　　百万円

科目	金額	%	科目	金額	%
			流動負債計		
流動資産計					
			固定負債計		
固定資産計			純資産計		
総資産合計		100	総資本合計		100

売上高　　百万円

※この図の拡大版を巻末に添付しております。
実際に数字を記入する際は、拡大版をさらに拡大コピーしてお使いください

売上高も、併せてそれぞれ記載します。

②面積グラフの最大金額を決める

5年分の面積グラフを、メモリを一定にして、その推移が見えるようにします。そのためには、メモリの最大金額をまず、決めておかねばなりません。見切り発車で作成すると、面積図が描けないという失敗に陥ることがあります。

①で作成した「貸借対照表5カ年グラフ化基礎データ」を見てください。

5年分の「総資産合計の数字」と、「売上高の数字」を見てください。全部で10個です。

その10個のなかで、最も大きな金額を丸で囲んでみてください。

その金額が、75図の面積図のなかにおさまるように、最大値金額を設定してください。

なお、5年分の面積図をつくるにあたっては、75図の「貸借対照表（BS）面積グラフ推移表」を使います。（巻末に添付した75図の拡大版をA3用紙にさらに141%拡大コピーしてお使いください）

例えば、丸で囲んだ数字が、売上高の9億5千万円であれば、面積図の最大値は、

〈75図〉貸借対照表（ＢＳ）面積グラフ推移表

会社名

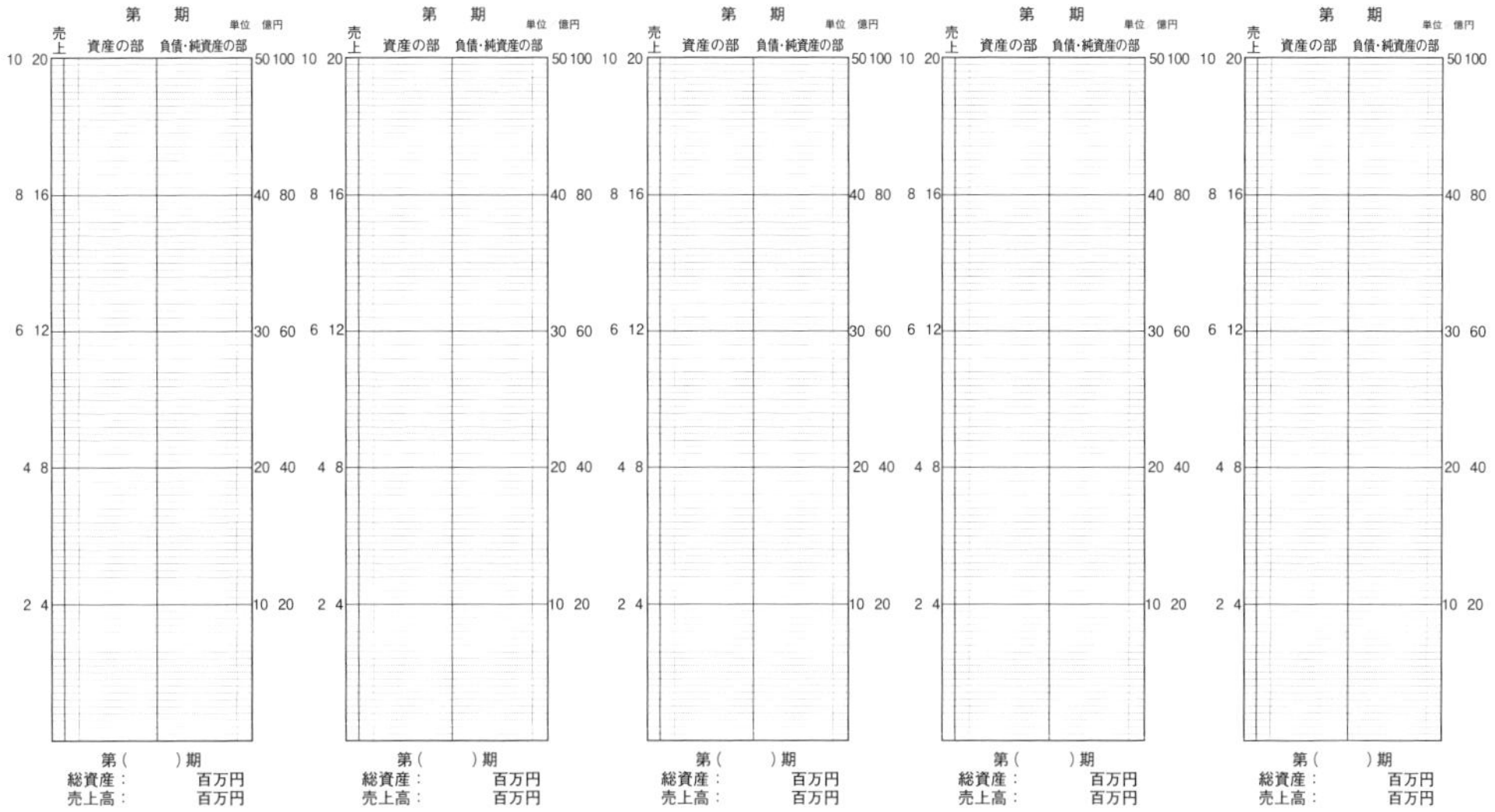

（注）①絶対額（金額）で記入のこと
②目盛の単位は自社の総資産、売上高の金額に応じて設定してください

※この図の拡大版を巻末に添付しております。
細かいところを確認する場合は、拡大版をご覧下さい。

また、実際に記入する際は、巻末の75図をA3用紙に141%拡大コピーしてお使いください。

10億で設定します。
丸で囲んだ数字が、売上高36億であれば、最大値を40億で設定します。
要は、各会社の規模に応じて、5年分の面積図の最大値を統一するのです。

③5年分の面積図の一番下に、各年度の売上高と総資産を記載する

75図の面積図の下に、各年度の売上高と総資産を記載する箇所があります。そこに、①で作成した「貸借対照表5カ年グラフ化基礎データ」から、売上高と総資産を転記してください。

④5年分の売上高のメモリと、総資産のメモリに線を引いて、サイズ(高さ)を固める

各年度の売上高に該当するメモリ部分に、横線を引いてください。
次に、各年度の総資産に該当するメモリ部分に、横線を引いてください。
これで、各年度の面積のサイズ(高さ)が決まります。

⑤左側の総資産は2つの箱に、右側の総資本は3つの箱に、分ける

左側は、流動資産と固定資産が分かれる箇所のところに線を引きます。

右側は、流動負債、固定負債、自己資本が分かれる箇所のところに線を引きます。

これで、全部で5つの箱に分かれます。(固定負債がなければ、箱は4つです)

⑥5つの箱の内訳を記載し、色を塗る

5つの箱の中を、それぞれの金額に合わせて、区切り線を引きます。

現預金なら、現預金と、それぞれの名称を書きます。

それぞれに、色を塗ります。

色を塗る際、現預金ならこの色、と決めて、5年分とも同じ色になるようにしてください。同じ項目なのに、年度によって色が違うと、わかりづらくなります。

⑦各年度、売上のグラフを赤く塗る

④で、売上高のメモリに線を引きました。その下の部分は、赤色で塗り、総資産に対する売上高がわかりやすいようにします。

2．損益計算書のデータのまとめかた

損益計算書をもとに、経営指標を計算したり、その推移をグラフにして見やすくするには、過去5年分の損益計算書の基礎データをまとめます。

（1）製造原価報告書がない場合

【第1ステップ】①売上高から③売上総利益まで

まずは、自社の直近5年分の損益計算書を、手元においてください。ここでは、損益計算書に製造原価報告書がない場合の、数字のまとめ方を説明します。

次ページ76図の「損益計算書のまとめ資料」（製造原価報告書がない場合）を活用します。

自社の損益計算書から、76図「損益計算書のまとめ資料」のところに、数字を転記していきます。円単位でなく、上4ケタか3ケタでおさまる程度で記入してください。

〈76図〉損益計算書のまとめ資料（製造原価報告書がない場合）

会社名：

単位：千円／百万円

		第　期	第　期	第　期	第　期	第　期
①売上高合計						
変動費	1）期首棚卸高					
	2）原材料費（仕入高）等					
	3）期末棚卸高					
	②原材料費等合計　1）＋2）－3）					
③売上総利益（①－②）						
固定費	販売費および一般管理費					
	1）労務費					
	2）減価償却費					
	3）その他					
	④販売費および一般管理費合計					
⑤営業利益（③－④）						
営業外	⑥営業外収益					
	⑦営業外費用					
⑧経常利益（⑤＋⑥－⑦）						

※この図の拡大版を巻末に添付しております。
実際に数字を記入する際は、拡大版をお使いください

また、上4ケタ、3ケタ、にまとめる際、四捨五入で記載いただいてかまいません。

「四捨五入したら、数字が1とか2とか、合わなくなります！」という場合は、合うように、どこかで調整してください。その程度の微調整をしても、何ら影響はありません。

では、自社の損益計算書を見ながら、①売上高から順番に、③売上総利益まで、記入していきましょう。

①売上高は売上高合計を記入します。続いて、変動費の内訳と、③売上総利益を記入します。

【第2ステップ】固定費から⑧経常利益まで

固定費である、「販売費および一般管理費」の内訳は、おそらく20個以上の勘定科目に分かれています。ここでは、それを3つに分類します。「労務費」「その他経費」「減価償却費」です。

「労務費」＝役員報酬、給料手当、雑給、賞与、従業員退職金、法定福利費を合計した金額
「減価償却費」＝販売管理費の内訳にある「減価償却費」の金額
「その他経費」＝販売管理費の合計から、「労務費」「減価償却費」をマイナスした金額

自社の「販売管理費の内訳」を見ながら、３つに分けた金額を書いてください。

最後に、⑤営業利益、⑥営業外収益、⑦営業外費用、⑧経常利益を記入します。

これで、損益計算書をグラフにするための、基礎データが整いました。このデータを元に、グラフを作成します。

ここまでの大きなポイントは、「販売費および一般管理費」を３つの分類に集約する、ということです。

この表をパソコンで作成する場合は、売上高に対する比率が計算される列を挿入するなどしておくと、さらにわかりやすくなります。

（2）製造原価報告書がある場合のつくりかた

自社の直近5年分の損益計算書を手元においてください。ここでは、損益計算書に製造原価報告書がある場合の、数字のまとめ方を説明します。

次ページの77図「損益計算書のまとめ資料」（製造原価報告書がある場合）を活用します。

【第1ステップ】①売上高

まずは、売上高合計を記入します。

数字はすべて、最大でも上4ケタでまとめてください。1円単位の記入は不要です。

【第2ステップ】原価（1）の欄を記入する

損益計算書の原価のうち、製造原価以外の項目を記入します。期首・期末棚卸高や原材料費（仕入高）などです。これらの項目がない場合は、記入する必要はありません。

〈77 図〉 損益計算書のまとめ資料（製造原価報告書がある場合）

会社名：

単位：千円／百万円

			第　期	第　期	第　期	第　期	第　期
①売上高合計							
変動費（原価）	損益計算書から						
	原価（1）	1）期首棚卸高					
		2）原材料費（仕入高）					
		3）期末棚卸高					
		原価(1) 合計　1)＋2)－3)					
	製造原価報告書から						
	原価（2）	1）期首棚卸高					
		2）原材料費（仕入高）					
		3）外注費					
		4）期末棚卸高					
		原価(2) 合計　1)＋2)＋3)－4)					
	②原価合計　原価(1)＋原価(2)						
③売上総利益（①－②）							
固定費（販売管理費）	製造原価報告書から						
	販売管理費（1）	労務費(1)					
		減価償却費(1)					
		その他経費(1)					
		④販売管理費(1) 合計					
	③－④（＝損益計算書の売上総利益）						
	販売管理費一覧（内訳）から						
	販売管理費（2）	労務費(2)					
		減価償却費(2)					
		その他経費(2)					
		⑤販売管理費(2) 合計					
	⑥販売管理費合計（④＋⑤）						
⑦営業利益（③－⑥）							
営業外	⑧営業外収益						
	⑨営業外費用						
⑩経常利益（⑦＋⑧－⑨）							

a）労務費合計　(1)＋(2)					
b）減価償却費合計　(1)＋(2)					
c）その他経費合計　(1)＋(2)					
販売管理費合計　a)＋b)＋c)					

※この図の拡大版を巻末に添付しております。

【第３ステップ】原価（２）の欄を記入する

ここには、「製造原価報告書」に含まれる「直接原価」の部分を記入します。

「直接原価」とは、材料費、仕入高、外注費、期首・期末の棚卸高など、売上の増減に比例しやすい、いわば「変動費」です。

【第４ステップ】②原価合計と③売上総利益を記入する

原価（1）と原価（2）を合計し、②原価合計を記入します。この数字が、変動費の合計になります。

次に、③売上総利益（①－②）を計算して記入します。

【第５ステップ】販売管理費（１）を記入する

ここには、「製造原価報告書」に含まれる「直接原価」以外のすべての数字を、大きく3つに分類して記入します。

「労務費」「減価償却費」「その他経費」の3つに分類します。

「労務費」＝製造原価報告書にある、役員報酬、給料手当、雑給、賞与、従業員退職金、法定福利費を合計した金額

「減価償却費」＝製造原価報告書にある「減価償却費」の金額

「その他経費」＝製造原価報告書の合計から、「労務費」「減価償却費」と、第3ステップで計算した原価(2)をマイナスした金額

この販売管理費(1)と、第3ステップの原価(2)の合計が、「製造原価報告書の合計になります。

ここまで記入したら、③－④(売上総利益─販売管理費(1))を計算します。この数字は、損益計算書に記載されている売上総利益と合致します。合致しなければ、どこかに計算間違いがあります。

【第6ステップ】販売管理費(2)を記入する

ここには、「販売費および一般管理費」の内訳と合計を記入します。ここでも、大きく3つに分類して記入します。「労務費」「減価償却費」「その他経費」の3つに分類します。

「**労務費**」＝役員報酬、給料手当、雑給、賞与、従業員退職金、法定福利費を合計した金額
「**減価償却費**」＝販売管理費の内訳にある「減価償却費」の金額
「**その他経費**」＝販売管理費の合計から、「労務費」「減価償却費」をマイナスした金額

【第7ステップ】⑥販売管理費合計から⑩経常利益までを記入する

⑥販売管理費合計は、販売管理費(1)と(2)の合計で、固定費合計です。

最後に、⑦営業利益、⑧営業外収益、⑨営業外費用、⑩経常利益を記入します。

これで、製造原価報告書がある場合の、損益計算書をグラフにするための、基礎データが整いました。

やはり、製造原価報告書がある場合は、基礎データの作成にも手間がかかります。しかし、こうしなければ、社長が見ておきたい数字をつかみにくいのです。

だから、中小企業の場合は、製造原価報告書がないほうが見やすいのです。

あとがき

改めて申し上げたいのは、決算書は社長の意図をもって作るものである、ということです。

そのための「見かた」「読みかた」「磨きかた」です。

しかし、この本を読んで決算書を磨こうとしたときには、おそらく新たな障害が見えてきます。顧問の会計士や税理士など専門家との戦いです。

やたらと口をはさんできます。

「税務署からにらまれるようなことはしないほうがよい」

「危ない橋をあえて渡る必要はない」

「そういうやりかたは、この会社にはなじまない」

「それをやっても、効果は小さい」

「この人は専門家じゃないから、そんなことを言える」

よくもまあそれだけ、文句のつけようがあるもんだな、と思ってしまいます。なんだかんだ言いながら、「やりたくない」「やったことがない」だけな場合がほとんどなのです。

その文句に立ち向かうには、知識や実例を知り、目の前に提示することです。会社を強くしたいのなら、社長は財務や税務について、実務に必要なことは、学び続けなければなりません。でないと、専門家の反論に困り、決算書を磨くせっかくの機会を逃してしまうのです。会計士や税理士は専門家です。しかし、だから正しいということはまったくありません。実務での活用やその是非については、社長のほうが強いはずです。

社長は財務において、専門家が絶対に習得できない、実務の知識をふんだんにもっているのです。それは、実務の専門家であるがゆえの強力な武器なのです。社長はあくまでも、社長の目線で財務を学び、理解を高めればよいのです。

また、決算書は、会社の財務体質を導く、レールのようなものです。そのレールは、毎年必ず敷かれていきます。考えようが、考えまいが、決算書というレールはできてくるのです。会社の財務体質を強い方向へ導きたいなら、そのための正しい知識と行動を身に着けて、実践してほしいのです。

そう感じるのは、私の頭のなかに、1本の映画を思い出すからです。

1930年代にアメリカで製作された「大平原」という西部劇です。といっても、鉄道会社の物語です。西部開拓の時代、大陸横断鉄道を完成させるべく、2つの鉄道会社がアメリカ大陸の東西から列車を進めながらレールを敷いていきます。

その道中、自然災害の猛威があり、列車転覆があり、先住民からの襲撃などがあります。労働者の反発や分裂、妨害行為もあります。それらの危機を予測し、回避しながら、レールを敷き続けます。長年の苦難の末に大陸横断鉄道は繋《つな》がり完成します。そのレールと決算書が私の頭のなかで重なるのです。


多くの社長とお会いしていると、決算書という1本のレールを、慎重に敷かれる社長と、そうでない社長に分かれます。

そのレールの敷きかたで、たどり着く場所が変わってくるのにです。えてして、悪い方向へ進むレールは、道中が順調なときにすでに敷かれているのです。そんなときは、軌道修正が要ります。

レールを軌道修正するには、ある程度の時間がかかります。それでも、軌道修正しなければ、会社の財務体質はなかなか良い方向へは進みません。今は強い財務体質でも、環境が変われば、レールの方向を見直すことが必要な場合もあります。

直近の決算書といえども、会社の未来を方向づける、重要なレールとなるのです。

経営という線路は、世代を超えて続いていきます。しかし、その会社の線路が本当に続くかどうかは、社長がどのようなレールを敷くかにかかっているのです。

その一助となるべく、この本を書かせていただきました。


この本を完成させるうえで、師匠である井上和弘先生のアドバイスが、何よりの力となりました。ここで改めて感謝の言葉を述べさせていただきます。ありがとうございます。

井上和弘先生との出会いがあっての、今の私があることは間違いありません。私の生涯において、かけがえのない出会いであります。

加えて、ＩＣＯのメンバーである税理士、福岡雄吉郎先生にも原稿作成において税務の面で多くの支援をいただきました。ここに感謝いたします。

そして最後に、この本の編集作業を進め、智恵を絞っていただいた日本経営合理化協会の岡田万里氏に深く感謝申し上げます。

大胆にも、会計や税務に関して無資格の私に財務の本の執筆を依頼するという、岡田氏の発想がなければ、この本は生まれませんでした。ありがとうございました。

経営のレールは、どれだけの策を打っても、予想外の方向に進むことを、避けきることはできません。予測不可能な事故やトラブルも発生します。

その線路の所々の信号がわりになるべく、ＩＣＯでは、ブログ「ＩＣＯ経営道場」での情報発信を日々おこなっております。皆様の道場であり、発信する私たちにとっても、自らを高める道場となっています。この本で学んだことを枯れさせないためにも、ぜひご活用ください。

古山喜章

著者／古山喜章（ふるやま よしあき）氏について

オーナー社長の困りごとを解決する助っ人として活躍する実力コンサルタント。

大学卒業後、兵庫県の中堅食品メーカーに入社。主に管理部門のキーマンとして活躍、さまざまな経営改革や制度導入にたずさわる。

2005年、儲けの構造を知り尽くした、わが国屈指の名経営コンサルタント井上和弘氏が率いる、株式会社アイ・シー・オーコンサルティングに参画。

師匠の井上和弘氏からじかに井上式財務を学び、会社に残るおカネを最大化し体質を強化する財務改善、決算対策、銀行交渉、事業承継、相続問題などで抜群の実績を上げる。氏の現場のウラのウラを知り抜いた財務ノウハウと、社長と同じ目線に立った懇切丁寧な指導に、経営者から高い評価を得ている。

また、日本経営合理化協会主催「後継社長塾」の副塾長を務め、後継者から〈どんなことでも相談できる頼りになる講師〉として人気を博している。

2014年、株式会社アイ・シー・オーコンサルティング代表取締役社長に就任。

1965年大阪府生まれ。関西大学卒。

主な著作に、井上和弘・古山喜章『社長の経営財務DVD』（日本経営合理化協会）など。

〈著者の連絡先〉

株式会社アイ・シー・オーコンサルティング
大阪市中央区道修町3丁目3・8・1103
TEL06（4708）8236
FAX06（4708）8237
ico@pearl.ocn.ne.jp

社長の決算書の見方・読み方・磨き方
定価：本体　一四、五〇〇円（税別）
二〇一七年　十二月　一日　初版発行
二〇二四年　九月三十日　十版発行
著　者　古山喜章
発行者　牟田太陽
発行所　日本経営合理化協会出版局
東京都千代田区内神田一―三―三
〒一〇一―〇〇四七
電話　〇三―三二九三―〇〇四一（代）

装　丁　森口あすか
印　刷　精興社
製　本　牧製本印刷
箔　押　牧製本印刷

ISBN978―4―89101―397―4　C2034